杨芳 著

国家自然科学基金面上项目（71571092）
科技部国家外国专家项目（G2021014038L）
江苏省高等学校自然科学研究重大项目（19KJA520002）
甘肃省软科学专项（20CX4ZA064）阶段性成果

生产性服务业集聚的经济增长效应

The Economic Growth Effect of Producer Services Agglomeration

中国财经出版传媒集团
经济科学出版社
Economic Science Press

图书在版编目（CIP）数据

生产性服务业集聚的经济增长效应／杨芳著． --北京：经济科学出版社，2022.6
ISBN 978 - 7 - 5218 - 2196 - 3

Ⅰ.①生⋯　Ⅱ.①杨⋯　Ⅲ.①生产服务 - 服务业 - 产业发展 - 研究 - 中国　Ⅳ.①F726.9

中国版本图书馆 CIP 数据核字（2020）第 257547 号

责任编辑：杜　鹏　郭　威
责任校对：齐　杰
责任印制：邱　天

生产性服务业集聚的经济增长效应

杨　芳／著

经济科学出版社出版、发行　新华书店经销
社址：北京市海淀区阜成路甲 28 号　邮编：100142
编辑部电话：010-88191441　发行部电话：010-88191522
网址：www.esp.com.cn
电子邮箱：esp_bj@163.com
天猫网店：经济科学出版社旗舰店
网址：http://jjkxcbs.tmall.com
固安华明印业有限公司印装
710×1000　16 开　13.25 印张　220000 字
2022 年 8 月第 1 版　2022 年 8 月第 1 次印刷
ISBN 978 - 7 - 5218 - 2196 - 3　定价：69.00 元
(图书出现印装问题，本社负责调换。电话：010 - 88191510)
(版权所有　侵权必究　打击盗版　举报热线：010 - 88191661
QQ：2242791300　营销中心电话：010 - 88191537
电子邮箱：dbts@esp.com.cn)

前　言

随着我国由工业经济向服务经济过渡，生产性服务业成为继制造业后拉动经济增长的新引擎，且生产性服务业集聚的特征也日益显著。那么，不同层级生产性服务业集聚对本地及临近区域经济增长产生了怎样的影响？生产性服务业集聚的经济增长效应在不同等级城市和地理区域间存在怎样的差异？迄今为止，很少有研究结合城市等级和空间交互作用分析不同层级生产性服务业集聚对经济增长的影响，且对集聚经济增长效应调节因素的分析也明显不足。为此，本书基于层级分工和空间交互的视角，探讨生产性服务业集聚的经济增长效应及其调节因素，这对于解释和解决生产性服务业集聚发展中的问题具有重要的理论意义和实践价值。

本书在借鉴制造业集聚研究成果的基础上，结合自身行业特点构建了生产性服务业集聚经济增长效应的分析框架，并依据"文献评述—现状描述—理论分析—假设形成—假设验证—政策建议"的逻辑展开研究。第一，回顾有关生产性服务业集聚、生产性服务业集聚影响经济增长等方面的国内外研究，分析现有研究的不足，聚焦值得深入探讨的问题。第二，描述我国生产性服务业的总量规模、发展速度以及产业结构演变的现状，测度分析生产性服务业集聚水平及其变化，并对其发展现状和集聚特征进行区域对比。第三，基于 LS 模型，系统阐述生产性服务业集聚影响核心区和外围区经济增长的机理。第四，基于层级分工的视角提出生产性服务业集聚影响经济增长的假设，采用动态面板模型分析高端和低端生产性服务业集聚对经济增长的影响，并比较该影响在不同等级城市的差异。第五，基于空间交互的视角提出生产性服务业集聚形成空间溢出效应的假设，利用空间杜宾模型探讨生产性服务业集聚对经济增长的空间效应，分析集聚空间效应的区域分异及其阶段化特征。第六，进一步深化层级分工视角的研究，在动态面板模型中引入交互项，探讨经济社会因素对生产性服务业集聚经济增长效应发挥的调节作用。通过理论和实证分析，本书得出了如下主要结论。

（1）生产性服务业集聚水平在不同等级城市和地理区域存在明显差距。研究期内，高端和低端生产性服务业集聚均呈现增强趋势，省会城市集聚水平远高于非省会城市，东部地区集聚水平明显高于中西部地区。

（2）不同层级生产性服务业集聚的经济增长效应存在差别。高端生产性服务业集聚对城市经济增长的影响不显著，这既印证了其规模效应面临较多约束的假设，也反映了高端生产性服务业供给未能有效满足下游产业需求的事实；低端生产性服务业集聚显著促进了城市经济增长，表明低端生产性服务业与下游产业形成了良性互动。

（3）合理的层级分工是实现生产性服务业集聚规模效应的前提。高端生产性服务业集聚促进了省会城市的经济增长，但对非省会城市没有显著影响；与此同时，低端生产性服务业集聚明显促进了不同等级城市的经济增长。这反映了省会城市适宜同时发展高端和低端生产性服务业，而非省会城市适宜重点发展低端生产性服务业。按此规律进行层级分工，有利于充分发挥生产性服务业集聚的规模效应。

（4）不同层级生产性服务业集聚对经济增长的空间效应存在差异。高端生产性服务业集聚未能有效促进本地经济增长，但对周边城市产生了正向溢出效应。这是因为高端生产性服务业知识技术密集、市场辐射范围大，其集聚能够促进城市间广泛开展知识技术交流和产业合作。与之相反的是，低端生产性服务业集聚显著促进了本地经济增长，但对周边城市发挥了负向溢出效应。这源于低端生产性服务业发展的资本和知识技术门槛较低、辐射范围较小，其集聚导致相邻城市呈现竞争关系。

（5）生产性服务业集聚对经济增长的空间效应存在区域分异。中部地区生产性服务业集聚明显促进了本地及周边城市的经济增长，而东部和西部地区的积极影响并不突出。在我国由经济高速增长期进入中高速增长期后，东部和中部地区生产性服务业集聚的积极影响趋于减弱，而西部地区集聚的积极影响趋于增强。

（6）生产性服务业集聚的经济增长效应受到经济发展水平、制造业规模、产业结构高级化和创新人才密度的影响。其中，经济发展水平对城市不同层级生产性服务业集聚的经济增长效应均发挥正向调节作用；制造业规模对非省会城市高端生产性服务业集聚的经济增长效应表现出拥挤效应，对低端集聚经济效应表现出互补效应；产业结构高级化对非省会城市不同层级生产性服务业集聚的经济增长效应产生了负向调节作用；创新人才密度对非省会城市不同层级生产性服务业集聚的经济增长效应发挥了正向调节作用。

基于上述结论，本书提出应通过营造有利发展环境、优化空间布局、因地制宜选择集聚策略、促进上下游产业融合、有序推进产业高级化发展、拓宽知识溢出渠道等举措充分发挥我国生产性服务业集聚对经济增长的促进作用。

杨　芳
2022 年 3 月

目 录

第一章 导论 …………………………………………………………… (1)
  第一节 研究背景与意义 ………………………………………… (1)
  第二节 基本概念界定 …………………………………………… (5)
  第三节 国内外相关研究综述 …………………………………… (9)
  第四节 研究内容与框架 ………………………………………… (20)
  第五节 研究的创新与不足 ……………………………………… (23)

第二章 生产性服务业的发展现状与集聚特征 ……………………… (26)
  第一节 生产性服务业的发展现状 ……………………………… (26)
  第二节 生产性服务业的集聚特征 ……………………………… (31)
  第三节 生产性服务业发展现状与集聚特征的区域差异 ……… (46)
  第四节 小结 ……………………………………………………… (61)

第三章 生产性服务业集聚影响经济增长的机理 …………………… (63)
  第一节 相关理论基础 …………………………………………… (63)
  第二节 理论模型 ………………………………………………… (69)
  第三节 生产性服务业集聚影响核心区经济增长的机理 ……… (76)
  第四节 生产性服务业集聚影响外围区经济增长的机理 ……… (83)
  第五节 小结 ……………………………………………………… (87)

第四章 生产性服务业集聚的经济增长效应：层级分工的视角 …… (89)
  第一节 理论分析与假设 ………………………………………… (89)
  第二节 不同层级生产性服务业集聚的经济增长效应 ………… (91)
  第三节 层级分工对生产性服务业集聚经济增长效应的影响 … (106)
  第四节 小结 ……………………………………………………… (118)

第五章　生产性服务业集聚的经济增长效应：空间交互的视角……（120）
第一节　理论分析与假设……（120）
第二节　生产性服务业集聚与经济增长的空间相关性分析……（123）
第三节　生产性服务业集聚对经济增长的空间效应……（131）
第四节　生产性服务业集聚空间效应的区域分异……（139）
第五节　小结……（149）

第六章　生产性服务业集聚经济增长效应的调节因素……（151）
第一节　基本假设与思路……（151）
第二节　经济收入水平的影响……（153）
第三节　制造业规模的影响……（161）
第四节　产业结构高级化的影响……（166）
第五节　创新人才的影响……（171）
第六节　小结……（175）

第七章　结论建议与展望……（177）
第一节　主要结论……（177）
第二节　政策建议……（180）
第三节　研究展望……（188）

参考文献……（190）

第一章　导　论

第一节　研究背景与意义

一、研究背景

随着经济水平提升和产业结构变迁,服务业特别是生产性服务业在国民经济中的地位日益上升。生产性服务业在快速发展的同时,呈现出向少数城市集聚的显著特征。但从生产性服务业集聚的经济效应来看,集聚的积极作用还有待充分释放。

(一) 生产性服务业对经济增长的贡献不断增大

服务业作为后工业社会的主导产业,在国民经济各部门中的地位逐渐上升。1940年,英国经济学家科林·克拉克(Colin Clark)收集和整理了多个国家的经济统计资料,并结合威廉·配第(William Petty)的收入与劳动力流动关系学说,提出配第—克拉克定理,揭示了劳动力在三次产业间转移的一般规律,即伴随着经济发展,第一产业的就业人口比重逐渐减小,而第二产业、第三产业的比重依次增加。富克斯(V. Fuchs, 1968)和贝尔(D. Bell, 1973)先后提出了"服务经济"和"后工业社会"理论,均反映了服务业的地位随社会经济发展而提升的趋势。20世纪80年代,在技术革命的推动下,金融信息、科技研发及专业服务等知识、技术和人才密集的现代生产性服务业迅速崛起,西方发达国家呈现由"工业经济"向"服务经济"转型的明显趋势,生产性服务业取代制造业成为经济增长的主要动力。截至2020年,大部分国家和地区服务业增加值占国内生产总值的比重超过一半,其中,美国服务业增加值所占比重为78%,欧洲国家普遍处于60%~70%之间，日本和韩国分别达到69%和57%①。相对于消费性服务业而言，生产性服务业的劳动生产率明显更高，因而在大多数国家保持着较快的增长速度。生产性服务业对经济社会的贡献不仅体现在产出和就业上，还体现在产业结构优化和国家竞争力形成中。从生产性服务业对城市发展的作用来看，在由资源型城市到制造型城市，再到服务型城市的不同发展阶段，生产性服务业分别发挥着"润滑剂""生产力""推进器"的作用。国际大都市发展实践也表明，生产性服务业是打造世界性城市的重要支撑。

新常态下，加快生产性服务业发展有利于我国实现"稳增长、调结构、转方式"的目标。改革开放40多年来，传统工业和制造业依靠增加生产要素投入的方式实现了经济高速增长和财富快速积累，但这种粗放型增长模式在国际竞争不断加剧、国内资源压力逐步增大和人口红利逐渐消失的形势下难以长期持续。与此同时，国际金融危机和全球经济增速放缓又使得出口导向型经济面临严峻考验。因此，提高经济发展的质量和效益，需要着力增强创新发展的动力并更多地依靠国内需求，而这又需要发挥生产性服务业的支撑作用。加快生产性服务业发展，有利于实现经济和科技的结合，从而推动传统产业结构优化升级，促进经济增长方式由依靠物质资源消耗向科技进步及管理创新转变；加快生产性服务业发展，有助于促进服务和产品多样化，进而释放居民消费潜力，建立扩大内需的长效机制。

新一轮的国际产业价值链整合和产业转移为我国生产性服务业发展创造了有利环境。国际分工和产业转移不仅表现为工业化国家把一些高污染、高耗能、低附加值的传统制造业或技术成熟的生产加工环节转移到发展中国家，还表现为把制造业产业链中的一些非核心服务环节如仓储、物流、数据处理、销售和售后环节，外包给发展中国家。这种新的分工趋势有利于发展中国家推进产业升级。特别是近年来，与软件与信息服务相关的服务外包和跨国投资向发展中国家转移，为我国生产性服务业向现代化发展提供了重要契机。

鉴于生产性服务业对经济社会的重要意义，我国政府高度重视生产性服务业发展问题。《中华人民共和国国民经济和社会发展第十二个五年规划纲要》做出重要部署，强调要"深化专业化分工，加快服务产品和服务模式创新，促进生产

---

① 资料来源：《2021中国统计年鉴》。

性服务业与先进制造业融合,推动生产性服务业加速发展"。党的十八大报告也将"推动服务业特别是现代服务业发展壮大"作为完善社会主义市场经济体制和加快经济发展方式转变的重要举措。2014 年,国务院《关于加快发展生产性服务业促进产业结构调整升级的指导意见》将生产性服务业提升到战略地位,指出生产性服务业是全球产业竞争的战略制高点。要加快发展生产性服务业,坚持市场主导、突出重点、创新驱动和集聚发展。《国家新型城镇化规划(2014—2020 年)》指出,要"适应制造业转型升级要求,推动生产性服务业专业化、市场化、社会化发展,引导生产性服务业在中心城市、制造业密集区域集聚。"《中华人民共和国国民经济和社会发展第十三个五年规划纲要》进一步明确了当前我国生产性服务业发展的重点任务,提出以产业升级和提高效率为导向,推动生产性服务业向专业化和价值链高端延伸,建立与国际接轨的生产性服务业标准体系。

(二) 生产性服务业集聚趋势不断增强

生产性服务业呈现出向少数大中城市集聚的明显趋势。集聚是经济发展的典型特征,经济发展往往通过打造若干个经济中心形成"中心—外围"的发展模式。经济中心也是产业集聚的区域,产业集聚主要包括制造业集聚和生产性服务业集聚。继制造业形成空间集聚之后,生产性服务业集聚也逐渐形成。特别在当前制造业呈现出由中心城市向外扩散的形势下,生产性服务业集聚特征更加显著。从区位选择来看,生产性服务业主要集聚在城市中,而且城市的等级越高、功能越完善,资本和知识技术密集型生产性服务业集聚的特征也越显著。在全球经济版图上,生产性服务业集聚已形成大小各异、特色鲜明的"斑点经济",最具代表性的区域如曼哈顿金融服务业集聚区、硅谷信息服务业集聚区等。我国生产性服务业也呈现出向大城市集聚的"簇群化"趋势。北京中关村的信息技术产业集聚和上海陆家嘴的金融服务业集聚是最早的生产性服务业集聚地。在软件和信息产业向发展中国家转移的国际环境下,北京、上海、广州、杭州、大连等城市已建成一批有影响力的生产性服务业集聚高地。

依据钱纳里工业化阶段理论及其相关划分标准,当前我国整体上处于由工业化中期向工业化后期过渡的阶段,部分经济发达的城市已进入工业化后期甚至后工业化阶段。对于处在较高发展阶段的城市,生产性服务业是经济发展的主导产业和优势产业。随着大中城市的服务职能日趋完善，我国生产性服务业向少数城市集聚的趋势还将进一步增强。

（三）生产性服务业集聚的积极影响有待充分发挥

生产性服务业向中心城市集中与制造业向次中心城市转移的同步推进，促使生产性服务业成为驱动中心城市经济增长的新引擎。同制造业集聚一样，生产性服务业集聚也会产生外部经济效应、产业关联效应和知识溢出效应。由于生产性服务业属于中间投入行业，其集聚的产业关联效应非常显著。又由于生产性服务业具有知识技术密集的特征，其集聚的知识溢出效应也尤其突出。生产性服务业向经济水平和市场化程度较高的城市集中，能够提升集聚地的生产效率和核心竞争力，形成以大城市为中心、中小城市围绕大城市有机配套的合理分工体系。在资源环境约束日益增强的形势下，生产性服务业集聚还有利于集约用地和减少物质资源投入。经济实践也表明，部分城市生产性服务业集聚显著促进了经济可持续增长。

然而，不容忽视的是，生产性服务业集聚并不总是对本地和临近区域的经济增长产生积极影响。由于未能充分考虑产业的协调发展和经济的空间联系，我国部分城市生产性服务业集聚的积极影响未得到充分发挥。首先，城市产业关联度普遍偏低。在多数城市中，生产性服务业与制造业、农业、服务业等下游产业的结合不够紧密，未能形成上下游产业相互促进的良性互动机制，这使得生产性服务业集聚不能为下游企业转型升级提供技术支持。其次，部分城市存在生产性服务业过度发展的倾向。受空间地域和市场需求所限，任何城市可以容纳的生产性服务业都是有限的。自中共中央提出大力推进生产性服务业发展和集聚后，地方政府纷纷出台政策予以响应，在此过程中一些城市的生产性服务业集聚水平超过了适度范围，造成了供大于求和资源配置错位。最后，部分城市在制定生产性服务业发展规划时未能充分考虑邻近区域的空间交互作用。生产性服务业集聚具有空间溢出效应，随着区域市场和全国统一市场日益成熟，生产性服务业的要素和产品将更加自由地流动，与之对应的是，城市体系中应形成生产性服务业的合理分工。然而，在实际中，不少城市制定的生产性服务业发展规划缺乏统筹思想和全局意识，导致了生产性服务业低水平重复建设，使集聚出现了负向空间溢出。

二、研究意义

(一) 理论意义

研究的理论意义在于以下两方面。一是拓展了生产性服务业集聚经济增长效应的研究思路。研究基于产业集聚和都市圈理论，探讨了不同层级生产性服务业集聚对省会和非省会城市经济增长的差异化影响，凸显了层级分工对实现集聚规模效应的重要意义，为深化生产性服务业集聚经济增长效应研究提供了较新的视角。二是丰富了生产性服务业集聚经济增长效应的研究成果。研究分析了生产性服务业集聚空间效应的区域分异及其阶段性特征，揭示出东中西部地区生产性服务业集聚发展中的突出问题。

(二) 实践价值

研究的实践价值在于三个方面。第一，有助于地方政府客观认识生产性服务业集聚对经济增长可能带来的收益和风险，以减少地方政府盲目加快生产性服务业发展、过度推进生产性服务业集聚的非理性行为。第二，有助于地方政府了解生产性服务业集聚促进经济增长的约束条件，主动破解制约因素，发挥生产性服务业集聚对完善城市服务功能、释放经济发展动能的积极作用。第三，有助于地方政府依据自身职能分工、产业基础和地理区位，确定生产性服务业主导产业和重点行业，从而形成错位分工、优势互补、区域联动的生产性服务业发展体系。

第二节 基本概念界定

一、生产性服务业

(一) 生产性服务业的概念

服务业涵盖范围广泛，包括以餐饮业、家政业为代表的简单劳务型行业，以通信、物流、金融、房地产为代表的资金密集型行业，以研发、创意、设计为代表的知识技术密集型行业，以及教育、医疗、文化、卫生、公共管理等具备市场失灵特征的公共服务行业。由于不同类型服务业的经济行为和社会特征存在较大差异,许多学者对服务业进行了细致的分类研究。马奇普(Machilup, 1962)最早提出生产者服务业(producer services)的概念,认为生产者服务业是知识产出的产业。格林菲尔德(Greenfield, 1966)认为生产者服务业是企业、政府和相关组织面向生产者,而不是最终消费者提供的服务和劳动。布朗宁和辛格尔曼(Browning and Singelmann, 1978)提出第三产业包括分配服务业、生产者服务业、社会服务业和个人服务业,生产者服务业主要涵盖银行、保险、商务服务和房地产等行业。辛格尔曼的分类标准对后来的研究产生了深远影响。加拿大经济学家格鲁伯和沃克(Grubel and Walker, 1989)在著作《服务业的增长:原因与影响》(Service Industry Growth: Cause and Effects)中提出,生产者服务业是为其他产品或服务的生产提供中间需求的服务行业,是服务形式的生产资料。1993年,陈彪如将此书译为中文,从此将生产者服务业的概念引入了我国。我国学者多将生产者服务业称为生产性服务业。《中华人民共和国国民经济和社会发展第十一个五年规划纲要》首次将服务业划分为生产性服务业和消费性服务业,前者主要服务于其他生产或服务部门,后者主要服务于居民生活消费。综上所述,本书认为,生产性服务业是为其他产品或服务的生产提供中间投入品的服务行业的统称。

(二)生产性服务业的外延范围

虽然生产性服务业的概念已经明晰,但关于生产性服务业的范围却未形成统一认识。原因有二:第一,结合经济实践可以发现,虽然服务业细分行业的服务对象各有偏重,但几乎所有的服务行业都既为生产者提供中间服务,也为消费者提供最终服务,很难将两者截然分开。第二,不同国家和地区的行业分类方法和统计口径存在差异,因而不同国家学者界定的生产性服务业范围也存在差别。本节汇总了国内外相关学者和机构对生产性服务业的范围界定(见表1-1)。可以发现,近年来我国学者对生产性服务业的范围界定主要建立在《中华人民共和国国民经济和社会发展第十一个五年规划纲要》有关生产性服务业的指导意见和《国民经济行业分类与代码》(2002年)的基础之上。综合上述研究成果,本书认为,生产性服务业的范围包括"交通运输、仓储和邮政业""信息传输、计算机服务和软件业""批发与零售业""金融业""房地产业""租赁和商务服务业""科学研究、技术服务和地质勘查业"七个细分行业。

表 1-1 生产性服务业的范围界定

学者或机构	时间	生产性服务业的范围
格林菲尔德	1966 年	交通、运输、通信、会计、审计、金融保险、商务服务、房地产、批发、工程和建筑、传媒、法律、专业服务、政府支持
布朗宁和辛格尔曼	1978 年	金融、保险、会计、法律、研发、营销、通信、房地产、经纪
艾斯顿和施特纳尔	1978 年	广告、研发、会计、法律、企业咨询、工程测量、建筑服务
郝尔斯和格林	1986 年	保险、银行、金融和其他商务服务业
格鲁伯和沃克	1989 年	批发、通信、运输、仓储、金融、会计、广告
GATT（GNS/W/120）	1991 年	企业服务、通信服务、分销服务、金融服务、运输服务、建筑及相关工程服务、教育服务、环境服务
美国经济普查局	1999 年	运输仓储、批发贸易、信息、金融保险、专业和科技服务、不动产和租赁、企业和公司管理、行政保障以及水管理
科菲	2000 年	广告、会计、管理咨询、金融保险、法律服务、猎头服务、计算机服务、科技服务、投资服务、房地产
钟韵、阎小培	2003 年	金融保险、信息咨询、计算机服务、科研技术、房地产
李江帆、毕斗斗	2004 年	批发贸易、交通通信、金融保险、商务服务、房地产
联合国国际标准产业分类	2004 年	信息通信、金融保险、出租租赁、运输仓储、科技服务、行政服务、教育、房地产
吕政、刘勇、王钦	2006 年	交通运输、现代物流、金融服务、信息服务和商务服务
顾乃华	2006 年	法律、金融、保险、经纪、工商服务、商业、通信、仓储、运输
程大中	2006 年	金融服务、信息服务、专业服务、教育服务
《北京市生产性服务业统计分类标准》	2009 年	流通服务、信息服务、商务服务、金融服务、科技服务
《中华人民共和国国民经济和社会发展第十一个五年规划纲要》	2011 年	交通运输业、现代物流业、金融服务业、信息服务业、商务服务业
江曼琦、席强敏	2014 年	"交通运输、仓储和邮电业""信息传输、计算机服务和软件业""金融业""房地产业""租赁和商务服务业""科学研究、技术服务和地质勘查业"
于斌斌	2016 年	"交通运输、仓储和邮政业""信息传输、计算机服务和软件业""批发与零售业""金融业""房地产业""租赁和商务服务业""科学研究、技术服务和地质勘查业"

二、生产性服务业层级

由于生产性服务业细分行业存在明显的异质性，近年来一些学者提出高端和低端生产性服务业的概念并界定了其范围。樊文静（2013）在实证分析中将广告投入、研发投入、教育投入等知识和技术密集度较高的服务项目视作高端生产性服务业。宣烨、余泳泽（2014）认为高端生产性服务业是知识密集度较高、辐射范围较大、不需要频繁与服务对象"面对面"接触的生产性服务行业，与之相对的是，低端生产性服务业是知识密集度较低、辐射范围较小、需要频繁与服务对象"面对面"接触的生产性服务业。他们按照人均产值和研发强度指标对细分行业作了分类，将"信息传输、计算机服务和软件业""金融业""科学研究、技术服务和地质勘查业"视作高端生产性服务业，将"交通运输、仓储和邮政业""租赁和商务服务业"视作低端生产性服务业。张浩然（2015）、曹聪丽等（2018）、李斌等（2020）借鉴了这一分类方法。于斌斌（2016）补充了宣烨和余泳泽的分类方法，认为高端生产性服务业还包含"房地产业"，低端生产性服务业还包含"批发与零售业"。蔺栋花、侯效敏（2016）认为高端生产性服务业是以资本密集和知识技术密集为特征的服务业，主要包括"信息传输、计算机服务和软件业""金融业""科学研究、技术服务和教育业""租赁和商务服务业"。文丰安（2018）提出高端生产性服务业包括"信息传输、计算机服务业和软件业""金融业""科学研究、技术服务业和地质勘查业"，低端生产性服务业包括"交通运输、仓储和邮政业""批发与零售业""租赁和商业服务业"。由此可见，虽然学术界并未对高端和低端生产性服务业形成统一概念，但学者们普遍认为，高端生产性服务业是生产性服务业中的高端部分，主要包括知识密集、技术密集和资本密集的生产性服务行业，具有成长空间大、辐射范围广的特征。

基于以上研究成果，本书认为高端生产性服务业是知识技术和资本密集度高、市场辐射范围大、不需要与服务对象"面对面"频繁接触的生产性服务行业的统称，包括"科学研究、技术服务和地质勘查业""信息传输、计算机服务和软件业""金融业""房地产业"四个行业。与此同时，低端生产性服务业是知识技术和资本密集度较低、市场辐射范围较小、需要与服务对象"面对面"频繁接触的生产性服务行业的统称，包括"交通运输、仓储和邮政业""租赁和商务服务业""批发与零售业"三个行业。

三、生产性服务业集聚及其经济增长效应

早期经济学家有关产业集聚的论述主要围绕制造业集聚展开。自 20 世纪 70

年代以来，随着西方国家进入后工业化社会，经济学界开始关注生产性服务业集聚问题。由于产业集聚已形成成熟的概念，学者们大多借用产业集聚来理解生产性服务业集聚，极少单独探讨生产性服务业集聚的含义。

本书定义，生产性服务业集聚是指生产性服务业企业和其他要素向特定区域集中以寻求集聚经济利益的现象和过程。根据本书对生产性服务业层级的划分，将生产性服务业集聚又分为高端生产性服务业集聚和低端生产性服务业集聚。前者是指知识技术和资本密集度较高、市场辐射范围较大、不需要与服务对象"面对面"频繁接触的高端生产性服务业企业和要素向特定区域集中的现象和过程。后者是指知识技术和资本密集度较低、市场辐射范围较小、需要与服务对象"面对面"频繁接触的低端生产性服务业企业和要素向特定区域集中的现象和过程。

第三节　国内外相关研究综述

基于经济增长与产业集聚的理论基础，早期学者对制造业集聚与经济增长的关系进行了大量实证研究。随着生产性服务业集聚趋势增强，产业集聚研究进一步聚焦到生产性服务业领域，从而生产性服务业集聚及其经济增长效应逐渐成为国内外学者普遍关注的问题。研究综述的思路是首先梳理从产业集聚到生产性服务业集聚的相关研究，其次回顾生产性服务业集聚的概念、机制和现象的有关文献，最后评述生产性服务业集聚影响经济增长的研究。

一、产业集聚影响经济增长的研究

国内外大量研究探讨了产业集聚对经济增长的影响。很多研究基于专业化和多样化外部性理论，对比分析了专业化和多样化集聚对经济增长的作用。尽管多数研究认为产业集聚有利于经济增长，但近年来也有不少研究指出集聚的拥挤效应会阻碍经济增长。

（一）产业集聚对经济增长的影响

早期有关产业集聚经济效应的研究主要探讨产业集聚对经济效率和增长的影响，多数研究得出了产业集聚有利于提升经济绩效的结论。

1. 产业集聚对经济效率的作用。

国外学者的研究认为产业集聚能够显著提升经济效率。西科尼和赫尔（Ciccone and Hall，1993）对美国的实证研究表明，就业密度能够显著促进社会劳动生产率，就业密度每提高1倍会使生产率提高6%左右，而且就业密度还是造成美国各州间人均产出差距的重要原因。德克尔和伊顿（Dekle and Eaton，1999）对日本的分析揭示了就业密度能够显著提升生产率。钦加诺和斯基瓦尔迪辛（Cingano and Schivardi，2004）基于意大利的分析显示就业量对城市生产率的弹性约为6.7%。西科尼（Ciccone，2002）利用法、德、意、西、英五国制造业和服务业就业人数合并数据进行分析，发现欧洲国家就业密度对生产率的弹性为5%。布吕尔哈特和马特仕（Brülhart and Mathys，2008）对欧洲就业密度与劳动生产率关系的研究发现，集聚对劳动生产率的促进作用显著且随时间的推移而增强。

随着产业集聚成为中国经济发展的典型事实，国内也涌现出大量产业集聚与经济效率关系的研究成果。张妍云（2005）利用省级截面数据的分析发现，工业集聚能够提高工业产值和劳动生产率。范剑勇（2006）基于地级城市截面数据的研究表明，非农产业规模报酬递增地方化是产业集聚形成的重要原因，也是集聚区域生产率提升的重要来源。章元、刘修岩（2008）的研究显示城市的就业密度增加显著促进了非农产业生产率的提升。

但是，也有少数研究得出产业集聚与生产率不存在显著关联的结论。比森（Beeson P，1987）基于美国制造业数据的分析发现制造业集聚对生产率不产生显著影响。亚历杭德罗（Alejandro，2005）利用墨西哥和英国的数据进行分析也得出了类似结论。

2. 产业集聚对经济增长的作用。

针对大多数国家和地区的经验研究支持产业集聚促进经济增长的结论。藤田和蒂斯（Fujita and Thisse，2003）认为增长和集聚是联合发生的。布劳内尔杰姆和伯格曼（Braunerhjelm and Borgman，2004）利用瑞典分行业数据的研究显示，产业集聚度较高区域的经济增长速度较快，且原料密集型和技术密集型产业集聚对经济增长的推动作用尤为显著。奥塔维亚诺和皮内利（Ottaviano and Pinelli，2006）对芬兰的研究证明，人口密度对地区经济增长具有积极的促进作用。克罗兹和柯尼希（Crozet and Koenig，2005）研究了欧洲的人均国内生产总值和空间分布的关系，发现北部地区产业集聚促进了经济增长，同时发达地区的增长主要由商业集聚和城市扩张支撑。布吕尔哈特和斯贝加米（Brülhart and Sbergami，2009）基于全球 105 个国家和欧盟 16 个国家的研究均证明了集聚对经济增长的促进作用。

不少国内研究也证实了产业集聚对经济增长的积极影响。张艳、刘亮（2007）基于城市数据的分析发现，集聚对经济增长具有显著的推动作用。肖建清（2009）的研究表明，集聚对经济增长的拉动作用明显，且对外开放对区域经济增长的积极影响也主要通过集聚间接产生。潘文卿、刘庆（2012）的研究发现，中国制造业集聚对经济增长具有显著的正向影响。

（二）专业化和多样化集聚对经济增长的影响

进一步的研究针对专业化和多样化集聚的经济效应展开，但学术界尚未就专业化和多样化对经济增长的作用达成一致认识。中村（Nakamura，1985）的研究表明，日本制造业的专业化和多样化集聚显著促进了城市发展，但两种集聚模式对不同行业的影响存在差异。康布（Combes，2000）通过比较服务业集聚和制造业集聚对法国经济增长的影响发现，制造业专业化和多样化集聚对大多数行业的增长均具有负效应，服务业专业化集聚也具有负效应，但服务业多样化集聚具有正效应。针对美国、英国、荷兰等国家产业集聚模式与经济绩效的研究未得出一致结论。莫迪·阿肖卡和王方义（Mody Ashoka and Wang Fangyi，1997）对中国东部省份的研究表明专业化对区域经济增长具有负向阻碍作用。巴蒂斯（Batisse，2002）进一步拓展了研究的样本和时间跨度，通过分产业实证分析验证了阿肖卡和王方义的研究结论。他指出，多样化环境对经济增长具有积极推动作用，但这一正向影响在区域间呈现明显差别，多样化对东部地区的激励作用显著，对中西部地区的影响并不明显。

（三）产业集聚促进经济增长的约束条件

近年来的研究认为，产业集聚对经济增长的促进作用面临一系列约束条件。威廉姆森（Williamson，1965）在研究空间集聚与经济增长的关系后提出了著名的威廉姆森假说，即在经济发展的初期，经济集聚的好处大于坏处，但当经济发展达到一定水平之后,经济集聚的好处小于坏处。此后,大量经验研究为威廉姆森假说提供了证据。亨德森(Henderson,2003)针对 70 个国家的研究发现,集聚只有在收入水平较低的国家中才发挥积极作用。布吕尔哈特和斯贝加米(2009)发现集聚对经济增长的影响存在经济发展水平的门槛效应。由于我国经济活动向发达地区集中的特征明显,国内学者从不同空间层面检验了威廉姆森假说。基于省级和地级城市层面的实证研究均表明集聚对经济增长的好处随经济发展水平的提高而减弱。此外,还有研究认为,产业集聚对经济增长的影响随集聚水平的提高而变化。对山东半岛城市群制造业集聚与经济增长关系的实证分析表明,制造业集聚与经济增长呈现倒"U"型关系,适度集聚产生规模经济,过度集聚引发规模不经济。

针对专业化和多样化集聚经济效应的研究显示,集聚对经济增长的影响会受到城市规模、经济发展阶段和地理区域的约束。多样化集聚只有在产业间存在知识溢出效应时才能发挥积极作用,而专业化的主要问题在于"专业化特征"使城市难以应对突发的外部冲击,从而面临较严峻的转型压力。多数学者认为,多样化对规模较大城市的经济发展较有利,专业化则对规模较小城市的经济发展好处更多。孙晓华、郭玉娇(2013)的研究发现,专业化集聚对中小规模城市的生产率具有促进作用,而对较大规模城市的生产率具有阻碍作用。孙祥栋、张亮亮、赵峥(2016)的研究表明,多样化有利于规模较大城市的经济发展,专业化则更有助于规模较小城市的发展。于斌斌(2015)对我国十大城市群的研究显示,专业化集聚对尚未跨越经济发展水平门槛的城市群的经济效率具有负向阻碍作用,多样化集聚对不同经济发展水平的城市群的经济效率均具有明显促进影响。

二、生产性服务业集聚的研究

(一)生产性服务业集聚的机制

生产性服务业集聚的向心力除外部经济、产业关联效应和知识溢出效应外,还包括服务业共同集聚的力量。生产性服务业集聚的离心力主要包括通信成本、非流动要素和集聚经济空间边界。

1. 生产性服务业集聚的向心力。

外部经济、产业关联效应和知识溢出效应既是制造业集聚的向心力，也是生产性服务业集聚的向心力，而且后两者对生产性服务业集聚的促进作用更为显著。生产性服务业中间投入品的属性决定了其具有广泛的产业关联效应。生产性服务业的主要服务对象是制造业和服务业。对于重点为制造业提供中间投入的生产性服务业，制造业向特定区域集聚的同时也促进了生产性服务业的集聚，从而实现制造业和生产性服务业的共同集聚。对于重点为政府或其他服务机构提供中间投入的生产性服务业，服务机构主要分布于城市的现象促使生产性服务业也向城市集中。生产性服务业知识技术密集的特征决定了知识溢出效应是集聚的重要推动力。基布尔和威尔金森（Keeble and Wilkinson，2000）认为与"创新环境"有关的"集体学习过程"对于知识型集群非常重要。基布尔和纳沙姆（Keeble and Nachum，2001）指出生产性服务业作为知识、技术和人才密集的产业，应该更加注重从集体学习和创新环境视角探寻集聚利益。格鲁伯和沃克（1989）提出生产性服务业集聚能够提升行业的专业化水平并促进知识资本深化，这种知识深化及其在生产中的迂回效果强化了生产性服务业对经济发展的积极作用。陈建军等（2009）的研究表明知识密度增大和知识溢出效应促进了生产性服务业集聚。

此外，服务业共同集聚也是促进生产性服务业集聚的重要向心力。森（Senn，1993）认为，不同的服务业彼此邻近可以促使行业内企业相互服务，并进一步提升行业层面的生产率和竞争力。生产性服务业是一个"破碎型"产业，金融、物流、商务、研发等细分行业存在互补或竞争的关系。互补关系可以促进不同行业相互服务，也可以联合多个行业为服务对象提供更加全面优质的服务，这种综合配套能力提升会增加整个生产性服务业集群的业务机会和能力。与此同时，企业的相互竞争形成了优胜劣汰机制，从而通过"挤压效应"提高整个行业的生产率。

2. 生产性服务业集聚的离心力。

生产性服务业集聚增强的趋势将受到离心力的抑制。由于制造业产品主要通过交通运输实现交易，而生产性服务业主要通过电话、网络等通信手段实现交易，因而通信成本是集聚的主要制约力量。生产性服务业集聚也会受到非流动要素和集聚经济空间边界的阻碍。不过，由于交易方式的独特性，与制造业相比，非流动要素和集聚经济空间边界对生产性服务业集聚的阻碍作用相对较小。

(二) 生产性服务业集聚的现象

20世纪90年代，针对欧洲国家的研究发现生产性服务业具有在首都和经济发达的大城市集聚的明显特征。进入21世纪以来，相关研究表明我国生产性服务业也呈现向经济发达地区或城市集中的显著趋势。

1. 世界生产性服务业集聚现象。

现代通信技术的发展似乎为生产性服务业突破时间和空间的限制，实现空间地理的分散布局创造了条件。但众多研究显示，生产性服务业集聚的趋势并未减弱，相反，科技进步还推动生产性服务业特别是高端生产性服务业进一步向大城市集中。世界范围内，生产性服务业集聚的代表性区域有曼哈顿的金融服务业集聚区、硅谷的信息服务业集聚区、加利福尼亚的多媒体产业集聚区、芝加哥的金融期货产业集聚区、都柏林的信息通信业集聚区和班加罗尔的软件业集聚区等。针对欧洲国家的研究显示，生产性服务业具有向首都和少数大城市集中的明显特征。20世纪80年代以后，伦敦Canary商务区发展成为全球闻名的银行总部以及金融和商务产业的集聚地。基布尔和布赖森（Keeble and Bryson, 1991）的研究表明，英国43%的服务业就业人口集中在伦敦和东南地区，其中管理咨询及市场调研业的集聚度最高。伊列雷斯和斯霍尔特（Illeris S and Sjoholt P, 1995）的研究显示，北欧国家70%以上的生产性服务业集中在首都，少数经济发达的大都市也是生产性服务业集聚的重要区域。哈林顿（Harrington, 1995）指出生产性服务业存在层级分工现象。知识技术密集度高、市场辐射力强、不需要与服务对象频繁"面对面"接触的高端生产性服务业主要分布在规模大、经济能级高的中心城市，与此相反的是，低端生产性服务业主要集中在规模小、经济能级低的中小城市。

2. 中国生产性服务业集聚现象。

中国生产性服务业也呈现显著的空间集聚特征。国内学者从全国、区域和城市三个层面描述了生产性服务业的空间地理分布特征。陈国亮（2010）、蔡翼飞（2010）对我国服务业细分行业的测算结果表明，生产性服务业集聚程度明显高于消费性服务业和公共性服务业。吉亚辉、杨应德（2012）的研究显示，东部省份形成了生产性服务业高值集聚区，中部地区与东部地区比较接近，西部地区则形成了低值集聚区。王琢卓（2013）的研究表明，生产性服务业主要集中在省会城市、经济圈和城市群，并在总体上呈现以东部为中心、以其他地区为边缘的"中心—外围"结构。袁丹（2015）揭示出生产性服务业集聚呈现由东到西依次递减的"阶梯状"分布特征。

区域层面的研究主要集中在京津冀、长三角、珠三角等发达经济圈。张旺、申玉铭、柳坤（2012）的研究显示，京津冀服务业呈现出典型非均衡的单中心、大梯度、等级化集聚态势，知识、技术和资本密集型服务业的优势非常明显，并且各城市均形成了较明晰的专业化分工。黄繁华、程佳、王晶晶（2011）的研究表明，长三角地区生产性服务业集聚度高于全国平均水平，区域中心城市上海和副中心城市南京、杭州是集聚度最高的城市，"交通运输、仓储和邮政业""金融业""租赁和商务服务业"是集聚度较高的行业。左连村、贾宁（2012）研究发现，珠三角地区形成了以广州、深圳为中心的生产性服务业格局，空间层面上集聚与扩散并存，行业层面上非均衡发展状况有了一定缓解。相较于发达经济圈，其他区域的生产性服务业集聚度明显偏低。赵东霞、赵彪、周成（2015）指出，东北地区生产性服务业分布呈现圈层结构，北部地区以哈尔滨—长春为核心，重点发展交通物流业；南部地区以沈阳—大连为核心，重点发展金融商务服务业。

针对某一城市生产性服务业集聚的研究比较少见。较有代表性的是基于微观企业数据对北京市生产性服务业空间集聚的综合测度。测度结果显示，生产性服务业发展的空间差异明显，不同功能区发展的差异尤其显著，商务、流通、信息与科技服务业的空间分布具有较高的一致性。

三、生产性服务业集聚影响经济增长的研究

随着生产性服务业集聚的推进，生产性服务业集聚与经济增长的关系成为学者们普遍关注的问题。当前研究主要沿袭产业集聚与经济增长关系的分析思路，探讨生产性服务业及其细分行业集聚对经济增长的作用，并重点关注专业化和多样化集聚的效应。近年来，少数学者开始探究不同层级生产性服务业集聚对经济

增长的影响。

(一) 生产性服务业及其细分行业集聚对经济增长的影响

有关服务业集聚经济效应的研究多认为集聚有利于经济增长。程大中、陈福炯（2005）的研究发现，除房地产业之外，其他服务业的相对密集度均显著提升了自身的劳动生产率，从而在我国服务业领域验证了"凡尔登定律"①。程中华、张立柱（2015）的研究发现，生产性服务业集聚有利于提升城市的全要素生产率。侯淑霞、王雪瑞（2014）的研究表明，我国生产性服务业集聚与经济增长存在内生关系且未产生拥挤效应。李子叶、韩先锋、冯根福（2015）的分析揭示出，生产性服务集聚对转变经济增长方式的正向作用随集聚水平上升呈现出先减弱后增强的"U"型特征，且东、中、西部地区存在各不相同的门槛值。刘书瀚、于化龙（2018）的研究表明，生产性服务业集聚对东部和中部地区的经济增长具有明显的促进影响，对西部经济增长无显著影响。针对生产性服务业细分行业集聚与经济增长关系的研究主要集中在金融业领域，多数研究肯定了金融业集聚对经济增长的积极作用。

关于集聚空间溢出效应的研究并未得出一致结论。宣烨、宣思源（2013）的研究显示，服务业集聚对自身生产效率产生了正向空间溢出效应。韩峰、王琢卓、阳立高（2014）认为，生产性服务业集聚在100千米的有效范围内对经济增长具有明显的技术溢出。袁丹、雷宏振（2016）认为，当邻近区域的产业结构、技术水平、人力资源和开放程度比较接近时，生产性服务业集聚会产生正向空间溢出。蒋荷新（2017）的研究也强调市场条件的相似性，认为正向空间溢出效应主要发生在市场规模和发展水平相近的市场之间。然而，也有研究认为生产性服务业会产生不利影响。曹聪丽、陈宪（2017）认为，东部和中部的生产性服务业集聚对邻近区域产生了集聚阴影效应。曾艺、韩峰、刘俊峰（2019）提出，东部沿海地区生产性服务业存在着过度集聚现象，其区域内产品同质化现象制约了产业发展和地方经济繁荣。进一步地，他们揭示了生产性服务业集聚空间溢出效应的行业异质性，发现"交通运输、仓储与邮政业""信息传输、计算

---

① 意大利经济学家凡尔登（P. J. Verdoorn, 1949）考察了一系列国家工业增长的经验数据，并提出这样的统计规律：劳动生产率增长与产出增长存在线性联系，劳动生产率产出弹性的均值约为0.45，即市场规模每增长10%，劳动生产率增长4.5%。

机服务与软件业""租赁与商务服务业"能够促进本地区经济增长质量提升，却未对邻近地区产生显著影响；"批发与零售业"虽然提升了本地经济增长质量，却对邻近地区产生了明显的抑制作用；"金融业""科学研究与技术服务业"不仅对本地经济增长质量未产生显著影响，还抑制了邻近地区经济增长质量的提升。

（二）生产性服务业专业化和多样化集聚对经济增长的影响

不少学者对比分析了生产性服务业专业化和多样化集聚对经济增长的作用。里维拉巴蒂斯（Rivera Batiz，1988）强调，生产性服务业多样化可以在城市中产生显著的集聚经济，专业化则能够显著提升城市的生产率。针对中国的研究表明，两种集聚模式对经济增长均存在显著影响，但并未对"专业化还是多样化的作用更为显著？"达成一致认识。王琢卓（2013）的研究表明，生产性服务业专业化集聚在短期内对经济增长的促进作用显著，但长期影响不断减弱；反之，多样化集聚在短期内对经济增长的促进作用并不显著，但长期影响逐渐增强。专业化和多样化集聚的效应在东、中、西部地区存在显著差异。韩峰、王琢卓、赖明勇（2015）指出生产性服务业专业化和多样化集聚通过技术外部性对经济增长产生影响，相对而言，专业化集聚对经济增长的作用更为明显。吉亚辉、甘丽娟（2015）也认为两种集聚模式均能显著促进经济增长，但多样化集聚的作用更为突出。

学者们对生产性服务业集聚空间溢出效应的研究未得出一致结论。于斌斌（2016）认为，生产性服务业专业化集聚对邻近区域的经济增长发挥了正向溢出效应。陈曦（2017）却认为专业化水平较高的城市将市场辐射范围扩大到邻近区域，从而限制了临近区域的生产性服务业发展。对东、中、西部地区进行对比分析的研究显示，专业化集聚的空间溢出效应由东向西逐渐增强，与之相反的是，多样化集聚的空间溢出效应由东到西依次减弱。

（三）不同层级生产性服务业集聚对经济增长的影响

近年来，学者们开始对生产性服务业进行层级划分，并探讨高端和低端生产性服务业集聚对经济增长的影响。无论是戈特曼（Jean Gottmann，1950）提出的大都市圈（又称大都市带、大都市连绵区）理论还是我国学者周一星、顾朝林等提出的城市体系理论均认为，一定区域内的城市会因为规模和功能差异而形成具有一定空间层次和地域分工的有机体系。宣烨、余泳泽（2014）的研究发现，长江三角洲地区生产性服务业存在明显的层级分工现象，高端生产性服务业在经济较发达的中心城市具有集聚优势，低端生产性服务业在经济欠发达的中小城市具有集聚优势，并且层级分工现象显著提升了制造业生产率。张浩然（2015）和曹聪丽、陈宪（2018）分析了不同层级生产性服务业集聚对城市经济绩效的影响，发现高端集聚显著提升了城市经济绩效，低端集聚对经济效率没有显著影响。韩增林、杨文毅、郭建科（2018）进一步对比分析了不同层级生产性服务业集聚效应的区域差异，集聚于区域性中心城市的高端生产性服务业显著提高了本地全要素生产率，中部地区低端集聚对全要素生产率提高起到了阻碍作用，而西部地区低端集聚产生了积极影响。于斌斌（2016），李斌、杨冉（2020）的研究表明，不同规模等级的城市应选择差异化的集聚模式，高端生产性服务业集聚的特大城市和大城市适合选择多样化集聚模式，低端生产性服务业集聚的中小城市适宜选择专业化集聚。

（四）生产性服务业集聚经济增长效应的影响因素

生产性服务业集聚对经济增长的作用还受到经济社会因素的多重影响，从而使两者呈现出非线性特征。马龙龙（2011）分析了制造业规模、专业技术水平、产业结构和城镇化进程对北京和西安生产性服务业经济增长效应的差异化影响。刘纯彬、李筱乐（2013）研究了政府规模的调节效应，发现生产性服务业对经济增长的作用随政府规模扩大呈现显著的倒"U"型关系。张浩然（2015）关注了城市经济总量的影响，发现高端生产性服务业集聚对经济绩效的积极影响随经济总量的扩大而逐渐增强。文丰安（2018）提出，人力资本和政府干预能够在一定程度上减缓生产性服务业集聚对经济增长质量的反作用力。李斌、杨冉（2020）认为，对外开放水平具有显著的门槛特征，对外开放水平对专业化集聚和城市经济绩效关系的约束作用存在于特大城市和大城市，而对多样化集聚和城市经济绩效关系的约束作用显著存在于中小城市。曹聪丽、陈宪（2018），曾艺、韩峰、刘俊峰（2019）强调城市规模对生产性服务业集聚效应的影响。城市规模扩大增强了高端生产性服务业的集聚效应。随着城市等级规模的增大，生产性服务业集聚对本地经济增长质量的促进作用不断增强，对邻近地区经济增长质量的抑制作用逐渐减弱。

四、研究述评

（一）研究对象的演变

从研究对象来看，有关集聚经济效应的研究经历了"制造业集聚—经济集聚—生产性服务业集聚"的演进。早期对产业集聚机制及集聚经济效应的研究多针对制造业展开。世界范围内经济活动集聚和经济总量增长的同步发生，引发了学术界对经济集聚与增长关系的研究。社会分工深化促使生产性服务业发展壮大并向大城市集中的特征，引起了学者们对其集聚经济增长效应的关注。由于生产性服务业集聚经济增长效应的研究历史较短，其研究思路和方法主要沿袭制造业集聚和经济集聚的成果，与自身行业特征相结合的研究相对较少。未来的研究既应借鉴制造业集聚和经济集聚的研究成果，也应充分考虑生产性服务业的行业特征。

（二）研究视角的创新

针对生产性服务业专业化和多样化集聚经济增长效应的研究成果相对丰富，但对不同层级生产性服务业集聚经济增长效应的研究还处于起步阶段。尽管学术界并未对"究竟是生产性服务业专业化还是多样化集聚促进了经济增长"的问题形成一致结论，但多数研究表明，生产性服务业多样化对大城市或特大城市的经济增长更有利，而专业化对中小城市的经济增长益处更多。与此同时，虽然已有学者开始关注生产性服务业的层级分工现象，但较少有研究探讨不同层级生产性服务业集聚的经济增长效应，更鲜有研究关注层级分工的影响。未来的研究应关注层级分工对生产性服务业集聚经济增长效应的影响。

（三）研究过程的推进

从研究过程来看，对生产性服务业集聚空间溢出效应的探讨不够深入。空间溢出效应研究历史相对较短，因而将空间因素纳入考虑范畴，探讨生产性服务业集聚空间溢出效应的研究也相对较少。但经济现实表明，任何城市经济发展所需的生产性服务业既来自本地，也来自其相邻地区。因此，生产性服务业集聚不仅会对本地经济增长产生直接影响，还会对临近区域形成空间溢出。若忽略区域的空间联系，将各区域视作相互独立的地理单元，则难以全面反映生产性服务业集聚的经济效应。然而，现有文献对生产性服务业集聚空间效应的探讨不够充分，对不同层级集聚空间效应的分析则更加少见。因此，进一步的研究应在考虑空间因素的条件下探讨生产性服务业集聚的经济增长效应。

（四）研究结论的评判

从研究结论来看，科学确定研究样本和方法有助于得出更具价值的结论。多数研究认为生产性服务业集聚对经济增长具有促进作用，与此同时，少数研究认为生产性服务业集聚对经济增长不存在显著影响，还有研究认为集聚对经济增长的作用因地理区位、城市规模而异。由于研究样本和方法的差异，多种结论并存并不意味着这些观点是相互矛盾的，但遵循科学的思路并采用合理的方法确实可以提高研究结论的准确性。为此，一方面，应充分考虑研究样本的异质性并进行分类研究。生产性服务业以城市为主要集聚地，基于国家或省级层面的分析难以反映城市间的差异，因而以城市为空间单位进行分析可以得出更具针对性的结论。另一方面，应科学选用计量方法。计量方法选择直接关系到研究结论是否客观准确。生产性服务业集聚与经济增长可能存在内生性和空间相关性，因而将变量的内生性和空间相关性纳入考虑范畴，采用适当的计量方法将有助于得到无偏、有效和一致的估计结果。

第四节 研究内容与框架

一、研究的主要内容

通过对生产性服务业集聚经济增长效应的系统研究，本书拟重点解决以下四方面的问题。

问题1：我国生产性服务业发展现状和集聚水平如何？从全国范围来看，生产性服务业发展呈现出哪些重要趋势？高端和低端生产性服务业主要集中在哪些城市？不同层级生产性服务业集聚水平及其发展变化有何差异？生产性服务业发展现状和集聚水平在不同等级城市及地理区域间是否存在明显差距？

问题2：生产性服务业集聚是否有效促进了经济增长？这一问题可以细分为

两个递进的子问题：第一，不同层级生产性服务业集聚对经济增长有何影响？第二，这一影响在不同等级城市间存在怎样的差异？

问题3：生产性服务业集聚对经济增长产生了怎样的空间效应？不同层级生产性服务业集聚对经济增长的空间效应如何？集聚的空间效应是否具有区域分异？在经济发展的不同阶段，东部、中部、西部地区集聚的空间效应发生了怎样的变化？

问题4：生产性服务业集聚经济增长效应的主要调节因素有哪些？哪些因素促进了生产性服务业集聚经济效应的发挥？哪些因素抑制了集聚经济效应的发挥？省会和非省会城市面临的制约瓶颈有何不同？

二、研究思路

为回答上述问题，本书在借鉴制造业集聚研究成果和考虑生产性服务业行业特征的基础上，构建生产性服务业集聚经济增长效应的分析框架，并遵循"文献评述—现状描述—理论分析—实证检验—政策建议"的思路展开研究。

第一，梳理评析现有研究文献，聚焦研究的主要问题。第二，测度分析不同层级生产性服务业的发展现状与集聚特征，并对比其在不同等级城市和地理区域的差异。第三，构建LS理论模型，阐述生产性服务业集聚影响核心区和外围区经济增长的机理，形成研究的基本假设。第四，基于层级分工视角，采用动态面板模型分析生产性服务业集聚对经济增长的影响。第五，基于空间交互视角，采用空间杜宾模型探讨生产性服务业集聚对经济增长的直接影响和空间溢出。第六，基于主要研究结论提出充分发挥生产性服务业集聚积极效应的政策建议。本书的研究思路如图1-1所示。

三、研究的框架结构

本书的章节安排如下。

第一章为导论。主要包括研究背景与意义、基本概念界定、国内外相关文献综述、主要研究内容与框架、研究的创新与不足。

第二章为生产性服务业的发展现状与集聚特征。第一，从总量规模、增长

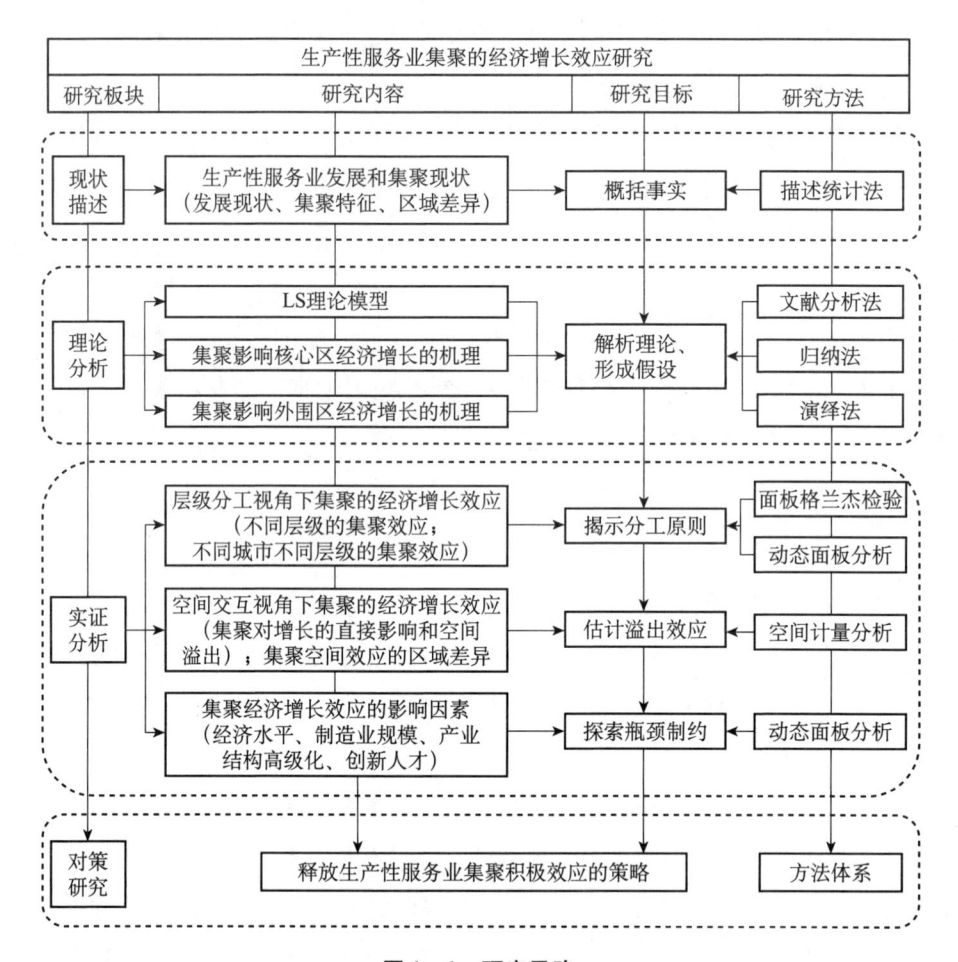

研究板块	研究内容	研究目标	研究方法
现状描述	生产性服务业发展和集聚现状（发展现状、集聚特征、区域差异）	概括事实	描述统计法
理论分析	LS理论模型 集聚影响核心区经济增长的机理 集聚影响外围区经济增长的机理	解析理论、形成假设	文献分析法 归纳法 演绎法
实证分析	层级分工视角下集聚的经济增长效应（不同层级的集聚效应；不同城市不同层级的集聚效应）	揭示分工原则	面板格兰杰检验 动态面板分析
	空间交互视角下集聚的经济增长效应（集聚对增长的直接影响和空间溢出）；集聚空间效应的区域差异	估计溢出效应	空间计量分析
	集聚经济增长效应的影响因素（经济水平、制造业规模、产业结构高级化、创新人才）	探索瓶颈制约	动态面板分析
对策研究	释放生产性服务业集聚积极效应的策略		方法体系

图1-1 研究思路

速度、产业结构、优势行业等方面介绍我国生产性服务业的发展现状。第二，度量高端和低端生产性服务业集聚水平，比较集聚在省会和非省会城市的差异。第三，对比分析生产性服务业发展现状与集聚特征在东、中和西部地区的差异。

第三章为生产性服务业集聚影响经济增长的机理。该章奠定研究的理论基础，包括四方面内容：一是追溯经济增长与产业集聚的理论渊源；二是分析LS模型的假设、均衡条件以及核心区对边缘区的补偿机制；三是阐述生产性服务业集聚产生规模效应和拥挤效应，影响核心区经济增长的机理；四是阐述生产性服务业集聚产生极化效应和涓滴效应，影响外围区经济增长的机理。

第四章为生产性服务业集聚的经济增长效应：层级分工的视角。首先在分析生产性服务业适度集聚和层级分工理论的基础上，提出集聚影响经济增长的假设；其次估计高端和低端生产性服务业集聚对经济增长的影响；最后对比分析省会和非省会城市中不同层级生产性服务业集聚的经济增长效应，以揭示层级分工对生产性服务业集聚经济增长效应的影响。

第五章为生产性服务业集聚的经济增长效应：空间交互的视角。首先在分析生产性服务业集聚空间溢出效应形成机制和约束条件的基础上，提出集聚影响临近地区经济增长的假设；其次测算生产性服务业集聚及经济增长的空间相关性；再其次估计集聚对经济增长的直接影响和空间溢出；最后分析集聚空间效应的区域分异及阶段化特征。

第六章为生产性服务业集聚经济增长效应的调节因素。遵循"理论分析—模型设定—实证检验"的思路，分别探讨经济收入水平、制造业规模、产业结构高级化、创新人才等因素对生产性服务业集聚经济增长效应的调节作用，探索集聚经济增长效应的瓶颈制约。

第七章为结论建议与展望。总结研究的主要结论，提出充分发挥生产性服务业集聚积极效应的建议，展望进一步研究的方向。

第五节　研究的创新与不足

一、研究可能的创新

本书从生产性服务业层级、城市等级和地理区域的维度出发，对生产性服务业集聚的经济增长效应及其调节因素展开了系统研究。具体来说，研究的创新主要体现在以下方面。

第一，将生产性服务业层级和城市等级相结合，细化了生产性服务业集聚影响经济增长的研究。现有研究多从全国、区域或城市层面估计生产性服务业集聚对经济增长的影响，近年来虽有少数研究开始关注不同层级生产性服务业集聚的影响，但很少从生产性服务业层级与城市等级的双重维度出发，分析生产性服务业集聚的经济增长效应。本书探讨了高端和低端生产性服务业集聚的经济增长效应，并对省会和非省会城市进行了分组估计，揭示了层级分工对生产性服务业集聚经济增长效应的影响。

第二，将生产性服务业层级和地理区域相结合，丰富了生产性服务业集聚空间溢出效应的研究成果。空间溢出效应研究源于空间经济学产生之后，其研究历史相对较短，针对生产性服务业集聚空间溢出效应的研究也不多见，与生产性服务业层级相结合的研究则更为缺乏。本书分析了不同层级生产性服务业集聚对经济增长的直接影响和空间溢出，比较了集聚空间效应的区域分异，揭示了生产性服务业集聚经济增长效应中的空间交互作用。

第三，对此了不同经济增长阶段生产性服务业集聚空间效应的变化特征。现有研究多基于截面或面板数据探讨生产性服务业集聚的空间效应及其区域分异，很少关注其在不同经济增长阶段的差异。本书按 GDP 增长速度将研究期划分为经济高速增长期和中高速增长期两个阶段，估计并对比了东部、中部、西部地区生产性服务业集聚空间效应的阶段化特征，分析了进入中高速增长期后，三大区域集聚空间效应的变化特征和突出问题。

第四，探讨了生产性服务业集聚经济增长效应的调节因素。当前仅有少数研究关注了政府规模、经济总量、人口规模对生产性服务业集聚经济增长效应的影响。事实上，其他经济社会因素也可能对生产性服务业集聚的经济增长效应产生重要影响。为此，本书从威廉姆森假说、产业关联、产业结构升级以及知识溢出等视角出发，检验了经济收入、制造业规模、产业结构高级化、创新人才密度在生产性服务业集聚经济增长效应中发挥的调节作用。

二、研究的不足之处

本书研究存在以下三方面的不足。

第一，生产性服务业的多样性和差异性决定了其细分行业集聚对经济增长的影响存在异质性。本书虽然系统分析了高端和低端生产性服务业集聚的经济增长效应，但未能揭示生产性服务业细分行业集聚对经济增长的影响。

第二，根据集聚规模效应和拥挤效应的发生机制，生产性服务业集聚与经济增长可能存在先升后降的倒"U"型关系。为避免实证模型出现严重的多重共线性问题，本书在层级分工和空间交互的视角下重点分析了生产性服务业集聚对经济增长的线性影响，而未探讨两者的非线性关系。

第三，理论上生产性服务业集聚可以用增加值或就业人数度量，且增加值数据能够更好地反映产业的集聚水平。受数据可得性的限制，本书基于就业人数数据测度生产性服务业集聚。这种方法会产生一定的偏差，即低估生产性服务业效率较高城市的集聚水平，而高估效率较低城市的集聚水平。

第二章　生产性服务业的发展现状与集聚特征

本章基于 2004~2019 年《中国统计年鉴》相关数据定量描述我国生产性服务业的发展现状和空间集聚特征。首先，通过发展规模、发展速度以及产业结构演变概括我国生产性服务业发展的基本现状，把握其在国民经济中的地位；其次，确定生产性服务业集聚的测度方法，测算并分析高端和低端生产性服务业集聚特征；最后，分析我国生产性服务业发展现状和集聚特征在东、中、西部地区的差异。需要强调的是，尽管生产性服务业集聚研究不能简单套用制造业集聚的分析范式，但两者仍然存在共性和相通之处。因此，本章在测度生产性服务业集聚水平时，仍然使用度量制造业集聚的常用方法。

第一节　生产性服务业的发展现状

利用生产性服务业细分行业的就业和增加值数据，分析我国生产性服务业总量规模、增长速度以及行业构成的发展变化。

一、总量规模不断扩大

自改革开放以来，第三产业对我国经济增长和充分就业做出了重要贡献，在国民经济中的地位不断上升。从静态规模来看，2018 年第三产业实现增加值 46.95 万亿元，约为第二产业增加值的 1.3 倍；第三产业就业人数达到 3.59 亿人，接近第二产业的 1.7 倍。从动态发展来看，第三产业产值比重和就业比重均呈现明显的上升趋势。改革开放初期，第三产业增加值仅占 GDP 的 24.6%，2018 年这一比重达到52.2%，40年间增长了27.6%。同期，第三产业就业比重由12.2%上升至46.3%，增长了34.1%。经过40年的发展，我国产业结构和就业结构均形成显著的"三二一"格局，印证了配第—克拉克定理所揭示的产业结构演变规律。

生产性服务业是第三产业的重要组成部分。2017年，生产性服务业增加值为29.87万亿元，占第三产业增加值的70.1%；生产性服务业城镇单位就业人数达到4159万人①，占第三产业城镇单位就业人数的44.8%。从发展变化来看，生产性服务业在第三产业乃至国民经济中的地位明显上升，表现为生产性服务业的产值比重和就业比重均呈现稳定增长趋势。2004~2017年，生产性服务业增加值占第三产业增加值的比重上升了5.7%，生产性服务业就业人数占第三产业就业人数的比重提高了7%。与此同时，生产性服务业对GDP的贡献由26.5%增加至36.4%，对城镇单位总就业的贡献则由20.3%增长至23.6%（见图2-1）。可见，无论相对于第三产业还是GDP而言，生产性服务业对增加值的贡献均显著大于对就业的贡献，说明生产性服务业劳动生产率高于服务业部门和社会各行业的平均水平，由此可以认为，生产性服务业摆脱了服务业惯有的"鲍莫尔成本病"②。

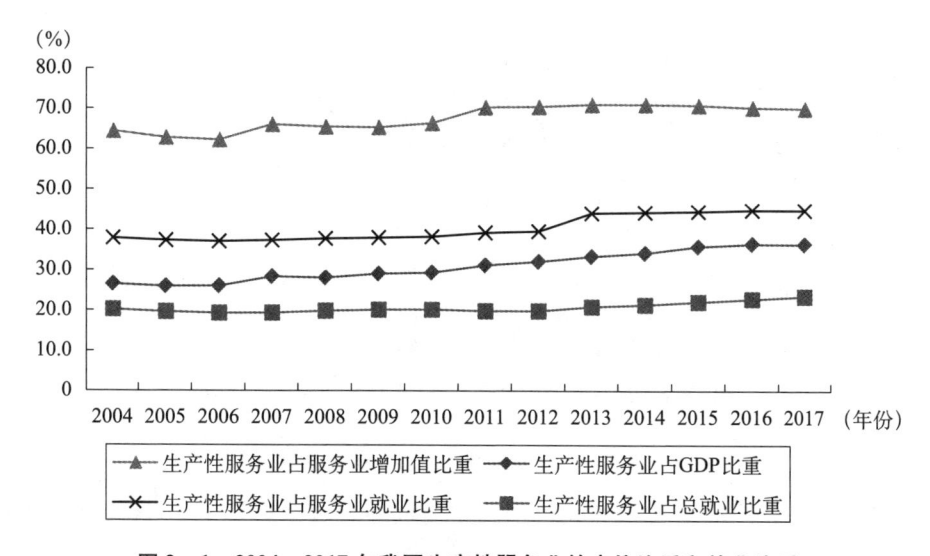

图2-1 2004~2017年我国生产性服务业的产值比重和就业比重

---

① 《中国统计年鉴》中分行业就业人员数统计的是城镇非私营单位的就业人员数，因此本章所用的分行业就业人数均为城镇非私营单位的统计数据。

② 鲍莫尔建立了包括"进步部门"和"停滞部门"的两部门宏观经济模型。他认为，"进步部门"生产率的较快增长将导致"停滞部门"的成本上升，多数服务业都属于生产率难以提高而成本不断上升的"停滞部门"。本书基于劳动生产率（增加值/就业）的比较推断出生产性服务业已摆脱"鲍莫尔成本病"。

二、增长速度持续领先

自改革开放以来,我国经济高速增长,GDP 年均增长率约为 9%,远高于同期世界经济 3% 的平均水平。然而受国际经济形势的影响,我国经济增长和服务业增长也呈现出明显的周期性波动特征。通过比较 GDP 与服务业的增长率可知,我国服务业增长略快于经济增长(见图 2-2)。具体而言,可将改革开放以来的发展历程大致分为三个阶段:第一阶段,1978~1989 年,服务业增长明显快于 GDP 增长;第二阶段,1990~1996 年,GDP 增长略快于服务业增长;第三阶段,1997 年以后,服务业增长再次超过 GDP 增长。可见,在改革开放后的绝大部分时期,服务业都具有显著的优势,特别是近十余年来,服务业表现出的良好增长势头对于缓解经济下行压力、改变传统增长方式、释放经济发展新动能做出了重要贡献。

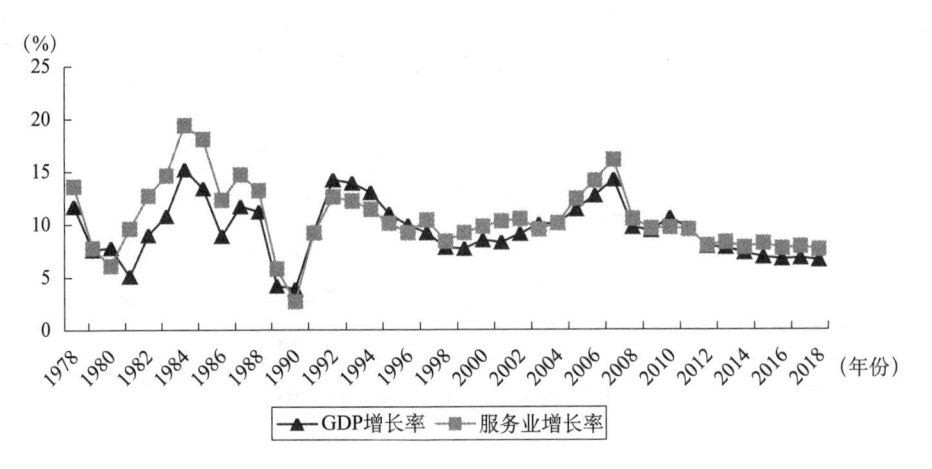

图 2-2 改革开放以来我国 GDP 和服务业的增长率

在服务业内部,生产性服务业增长较快且波动较为剧烈(见图 2-3)。生产性服务业与服务业的增长趋势大致相同。受世界金融危机影响,2008 年我国服务业增长率由波峰陡然降至谷底。2012 年以前,生产性服务业增长快于服务业增长,这一特征在 2007 年、2010 年、2011 年非常显著。2013 年以后,生产性服务业与服务业的增长速度基本一致。从平均增长速度来看,2005~2017 年,服务业年平均增长率为 12.4%,同期,生产性服务业年平均增长率为 13.2%。生产性服务业较高的增长率映射了其良好的发展前景。与此同时,近年来生产性服

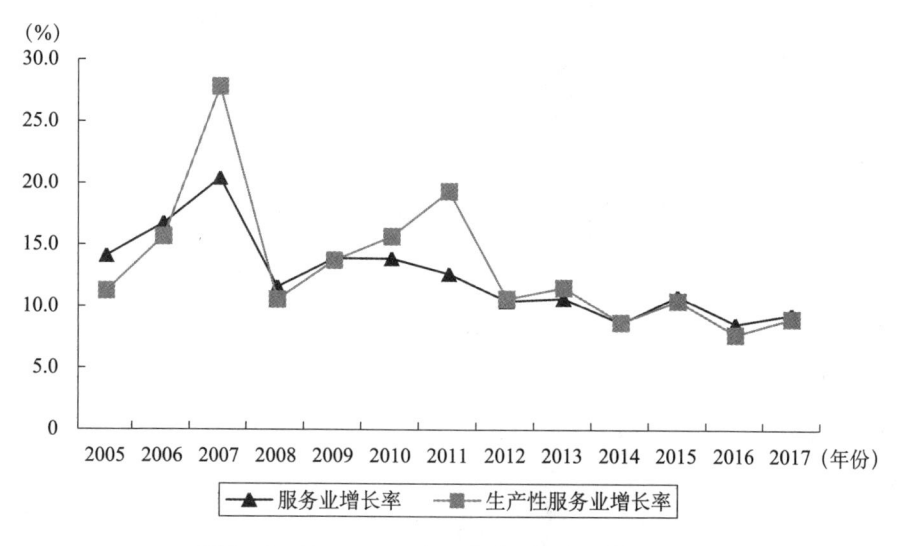

务业的优势明显减弱，说明我国应高度重视生产性服务业的优化发展问题。

图 2-3　2005~2017 年不同类型服务业的增长率

三、产业结构趋于高级化

虽然生产性服务业一经问世，就被赋予技术含量高、规模经济显著和劳动生产率提升快的特征，但生产性服务业细分行业间仍存在较大差异。"科学研究、技术服务和地质勘查业"与"信息传输、计算机服务和软件业"属于典型高技术含量的现代化产业，"批发与零售业"则属于典型低技术含量的传统产业。在我国生产性服务业体系中，现代化产业与传统产业均占据着重要地位。

近十多年来，我国生产性服务业呈现向高级化和现代化演变的趋势。观察研究期内生产性服务业细分行业增加值份额的变化可知（见图 2-4），"批发与零售业"一直遥遥领先，体现了商贸流通在市场经济体制中的基础性作用。作为投融资主要媒介的"金融业"发展非常迅猛，占生产性服务业增加值的比重由 2004 年的 12% 上升至 2017 年的 22%，成为生产性服务业的第二大行业。"交通运输、仓储和邮政业"作为生产要素区际流动的载体也发挥着重要作用，不过近十多年来其比重明显下降，所占份额由 2004 年的 22% 下降为 2017 年的 13%。"信息传输、计算机服务和软件业"所占比重略有下降并呈现先降后升的"U"型特征，这可能是由我国计算机服务技术相对成熟和知识产权保护不够健全的双

(a) 2004年

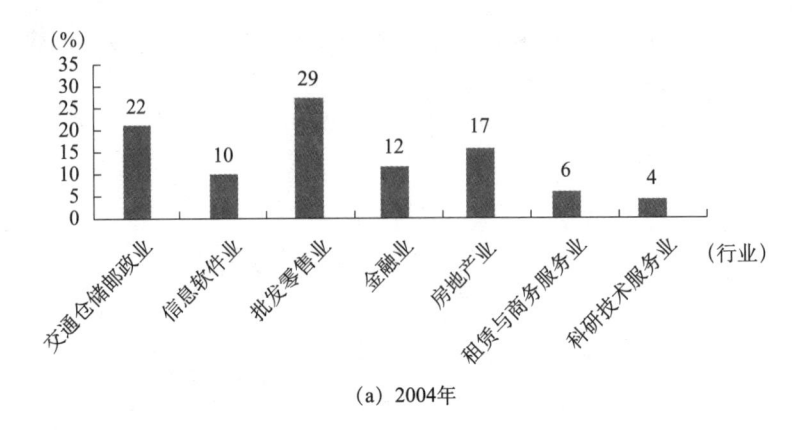

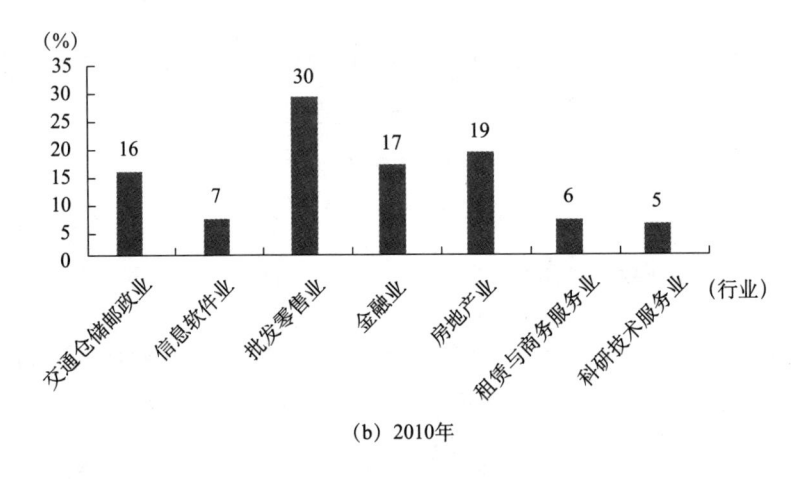

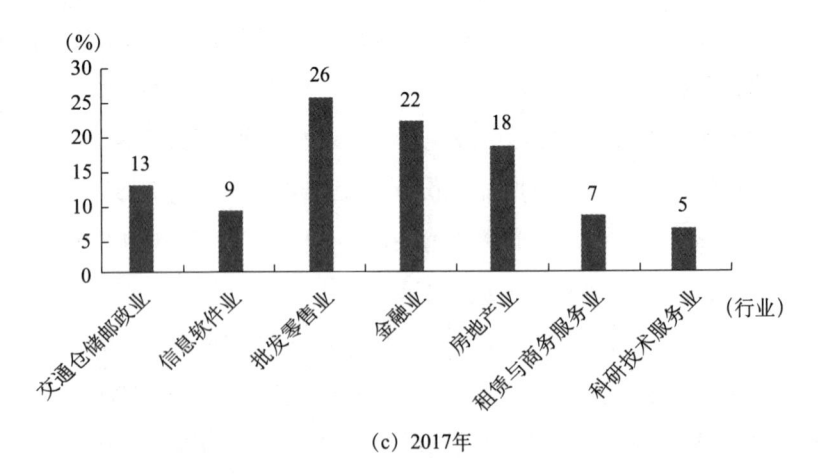

交通仓储邮政业 22, 信息软件业 10, 批发零售业 29, 金融业 12, 房地产业 17, 租赁与商务服务业 6, 科研技术服务业 4

(b) 2010年

交通仓储邮政业 16, 信息软件业 7, 批发零售业 30, 金融业 17, 房地产业 19, 租赁与商务服务业 6, 科研技术服务业 5

(c) 2017年

交通仓储邮政业 13, 信息软件业 9, 批发零售业 26, 金融业 22, 房地产业 18, 租赁与商务服务业 7, 科研技术服务业 5

图 2-4 2004 年、2010 年和 2017 年生产性服务业的增加值构成

重因素导致。此外,"房地产业""租赁和商务服务业""科学研究、技术服务和地质勘查业"所占份额小幅上升,反映出这些行业在国民经济中的地位有所提升。依据本书对高端和低端生产性服务业的划分标准,当前我国高端生产性服务业占据着主导地位。研究期内,"信息传输、计算机服务和软件业""金融业""房地产业"以及"科学研究、技术服务和地质勘查业"等高端生产性服务业增加值所占比重由 43.2% 上升至 54.2%;"交通运输、仓储和邮政业""批发与零售业"以及"租赁和商务服务业"等低端生产性服务业增加值所占比重由 56.8% 下降至 45.8%,体现了生产性服务业行业结构由低端向高端、由传统向现代演进的趋势。

第二节 生产性服务业的集聚特征

一、集聚的测度方法

学术界已发展了多种度量空间集聚的指标。本章在分析当前常用集聚指标优劣势的基础上,选择将集中度指数和区位商作为生产性服务业集聚的测度指标,并基于我国 285 个地级及以上城市 2003~2018 年的面板数据测度生产性服务业的集聚水平。

(一)理想集聚指标应具有的性质

长期以来,对不平等的测度受到经济学家的高度关注。地理学家和经济学家都试图建立指标体系以获得行业、时间以及空间的不均衡程度,但这一问题操作起来要比想象中更加复杂。理想的集聚指数应具有以下性质。

性质 1:由于大多数研究是在部门层面上进行的,因此空间集聚的度量必须可以在部门之间进行比较。分析中需要区分产业集聚和空间集聚,而只有当企业层面的数据可以获得,或至少所考察部门的厂商总数已知时,这才是可能的。

性质 2:空间集聚的度量能够在不同空间尺度进行比较。

性质 3:空间集聚的度量在空间分类方法改变的情况下是无偏差的。

性质 4:空间集聚的度量在产业分类方法改变的情况下是无偏差的。

性质 5:空间集聚的度量应该基于稳定的基准进行,而且能够清晰判断研究对象与基准之间的差异。

(二) 研究中常用的集聚指标

由于数据获取困难等诸多原因,研究中实际使用的集聚指标往往难以同时满足以上要求。在衡量产业分布的空间非均衡性时,国内外学者除使用产值、从业人数、就业密度等可直接获取的数据外,还采用了一系列专门衡量集聚的指数,如产业集中度指数（CR_n）、赫希曼—赫芬达尔指数（HHI）、区位基尼系数（Gini 系数）、埃利森—格雷泽指数（EG 指数）、区位商（LQ）和哈莱—克依指数（HK 指数）等。以下对这些指标的优劣势进行简单分析。

1. 产业集中度指数（CR_n）。

产业集中度,又称行业集中度或行业集中率。产业集中度是用规模最大的前几位企业或地区的产值、产量、销售额、销售量或职工人数等指标占整个行业的累计值衡量集聚程度。计算公式为:

$$CR_n = \sum_{i=1}^{n} X_i / \sum_{i=1}^{N} X_i \qquad (2-1)$$

其中,X_i 为产业内 i 企业或 i 地区的相关数值（可以是产值、产量、销售额、销售量或职工人数）；n 是产业内规模最大的前几位企业或地区的数目,一般取 n = 4、n = 8、n = 100 或根据研究对象选择更多；N 为企业或地区总数。CR_n 的取值范围在 0 ~ 1 之间,值越大,产业集中程度越高,反之,值越小,产业集中程度就越低。若以企业数据进行计算,CR_n 表征的是市场结构的集中程度（垄断或竞争）；若依据地区数据计算,CR_n 表征的是产业地理集中状况。

CR_n 计算简便、含义直观,因而成为测度产业集聚水平的常用方法。CR_n 的局限性主要表现为:仅反映了规模较大、市场占有率较高的企业或地区的比重,忽略了其他份额较小的企业或地区的影响,且当 n 取不同数值时会得出不同结论,而关于 n 的取值并没有明确标准或原则。

2. 赫芬达尔—赫希曼指数（HHI）。

赫芬达尔—赫希曼指数,简称赫芬达尔指数。HHI 是反映市场份额变化或市场中厂商规模离散度的指数,其含义是某一行业中各个市场主体占行业总收入或总就业人口比例的平方和。其计算公式为:

$$HHI = \sum_{i=1}^{N} S_i^2 = \sum_{i=1}^{N} (X_i/X)^2 \qquad (2-2)$$

其中，S_i 表示 i 企业的市场占有率，X_i 表示 i 企业的规模，X 表示市场总规模，N 表示市场中企业总数。HHI 的取值范围是从 1/N 到 1，极端值对应两种完全相反的市场结构，HHI 等于 1/N 代表所有企业规模相等的完全竞争市场，HHI 等于 1 代表只有一家企业的完全垄断市场。

HHI 反映了所有企业市场份额的变化情况，其计算结果不受企业数量和规模分布的影响。但 HHI 未能考虑区域间的差异，而且计算 HHI 指数需要掌握微观企业的数据，这对很多研究者来说都很困难。

3. 区位基尼系数（Gini 系数）。

区位基尼系数，又称空间基尼系数。克鲁格曼（P. Krugman）基于基尼系数提出区位基尼系数，Gini 系数是反映经济活动在空间地理上不均衡分布的指标。Gini 系数的取值范围在 0~1 之间，系数越大表明产业集聚度越高，极端情形是 Gini 系数为 1，此时生产活动全部集聚在一个特定的地域范围。区位基尼系数的计算公式为：

$$G = \sum_{i=1}^{N}(S_i - X_i)^2 \qquad (2-3)$$

其中，S_i 为 i 区域某一产业的产值或就业人口占高一级经济体（全国或地区）该产业的总产值或总就业人口的比重；X_i 为 i 区域的产值、就业人口占高一级经济体总产值、总就业人数的比重；N 为地理区域数。

Gini 系数反映了产业空间分布的非均衡性，在一定程度上弥补了 HHI 的缺陷。Gini 系数因其含义清晰明确、数据较易获取成为应用广泛的集聚指标。Gini 系数的不足之处在于未能考虑产业组织或区域差异的影响，因而在比较分析不同产业集聚度时难以得出准确结论。

4. 埃利森—格雷泽集聚指数（EG 指数）。

埃利森—格雷泽集聚指数，又称产业地理集聚度指数。EG 指数由埃利森和格雷泽（Ellision and Glaeser, 1997）在充分考虑产业组织和产业内不同企业集聚度的差异后提出。EG 指数的计算公式为：

$$EG = \frac{G - (1 - \sum_i L_i^2)H}{(1 - \sum_i L_i^2)(1 - H)} = \frac{\sum_{i=1}^{N}(K_i - L_i)^2 - (1 - \sum_i L_i^2)\sum_{j=1}^{M} S_j^2}{(1 - \sum_i L_i^2)(1 - \sum_{j=1}^{M} S_j^2)}$$

$$(2-4)$$

其中，G 代表区位基尼系数；M 代表产业内企业个数；N 代表地理区域数；L_i 代表 i 区域某产业的产值、就业人数占高一级经济体（国家或地区）该产业总产值、总就业人数的比重；K_i 代表 i 区域的产值、就业人数占高一级经济体总产值、总就业人数的比重；S_j 代表 j 企业的市场占有率。EG 指数的取值范围在 -1~1 之间，值越大表明产业集聚度越高。

EG 指数糅合了 HHI 和 Gini 系数的优点，综合考虑了企业与行业两个维度，克服了企业规模与区域面积差异造成的指数失真问题，能够较好地比较不同产业的集聚度。但 EG 指数的计算过程相对复杂，而且也受微观企业数据可得性的制约。

5. 区位商（LQ）。

区位商（locationquotient），又称专门化率，由哈盖特（P. Haggett）提出。区位商通过对比特定产业在当地和高一级经济体的产值或就业比例来衡量该产业在当地的专业化程度，并由此判断该区域在高一级经济体中的优势产业和分工状况。区位商的计算公式为：

$$LQ = (L_{ij}/L_i)/(L_j/L) \qquad (2-5)$$

其中，L_{ij} 为 i 区域 j 产业的产值或从业人员数，L_i 为 i 区域的产值或从业人员数，L_j 为高一级经济体中 j 产业的产值或从业人数，L 为高一级经济体的总产值或总从业人数。LQ 的值越大，说明该产业在当地的集聚水平和专业化程度越高，比较优势也就越明显。若 $LQ_{ij} > 1$，表明 j 产业在 i 区域的专业化程度高于高一级经济体的平均水平，j 产业除满足当地的发展需求外，还为高一级经济体中其他区域提供经济服务，因此将 j 产业称为 i 区域的基础性部门或具有比较优势的产业；与之相反的是，若 $LQ_{ij} < 1$，表明 j 产业在 i 区域的专业化程度低于高一级经济体的平均水平，j 产业不是当地的基础性部门或优势产业。

LQ 含义直观、计算简便，数据获取难度较小，是衡量区域产业集中度和判断区域优势产业的有效方法，在研究中得到了广泛应用，但 LQ 无法反映集聚区内不同产业的相互关联。

6. 哈莱—克依指数（HK 指数）。

哈莱—克依指数，是基于赫芬达尔指数测算产业集聚度的指数簇。其计算公式为：

$$HK = R^{1/(1-\alpha)} = \left(\sum_{i=1}^{N} S_i^{\alpha}\right)^{1/(1-\alpha)} \qquad (2-6)$$

哈莱—克依指数是赫芬达尔指数更为一般的指数簇，而赫芬达尔指数是哈莱—克依指数的一个特例，是 R 在 α 取值为 2 时的哈莱—克依指数。HK 指数与集聚度之间具有负相关关系，指数越大，集聚度越低；指数越小，集聚度越高。HK 指数的局限性主要体现在对数据要求较高、计算过程较复杂且直观性较差。

通过上述分析可知，当前应用广泛的集聚指标在度量产业空间集聚时各具优势，但与理想的集聚指标相比又存在不同方面的欠缺。

（三）本书采用的测度指标

由于不同的集聚指标各具优势和不足，较为合理的方法是综合使用多个指标以取长补短。本章综合应用产业集中度指数和区位商两个指标描述我国生产性服务业的集聚特征和发展变化。一方面，通过 CR_1、CR_4、CR_{10} 判断生产性服务业向少数大城市集中的程度。另一方面，通过城市区位商揭示生产性服务业集聚的特征及其在不同等级城市和地理区域的差异。由于区位商可以反映出各城市生产性服务业集聚的相对水平，且具有含义直观、计算简便、数据获取较为容易等优势，本章重点应用了区位商数据。首先，依据各城市 2003~2018 年生产性服务业区位商数据，描述研究期内不同层级生产性服务业集中城市的数量变化。根据区位商定义可知，若某一城市生产性服务业区位商大于 1，表明该城市生产性服务业就业比例高于全国平均水平，是生产性服务业集中的城市；反之，若区位商小于 1，则该城市就业比例低于全国平均水平，不是生产性服务业集中的城市。其次，通过 2003 年、2011 年和 2018 年高端和低端生产性服务业区位商的核密度图，描绘生产性服务业集聚的动态演化过程。最后，通过研究初期和末期生产性服务业区位商的取值分布，对比分析集聚水平及变化在不同等级城市的差异。

（四）研究样本与数据说明

1. 研究样本。

本书以获取统计口径一致的连续数据为样本选取依据。2002 年国家统计局发布的《国民经济行业分类与代码》中重点加强了对第三产业的分类，并增加了服务业部门的活动类别，使服务业从 11 个行业增加至 14 个行业；2003 年起相关统计年鉴按照新的行业分类方法发布数据，因此，本书以 2003 年为研究起点。

由于生产性服务业主要集中于城市,本书以我国地级及以上城市为研究对象。2003年以来我国行政区划发生了如下调整:2011年,国务院批准安徽省撤销巢湖市,同意贵州省设立毕节市和铜仁市;2012年,设立海南省三沙市;2014年,设立西藏日喀则市、昌都市;2013年,设立青海省海东市;2015年,设立海南儋州市、西藏林芝市、新疆吐鲁番市;2016年,设立西藏山南市、新疆哈密市;2017年,设立西藏那曲市。为保证数据的完整性和连续性,本书选择除毕节、铜仁、三沙、海东、儋州、林芝、吐鲁番、哈密、拉萨、日喀则、昌都、林芝、山南、那曲以外的285个地级及以上城市作为研究对象①。

2. 数据说明。

由于我国服务业细分行业的就业数据相较于产值数据更加连续,因此本书使用细分行业就业人数测算生产性服务业的产业集中度指数和区位商。本书所用数据主要来源于相关年度的《中国统计年鉴》和《中国城市统计年鉴》。年鉴中无法获取的个别数据利用移动平均法补齐。城市层面的数据有"全市"和"市区"两种统计口径,"全市"包括了市区、下辖县及县级市,研究使用了"全市"的数据。另外,受到数据可得性的制约,数据分析过程中存在起止年度不完全一致的情况。

二、集聚的测度结果分析

集聚已成为中国经济发展的典型特征,这种特征体现在国民经济各部门之中,生产性服务业自然也不例外。需要说明的是,严格意义上产业集聚与产业集中是两个不同的概念。产业集聚是指某些产业在特定空间范围集中的现象,诸如服务业集中于城市核心区、制造业集中于制造业园区;而产业地理集中则是指特定产业在少数几个地理单元聚集的现象。受到数据可得性的限制,大多数研究把所考察的地域单元(省份或城市)视作一个整体,而不考虑其内部差异,此时产业集聚与产业地理集中在内涵上是一致的。由于本研究也面临着微观企业数据获取的困难,因而本书考察的也是生产性服务业在少数城市集中的特征。

(一)生产性服务业集聚的全局性特征

依据本书对高端生产性服务业和低端生产性服务业的划分标准(见第一章第

---

① 西藏地级市因统计数据缺失严重而不予计算。

二节），综合应用产业集中度指数和区位商指标，测算并分析研究期内高端和低端生产性服务业集聚的空间特征及其发展变化。

1. 基于产业集中度指数的分析。

通过产业集中度指数观察高端和低端生产性服务业向少数大城市集中的特征（见表2-1），通过产业集中度指数的前十排名掌握我国生产性服务业集聚水平最高的城市（见表2-2）。

表2-1　　　　2003~2018年生产性服务业的产业集中度指数

年份	高端生产性服务业集中度			低端生产性服务业集中度		
	CR_1	CR_4	CR_{10}	CR_1	CR_4	CR_{10}
2003	11.34	20.76	30.58	12.53	23.27	32.63
2004	14.85	23.76	33.56	16.47	26.82	36.21
2005	12.28	22.61	33.20	17.73	28.27	38.30
2006	11.36	21.73	32.00	10.13	21.07	32.42
2007	12.24	23.08	33.42	10.93	22.42	33.66
2008	12.86	23.89	34.40	11.69	23.19	35.03
2009	12.90	23.96	34.83	12.88	24.81	36.63
2010	12.70	23.90	34.83	13.41	25.68	37.64
2011	13.80	25.04	35.83	11.77	25.67	37.38
2012	13.52	25.26	37.47	11.00	30.65	42.70
2013	11.88	26.04	40.16	8.82	28.57	41.95
2014	12.05	25.76	38.71	9.58	29.89	42.11
2015	12.04	25.49	39.92	8.90	31.03	43.99
2016	12.52	25.84	39.53	9.47	27.32	40.60
2017	12.76	26.18	40.16	9.72	28.45	41.77
2018	12.87	27.49	41.74	9.42	29.08	42.74

表2-2　　　2003年与2018年生产性服务业CR_{10}排名前十的城市

排名	高端生产性服务业		低端生产性服务业	
	2003年	2018年	2003年	2018年
第一	北京	北京	北京	北京
第二	上海	上海	上海	上海
第三	广州	成都	哈尔滨	成都
第四	重庆	深圳	广州	广州

续表

排名	高端生产性服务业		低端生产性服务业	
	2003 年	2018 年	2003 年	2018 年
第五	天津	广州	天津	深圳
第六	西安	杭州	重庆	重庆
第七	成都	天津	武汉	天津
第八	武汉	重庆	西安	杭州
第九	深圳	南京	深圳	南京
第十	哈尔滨	西安	沈阳	海口

首先，分析不同层级生产性服务业 CR_1 的水平及变化。从 CR_1 的变动范围来看，2003~2018 年，高端生产性服务业 CR_1 在 11%~15% 间浮动，低端生产性服务业 CR_1 在 8%~18% 间浮动。从 CR_1 的发展变化来看，高端生产性服务业 CR_1 稳中有升，低端 CR_1 在 2005 年达到峰值后出现持续下降。从 CR_1 的当前水平来看，2018 年高端生产性服务业 CR_1 达到 12.87%，低端 CR_1 为 9.42%。这表明首都北京是生产性服务业发展的核心阵地，且近些年来北京更为重视高端生产性服务业的发展。

其次，分析不同层级生产性服务业 CR_4 的水平及变化。从 CR_4 的变动范围来看，研究期内，高端生产性服务业 CR_4 在 20%~28% 间浮动，低端生产性服务业 CR_4 在 21%~31% 间浮动。从 CR_4 的发展变化来看，高端和低端生产性服务业 CR_4 均在波动中上升。从 CR_4 的当前水平来看，2018 年高端生产性服务业 CR_4 达到 27.49%，低端 CR_4 接近 30.00%，说明低端生产性服务业集中在前四位城市的特征更加明显。在高端生产性服务业规模最大的前四位城市中，北京居于榜首，上海位居第二，广州、深圳、重庆、成都是第三名和第四名中出现频率最高的城市。低端生产性服务业就业人数最多的前四位城市排名和高端生产性服务业基本相似，但波动更为明显。除广州、深圳多次排在第三名和第四名外，成都、哈尔滨也曾进入过前四位城市的名单。

最后，分析不同层级生产性服务业 CR_{10} 的水平及变化。从 CR_{10} 的变动范围来看，高端生产性服务业 CR_{10} 在 30%~42% 间浮动，低端 CR_{10} 在 32%~44% 间浮动。从 CR_{10} 的发展变化来看，CR_{10} 与 CR_4 的变动特征非常相似，高端和低端生产性服务业集聚都表现为在波动中上升的趋势，相比而言，低端集聚的波动更为显著。从 CR_{10} 的当前水平来看，2018 年高端生产性服务业 CR_{10} 为 41.74%，低端

CR_{10} 为 42.74%，反映出低端生产性服务业集中在前十位城市的特征更加显著。除了高端生产性服务业 CR_4 包含的城市外，高端生产性服务业排名前十的城市还包括杭州、西安、成都、武汉、南京、长春和哈尔滨。低端生产性服务业 CR_{10} 涉及的城市更多，除上述城市外，海口、沈阳和济南也曾进入前十位名单。

2. 基于区位商的分析。

（1）不同层级生产性服务业集中城市的数量变化。

测算我国 285 个地级城市 2003~2018 年不同层级生产性服务业的区位商，并以区位商大于 1 作为生产性服务业集中城市的判断标准，关注高端和低端生产性服务业集中城市的数量和专业化程度变化。

测算结果显示，研究期内不同层级生产性服务业集中城市的数量均在波动中减少（见图 2-5），2003 年高端生产性服务业集中的城市有 82 个，2018 年这一数目减少至 52 个；与此同时，低端生产性服务业集中的城市由 71 个减少为 39 个。这一变化表明不同层级生产性服务业集聚水平均呈现增强趋势。研究期内，高端生产性服务业集中的城市明显较多，在 2003 年和 2018 年，其数量均比低端生产性服务业集中的城市多十余个。可见，具有高端生产性服务业优势的城市较多，这可能是因为高端生产性服务业生产率高、利润空间大、跨区域服务便捷，因而成为很多城市重点发展的产业。与此同时，相对于高端生产性服务业而言，我国低端生产性服务业集聚水平更高。

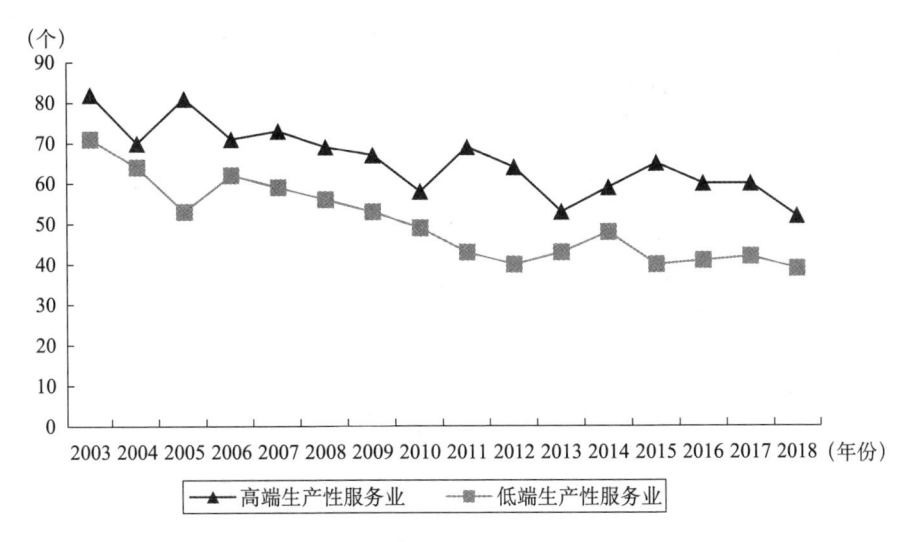

图 2-5 2003~2018 年不同层级生产性服务业集中城市的数量

进一步用区位商均值衡量平均专业化程度，以考察生产性服务业集中城市平均专业化程度的改变。研究期内，不同层级生产性服务业集中城市的平均专业化程度均显著提升。其中，高端生产性服务业集中城市的专业化程度由2003年的1.23上升至2018年的1.35，与此同时，低端生产性服务业集中城市的专业化程度由1.20上升至1.41。这揭示了少数城市发展生产性服务业的优势愈发突出。

(2) 不同层级生产性服务业集聚水平的动态演化。

通过区位商核密度图揭示不同层级生产性服务业集聚的动态演化。由高端生产性服务业区位商的核密度演化中（见图2-6）可观察到以下特征：首先，高端生产性服务业集聚呈现"左单峰、右拖尾"的分布特征，表明区位商高值所占的比重较小且低值所占比重较大，也即仅有少数城市具备高端生产性服务业的优势。其次，随着时间的推移，高端集聚分布曲线的右尾逐渐拉长，说明北京、上海、广州等特大城市高端生产性服务业的专业化优势进一步增加。最后，高端集聚呈现由"单峰"向"多峰"的演化。2018年核密度分布曲线右侧出现了两个较明显的次峰，反映出高端生产性服务业具有向"俱乐部"发展的趋势。

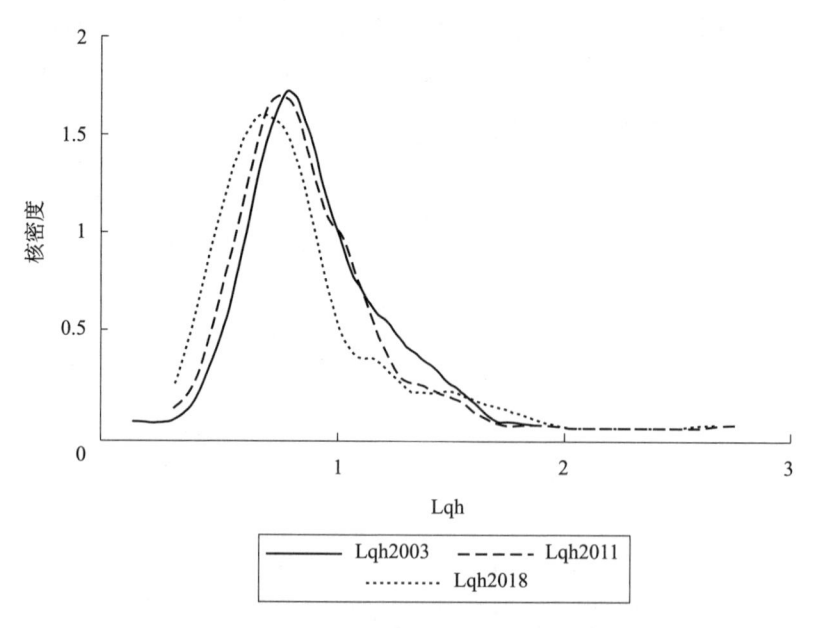

图2-6 高端生产性服务业区位商的核密度演化情况

由低端生产性服务业区位商核密度演化图（见图2-7）可获知以下特征：

首先，低端生产性服务业集聚呈现"右拖尾"的偏态分布，反映出其集聚水平在城市间差异显著，仅有少数城市具有低端生产性服务业的专业化优势。其次，低端集聚分布的右尾随时间的推移而拉长、加厚，说明低端生产性服务业区位商高值城市的占比在逐渐增加。再其次，低端集聚由双峰分布演变为单峰分布，次峰消失表明低端生产性服务业向单一中心集中的趋势明显，而这一变化恰好与高端集聚相反。最后，与研究初期相比，核密度分布曲线峰值明显增高且向左移动，反映出少数城市的低端生产性服务业集聚水平显著上升，同时多数城市的集聚水平明显下降。

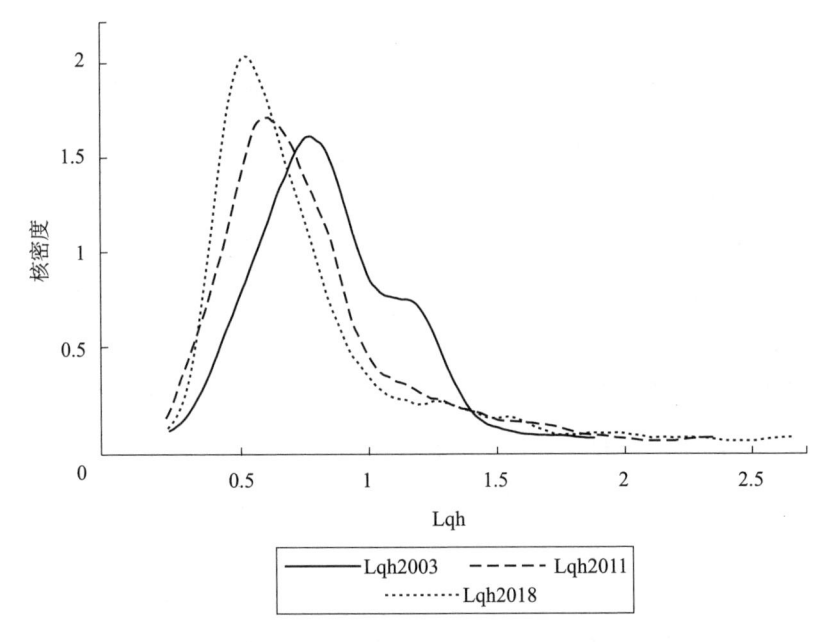

图 2-7 低端生产性服务业区位商的核密度演化情况

通过不同层级生产性服务业产业集中度指数和区位商的综合分析可知，研究期内高端和低端生产性服务业均呈现集聚增强的趋势。产业集中度指数测算结果显示，高端生产性服务业集聚于北京的特征愈发突出，低端生产性服务业集中在规模最大的前四位和前十位城市的特征更为显著。区位商测算结果表明，我国高端和低端生产性服务业集聚于少数城市之中；相对高端生产性服务业而言，低端集聚的水平更高；随着时间的推移，具有高端和低端生产性服务业突出优势的城市均呈现增加趋势。

(二) 生产性服务业集聚的城市等级差距

确定城市等级的分组依据,利用2004年和2018年地级城市的区位商数据,描述研究初期和末期不同等级城市生产性服务业集聚的水平,并概括研究期内集聚的发展变化。

1. 分组依据。

国外研究多表明生产性服务业主要集中在首都和经济发达的大城市,国内研究亦显示生产性服务业主要分布在省会和东部城市,这表明生产性服务业集聚与城市等级存在密切联系。近年来,有研究关注到生产性服务业存在层级分工现象,指出生产性服务业层级分工应与城市等级相对应。结合我国城市行政等级与职能分工的差异,参照黄枫等 (2008)、王春宇等 (2009)、时省等 (2012)、王国顺等 (2016) 的研究,本书将地级及以上城市分为省会与非省会城市。省会城市是全国或省域的行政管理中心、经济贸易中心、交通运输中心以及科技信息中心。非省会城市包括省会城市以外的计划单列市和地级市。

需要说明的是,本书并未按城市行政级别或35个大中城市的标准划分城市等级,其原因是:若按城市行政级别划分,无法全面反映中西部地区中心城市的辐射作用;而按是否属于35个大中城市划分,既不能反映省会城市和计划单列市在经济腹地上的差别,也不能反映两者在生产性服务业集聚水平上的差异。与计划单列市相比,省会城市具有更为广阔的经济腹地,对全国或省域内其他城市的辐射作用更加明显。计划单列市虽然具有较高的经济发展水平,却不具备生产性服务业集聚的突出优势。以2018年为例,省会城市高端和低端生产性服务业区位商的均值分别为1.373和1.298,而计划单列市高端和低端生产性服务业区位商的均值分别为1.026和1.017,两类城市存在明显差距。

2. 研究初期不同等级城市不同层级生产性服务业集聚的特征。

利用2004年地级城市生产性服务业区位商数据 (见表2-3),分析研究初期不同等级城市生产性服务业集聚水平的差异。以往研究将区位商等于1作为判断基础性部门和优势产业的临界点,本书沿袭此标准并进一步认为,若某一城市生产性服务业区位商位于1~1.5之间,表明该城市的生产性服务业在全国具有相对优势;若生产性服务业区位商大于1.5,则表明该城市的生产性服务业在全国具有突出优势。

表2-3　　　　2004年省会和非省会城市生产性服务业区位商的分布

区位商阈值		省会城市			非省会城市		
		城市数（个）	该组城市占比（%）	累计占比（%）	城市数（个）	该组城市占比（%）	累计占比（%）
高端生产性服务业	>2	0	0.00	0.00	0	0.00	0.00
	1.5~2	3	10.00	10.00	2	0.79	0.79
	1~1.5	23	76.67	86.67	42	16.54	17.32
	0.5~1	4	13.33	100.00	191	75.20	92.52
	0~0.5	0	0.00	100.00	19	7.48	100.00
低端生产性服务业	>2	1	3.33	3.33	0	0.00	100.00
	1.5~2	1	3.33	6.67	1	0.39	0.39
	1~1.5	22	73.33	80.00	37	14.57	14.96
	0.5~1	6	20.00	100.00	185	72.83	87.80
	0~0.5	0	0.00	100.00	31	12.20	100.00

（1）省会城市生产性服务业集聚水平。

2004年，高端生产性服务业集中的省会城市有26个，表明在85%以上的省会城市中高端生产性服务业是具有专业化优势的基础性部门。高端生产性服务业区位商处于1~1.5之间的城市有23个，占省会城市总数的76.67%；区位商大于1.5的城市有3个，分别是北京、乌鲁木齐和海口，占省会城市总数的10.00%。这说明绝大部分省会城市在高端生产性服务业上具有相对优势，但仅有少数城市具有突出优势。同年，低端生产性服务业集中的省会城市有24个，说明80.00%的省会城市以低端生产性服务业为当地的基础性部门。低端生产性服务业区位商处于1~1.5之间的城市有22个，占省会城市总数的73.33%；区位商大于1.5的城市有2个，分别是上海和北京，占省会城市总数的6.67%。这说明省会城市中高端与低端生产性服务业具有相似的分布特征，即多数城市具有生产性服务业的相对优势，仅有个别城市具有生产性服务业的突出优势。

（2）非省会城市生产性服务业集聚水平。

2004年，高端生产性服务业集中的非省会城市有44个，表明约1/6的非省会城市具有高端生产性服务业的优势，剩余绝大部分城市集聚水平低于全国平均值。高端生产性服务业具有突出优势的非省会城市是东莞和深圳，占非省会城市总数的0.79%。同年，低端生产性服务业集中的非省会城市有38个，说明约1/7的非省会城市具有低端生产性服务业的专业化优势，其中大同的低端生产性服务业具有突出优势。

可见，研究初期，省会城市不同层级生产性服务业集聚水平均明显高于非省会城市，反映了省会城市在高端和低端生产性服务业发展上均具有明显优势。

3. 研究期内不同等级城市不同层级生产性服务业集聚的变化。

通过比较2004年和2018年地级城市生产性服务业区位商数据（2018年数据见表2-4），分析省会和非省会城市不同层级生产性服务业集聚的发展变化。

表2-4　　2018年省会和非省会城市生产性服务业区位商的分布

		省会城市			非省会城市		
区位商阈值		城市数（个）	该组城市占比（%）	累计占比（%）	城市数（个）	该组城市占比（%）	累计占比（%）
高端生产性服务业	>2	1	3.33	3.33	0	0.00	0.00
	1.5~2	7	23.33	26.67	5	1.96	1.96
	1~1.5	16	53.33	80.00	22	8.63	10.59
	0.5~1	6	20.00	100.00	187	73.33	83.92
	0~0.5	0	0.00	100.00	41	16.08	100.00
低端生产性服务业	>2	2	6.67	6.67	0	0.00	0.00
	1.5~2	7	23.33	30.00	3	1.18	1.18
	1~1.5	13	43.33	73.33	14	5.49	6.67
	0.5~1	8	26.67	100.00	165	64.71	71.37
	0~0.5	0	0.00	100.00	73	28.63	100.00

注：由于采用四舍五入法，故存在一定的误差区间。

(1) 省会城市生产性服务业集聚的变化。

2018年，高端生产性服务业集中的省会城市有24个，比2004年减少了2个，但仍有80%的省会城市以高端生产性服务业作为当地的基础性部门。高端生产性服务业区位商处于1~1.5之间的省会城市比2004年减少了7个，但区位商大于1.5的省会城市比2004年增加了5个。北京、海口、西安、济南、广州、上海、南京、呼和浩特8个城市的高端生产性服务业具有突出优势。2018年，低端生产性服务业集中的省会城市有22个，比2004年减少了2个。低端生产性服务业区位商处于1~1.5之间的省会城市减少了9个，区位商大于1.5的省会城市增加了7个。上海、成都、北京、广州、乌鲁木齐、兰州、哈尔滨、海口、昆明9个城市的低端生产性服务业具有突出优势。可见，虽然具有不同层级生产性服务业相对优势的省会城市有所减少，但具有突出优势的省会城市却在明显增多。

（2）非省会城市生产性服务业集聚的变化。

2018年，高端生产性服务业集中的非省会城市比2004年减少了17个，其中，高端生产性服务业区位商处于1~1.5之间的城市减少了20个，区位商大于1.5的城市增加了3个。这说明在研究末期，10.59%的非省会城市具有高端生产性服务业的相对优势，但仅有1.96%的城市（东莞、三亚、大连、大庆、绵阳）具有突出优势。2018年，低端生产性服务业集中的非省会城市数量比2004年减少了21个，表明到研究末期，6.67%的城市具有低端生产性服务业的相对优势，1.18%的城市（宜昌、十堰和营口）具有突出优势。

可见，研究期内，不同等级城市生产性服务业集聚变化的共同趋势是，具有不同层级生产性服务业相对优势的城市在减少，而具有突出优势的城市在增加；不同等级城市的差别在于，高端和低端生产性服务业集中的非省会城市数量明显减少，不同层级生产性服务业向省会城市集中的趋势愈发突出。

以上分析表明，从整体趋势来看，不同层级生产性服务业向省会城市集聚的特征愈发显著。从不同等级城市来看，省会城市的集聚表现为"两头小、中间大"的橄榄型特征，即具有高端和低端生产性服务业相对优势的城市较多，不具有优势和具有突出优势的城市较少；非省会城市的集聚表现为"金字塔"结构，即不具备生产性服务业相对优势的城市比例最大，具有相对优势的城市比例较小，具有突出优势的城市比例更小。此外，省会和非省会城市的共同变化特征是，具有生产性服务业相对优势的城市数量在减少，而具有突出优势的城市数量在增加，反映出我国初步形成了高端和低端生产性服务业多中心集聚的空间格局。

第三节　生产性服务业发展现状与集聚特征的区域差异

地理区位是影响经济集聚的重要因素。1935 年，我国著名地理学家胡焕庸提出了划分我国人口密度的对比线。

"自黑龙江之瑷珲向西南作一直线，至云南之腾冲为止，分全国为东南与西北两部：则此东南部之面积，计四百万平方千米，约占全国总面积之百分之三十六；西北部之面积，计七百万方公里，约占全国总面积之百分之六十四。惟人口之分布，则东南部计四万万四千万，约占总人口之百分之九十六；西北部之人口，仅一千八百万，约占全国总人口之百分之四。"①

历史上，"胡焕庸线"东南侧和西北侧的人口密度就存在巨大差异。80 多年后的今天，胡焕庸线勾画的人口格局并未发生根本改变，而人口格局又对应着"东高西低"的经济格局。具体到生产性服务业领域，已有研究表明生产性服务业发展与集聚在三大地区均存在显著差异。鉴于此，进一步比较生产性服务业发展现状和集聚水平在东部、中部和西部地区②的差异。

一、生产性服务业发展现状的区域差异

理论上，探讨生产性服务业发展的区域差异，应对比分析东、中、西部地区生产性服务业的增加值和就业人数。由于各类统计年鉴和资料中无法获得省级和市级层面生产性服务业分行业增加值的数据，本书基于分行业城镇

---

① 胡焕庸先生于1935 在《地理学报》第二期《中国人口之分布》一文中提出"胡焕庸线"，并分析了中国人口的分布格局。
② 东部地区指北京、天津、上海、河北、辽宁、江苏、浙江、福建、山东、广东、海南11 省（市）所辖范围；中部地区指山西、吉林、黑龙江、安徽、江西、河南、湖北、湖南8 省所辖范围；西部地区指内蒙古、广西、重庆、四川、贵州、云南、陕西、甘肃、青海、宁夏和新疆11 省（区、市）所辖范围。在285 个地级及以上城市中，东部城市有101 个，中部城市有100 个，西部城市有84 个。

单位就业人数揭示生产性服务业在总量规模、增长速度和优势产业上的区域差异。

(一) 生产性服务业总量规模的区域差异

三大地区生产性服务业的总量规模均明显扩大，东部地区的总量规模远大于中西部地区，如图2-8所示。研究初期，生产性服务业规模在东、中、西部地区呈现梯次递减结构。2004年，东部生产性服务业就业人数为1116.0万人，中部为653.4万人，西部为478.8万人，中西部地区就业人数之和与东部地区大致相当。随着时间的推移，东部与中西部地区的规模差异明显拉大。2018年，东部生产性服务业就业人数为2477.9万人，中部为863.6万人，西部为830.8万人；东部地区的就业规模约为中部和西部地区的2.9倍。对比中部和西部地区可知，研究初期中部生产性服务业规模大于西部，但这种差距随时间推移而缩小；2013年以后中部和西部的规模差异不复存在。

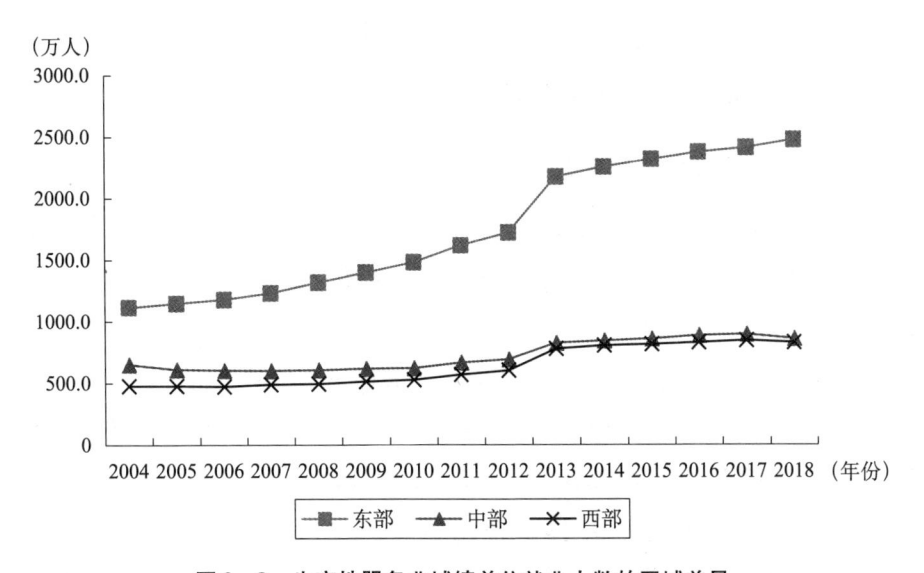

图2-8 生产性服务业城镇单位就业人数的区域差异

三大地区生产性服务业对就业的贡献总体呈上升趋势，东部地区的贡献明显大于中西部地区。2004~2012年，生产性服务业就业人数在总就业人数中的比重基本稳定；东部地区对就业的贡献均约为22%，中部、西部地区的贡献约为18%。2013年以后，生产性服务业的就业贡献明显增大。2012~2018年，东、中、西部地区生产性服务业对就业的贡献分别上升了4.9%、3.0%、3.9%。

2018年，东部生产性服务业对就业的贡献增长至27%，中部增加至20%，西部提升至22%。生产性服务业的就业贡献在三大地区呈现"东部最大、西部其次、中部最小"的现状，如图2-9所示。

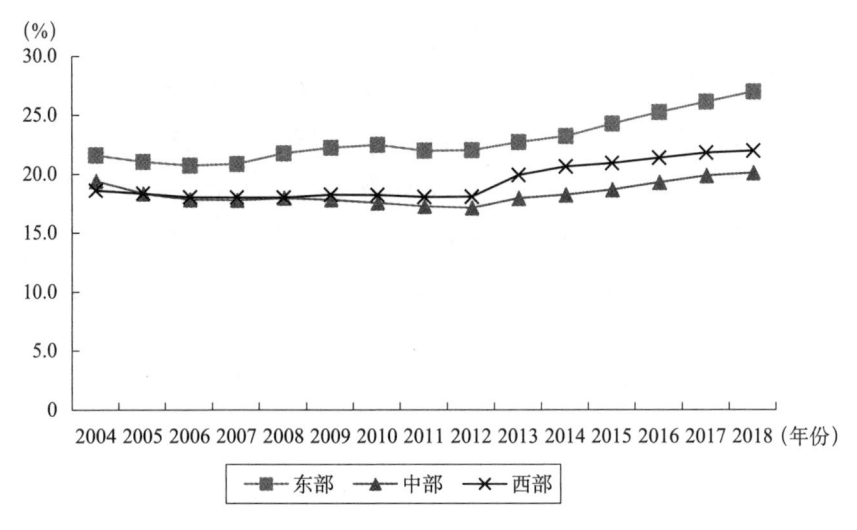

图2-9 生产性服务业城镇单位就业人数占比的区域差异

（二）生产性服务业增长速度的区域差异

三大地区生产性服务业就业人数增长速度波动较大，东部地区的增速具有相对优势。2013年是我国生产性服务业就业人数增长最快的年度，三大地区均在这一年达到了增速的峰值。究其原因，主要是因为"交通运输、仓储和邮政业"的就业人数显著增加，这可能是由于我国高速铁路大批量投入运营带来的变化。分区域来看，东部地区各年度生产性服务业就业人数均呈现增长态势，2004~2018年的年均增幅为5.7%；中部地区在2004~2007年就业人数呈现负增长，2008年之后总体呈现正增长，2004~2018年的年均增幅为1.8%；西部地区的增幅低于东部地区但高于中部地区，2004~2018年的年均增幅为3.9%（见图2-10）。2018年的数据显示，东部生产性服务业就业人数呈现正增长而中西部地区均呈现负增长。这是因为2018年东部地区在"批发与零售业""信息传输、计算机服务和软件业""房地产业"的从业人数均在持续增加，与此同时，中部和西部地区这些行业的从业人数却未增加甚至出现减少。

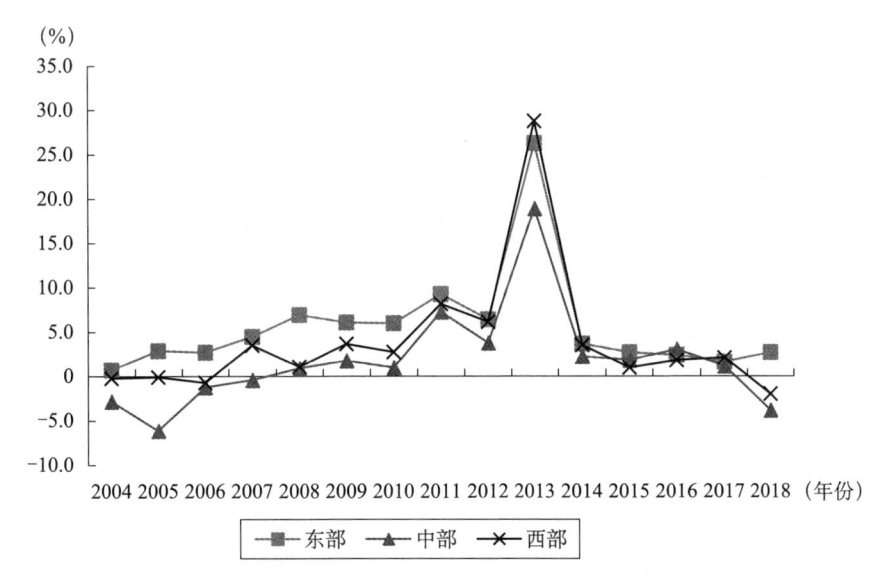

图 2-10　生产性服务业城镇单位就业人数增长率的区域差异

(三) 生产性服务业优势产业的区域差异

1. 优势产业的测度方法。

所谓优势产业，是产业体系中具有比较优势的产业，是在一国或一地区发展中具有较强市场竞争优势、较强附加值获取能力、较强资本积累能力，以及较强影响力和控制力的产业。在开放市场经济条件下，优势产业总是处于动态变化之中。在经济发展的不同阶段，优势产业不断变化和更替，并向高级化方向发展。优势产业的发展状况也反映着一国或地区经济发展的总体水平和产业结构的发展方向，在很大程度上决定经济发展的质量和居民收入水平。

(1) 基于产业生命周期理论的测度方法。

产业生命周期是产业成长过程的一般规律。每个产业都要经历一个由形成到衰退演变的全过程，也就是从产业出现到完全退出社会经济活动所经历的时间。产业生命周期一般分为形成期、成长期、成熟期和衰退期四个阶段。在形成期，产业开始起步，在区域产业体系产出中的比重很小，有的产业发展较快，有的产业发展却十分缓慢。在成长期，产业在区域产业体系中的比重迅速增加，产业的地位也明显提升。成长期之后，产业进入成熟期，发展速度减慢，在区域产业体系中的比重维持在较高的水平。当出现替代产业或产业资源枯竭时，产业进入衰退期，在区域产业体系中的地位和作用逐步下降。产业的生命周期与优势产业的形成发展有着紧密的联系。优势产业是产业生命周期中的特殊时期，一般处在成长期和成熟期。

基于产业生命周期的优势产业识别指标测度生产性服务业细分行业的比较规模优势指数（CSA_i）和比较增长优势指数（CDA_i），以识别我国生产性服务业的优势行业及其动态变化。计算公式见式（2-7）和式（2-8）。

$$CSA_i = AC_i - 100/n \qquad (2-7)$$

$$CDA_i = MC_i - AC_i \qquad (2-8)$$

其中，AC_i为平均贡献率，是 t 时期内 i 产业产值（或就业人数）占总产值（或总就业人数）的平均比重，表示 i 产业在产业体系中的规模优势；MC_i为 i 产业的边际贡献，表示 i 产业的增量优势；n 为产业体系中产业的种类，此处 n = 7，代表生产性服务业的 7 个细分行业。

比较规模优势指数和比较增长优势指数的经济意义如下：若$CSA_i > 0$，则表示 i 产业对规模的贡献超过各产业的平均水平，产业具有比较规模优势；反之，若$CSA_i < 0$，则表示 i 产业不具有比较规模优势。当$CDA_i > 0$时，表示 i 产业的边际贡献率大于平均贡献率，具有比较增长优势；反之，当$CDA_i < 0$，表示 i 产业的边际贡献率拉动平均贡献率下降，不具有比较增长优势。

平均贡献率（AC_i）和边际贡献率（MC_i）的计算公式如下：

$$AC_i = \frac{(OV_{oi} + OV_{ti})/2}{(OV_o + OV_t)/2} \times 100\% \qquad (2-9)$$

$$MC_i = \partial OV_{ti}/\partial OV_t \approx (OV_{ti} - OV_{oi})/(OV_t - OV_o) \times 100\% \qquad (2-10)$$

其中，OV_{oi}、OV_{ti}分别为基期和报告期 i 产业的产值（output value）；OV_o、OV_t分别为基期和报告期的总产值。

（2）基于区域产业比较优势理论的测度方法。

区域产业比较优势理论的基本原理是将某产业在区域产业体系中的地位与其在全国产业体系中的地位进行对比。若产业在该区域产业体系中的地位高于全国平均水平，表明这一产业是该区域的优势产业；反之，若产业在该区域的地位低于全国平均水平，则表明这一产业是该区域的劣势产业。测度区域产业比较优势的指标包括静态比较优势指数（RCA_i）和动态比较优势指数（$RCAV_i$）。

产业静态比较优势指数（RCA_i）一般用区位商度量。区位商的测度方法在本章第二节已作了详细介绍。静态区位商能够度量某产业的集聚程度,同时也能衡量该产业在区域产业体系中是否具有比较优势。若$RCA_i>1$,表明 i 产业不仅能够满足本地需求,还能为其他区域提供经济服务,因而在本区域具有比较优势;反之,若$RCA_i<1$,表明 i 产业不能满足本地需求,需要从其他区域输入,因而在本区域不具有比较优势。

动态比较优势指数是基于静态比较优势指数构造出来的。动态比较优势指数($RCAV_i$)的计算公式为:

$$RCAV_i = RCA_{t0+k}/RCA_{t0} \qquad (2-11)$$

其中,RCA_{t0}为 i 产业基期的比较优势指数,RCA_{t0+k}为 i 产业相隔 k 年后报告期的比较优势指数。根据动态比较优势的内涵,$RCAV_i>1$,表示某地区 i 产业的比较优势上升;而$RCAV_i<1$,则表示该地区 i 产业的比较优势下降。因而,根据动态比较优势指数,可以将产业分为比较优势增强型和比较优势减弱型。再结合报告期的静态比较优势,可将产业进一步划分为如下四类[①]。

Ⅰ类:比较优势增强型优势产业,$RCA_{t0+k}>1$,$RCAV_i>1$。这类产业是区域优势产业,且比较优势在增强。

Ⅱ类:比较优势减弱型优势产业,$RCA_{t0+k}>1$,$RCAV_i<1$。这类产业具有比较优势,但比较优势在减弱。

Ⅲ类:比较优势增强型劣势产业,$RCA_{t0+k}<1$,$RCAV_i>1$。这类产业不具有比较优势,但比较优势在增强。

Ⅳ类:比较优势减弱型劣势产业,$RCA_{t0+k}<1$,$RCAV_i<1$。这类产业不具有比较优势,且比较优势还在减弱。

2. 优势产业的动态变化。

(1) 基于产业生命周期理论的测度结果分析。

测算生产性服务业细分行业的MC_i和AC_i,是甄别生产性服务业优势产业的基础。由于研究的时间范围较长,使用 2018 年和 2015 年的增加值数据测算细分行业的MC_i,使用 2018 年和 2003 年的数据测算研究期内细分行业的AC_i。进一步

---

① 现有研究多利用动态比较优势指数和基期静态比较优势指数划分产业类型。由于本研究的时间范围较长,为重点关注生产性服务业比较优势的现状,本书依据动态比较优势指数和报告期静态比较优势指数进行产业类型划分。

地，基于式（2-7）、式（2-8）计算生产性服务业细分行业的比较规模优势指数（CSA_i）和比较增长优势指数（CDA_i）。

第一，细分行业的比较规模优势。由表2-5可知，2004~2018年，"批发与零售业""金融业""信息传输、计算机服务和软件业"具有比较规模优势，其中"批发与零售业"的比较优势最为突出。与此同时，生产性服务业优势产业存在着区域差异。东部地区具有比较规模优势的产业依次是："批发与零售业""信息传输、计算机服务和软件业""金融业"；中部地区具有比较规模优势的产业依次是："批发与零售业""金融业""信息传输、计算机服务和软件业""交通运输、仓储和邮政业"；西部地区具有比较规模优势的产业依次是："批发与零售业""交通运输、仓储和邮政业""金融业"。由此可见，三大地区细分行业的规模优势差异主要在于，中西部地区具备"交通运输、仓储和邮政业"的比较规模优势，而东部不具备该优势；与此同时，中部和东部地区具备"信息传输、计算机服务和软件业"的优势，但西部地区不具备该优势。

表2-5　　　　生产性服务业细分行业的比较规模优势指数　　　　单位：%

时期	地区	(1)	(2)	(3)	(4)	(5)	(6)	(7)
2004~2018年	东部	7.7	-0.7	1.4	1.4	-4.2	-0.9	-4.8
	中部	10.3	0.9	3.1	3.6	-6.5	-6.3	-5.2
	西部	7.9	2.7	-0.4	2.5	-5.3	-4.9	-2.5
2004~2011年	东部	9.0	-7.1	9.1	2.1	-5.6	-2.7	-4.9
	中部	13.6	-8.8	12.7	3.0	-8.3	-7.6	-4.6
	西部	13.2	-8.0	8.3	3.2	-8.1	-7.0	-1.6
2011~2018年	东部	6.4	-0.8	1.9	1.8	-3.7	-1.0	-4.7
	中部	8.3	1.6	0.5	5.1	-5.0	-6.0	-4.5
	西部	6.6	2.5	-1.4	3.4	-4.4	-4.1	-2.6

注：(1) 为"批发与零售业"，(2) 为"交通运输、仓储和邮政业"，(3) 为"信息传输、计算机服务和软件业"，(4) 为"金融业"，(5) 为"房地产业"，(6) 为"租赁与商务服务业"，(7) 为"科学研究、技术服务和地质勘查业"。

将研究期进一步划分为2004~2011年和2012~2018年两个时段，揭示生产性服务业细分行业的比较规模优势随时间变化的特征。由表2-5可知，2011年以后，三大地区"批发与零售业""信息传输、计算机服务和软件业"的比较规模优势出现明显下降；与此同时，中部和西部地区"交通运输、仓储和邮政业""金融业"的规模优势明显增加。对于东部地区，在"批发与零售业""信息传输、计算机服务和软件业"的比较规模优势减弱的同时,"交通运输、仓储和邮政业""房地产业""租赁与商务服务业"的比较规模劣势也在明显改善。细分行业比较规模优势的此消彼长表明东部地区生产性服务业呈现均衡化发展趋势。对于中西部地区,"批发与零售业"的比较规模优势显著减弱,"交通运输、仓储和邮政业""金融业"的规模优势明显增强,但是"房地产业""租赁与商务服务业""科学研究、技术服务和地质勘查业"的规模劣势并没有明显改善,说明中西部地区生产性服务业细分行业的规模差异仍然显著。

第二,细分行业的比较增长优势。对比三大地区 2018 年和 2015 年生产性服务业细分行业的就业数据,研判细分行业的增长优势。与 2015 年相比,东部地区"信息传输、计算机服务和软件业""金融业""房地产业""租赁与商务服务业""科学研究、技术服务和地质勘查业"5 个行业的从业人数均在增加,但"批发与零售业""交通运输、仓储和邮政业"的从业人数在减小;中西部地区前 4 个行业的从业人数在增长,而"批发与零售业""交通运输、仓储和邮政业""科学研究、技术服务和地质勘查业"的从业人数在减少。计算细分行业的比较增长优势指数,只需选择就业人数增加的行业,也即边际贡献率(MC_i)为正的行业,计算结果见表 2-6。

表 2-6　　　　　生产性服务业细分行业的比较增长优势指数　　　　　单位:%

地区	(3)	(4)	(5)	(6)	(7)
东部	25.6	16.4	7.6	5.0	-0.9
中部	194.4	1346.8	703.9	792.0	—
西部	18.7	105.7	48.1	75.7	—

注:(3) 为"信息传输、计算机服务和软件业",(4) 为"金融业",(5) 为"房地产业",(6) 为"租赁与商务服务业",(7) 为"科学研究、技术服务和地质勘查业"。

三大地区具有比较增长优势的行业较为相似。对于东部地区,比较增长优势最突出的依次是"信息传输、计算机服务和软件业""金融业""房地产业""租赁与商业服务业";中部和西部地区具备比较增长优势行业的排序相同,比较增长优势最突出的依次是"金融业""租赁与商业服务业""房地产业""信息传输、计算机服务和软件业"。由此可见,上述四个行业在东、中、西部地区均具有明显的增长优势和广阔的市场前景。

综合生产性服务业细分行业比较规模优势指数和比较增长优势指数的测算结

果可知,东部和中部地区的"信息传输、计算机服务和软件业""金融业"既具有规模优势,又具有增长优势,在生产性服务业体系中居于重要地位且具备突出潜力;西部地区的"金融业"同时具有比较规模优势和比较增长优势,对生产性服务业和国民经济发展具有重要贡献。

(2)基于区域产业比较优势理论的测度结果分析。

第一,生产性服务业静态比较优势。根据研究的时间范围,分别选取2004年、2011年、2018年三个时间节点,测算三大地区生产性服务业细分行业的静态区位商,以揭示不同时间生产性服务业的静态比较优势。静态区位商的测算结果见表2-7。

表2-7　　2004年、2011年、2018年三大地区分行业静态区位商

时间	地区	(1)	(2)	(3)	(4)	(5)	(6)	(7)
2004年	东部	0.99	1.17	0.99	1.07	1.35	1.38	0.99
	中部	1.03	0.78	1.11	0.94	0.69	0.69	0.87
	西部	0.98	0.95	0.88	0.94	0.71	0.63	1.20
2011年	东部	1.02	1.20	1.12	1.05	1.21	1.31	1.02
	中部	0.96	0.75	0.92	0.93	0.77	0.61	0.88
	西部	1.00	0.84	0.83	0.96	0.79	0.76	1.10
2018年	东部	1.14	0.97	1.30	1.04	1.12	1.26	1.09
	中部	0.85	0.99	0.63	0.98	0.79	0.61	0.78
	西部	0.82	1.09	0.68	0.93	0.94	0.81	1.02

注:(1)为"批发与零售业",(2)为"交通运输、仓储和邮政业",(3)为"信息传输、计算机服务和软件业",(4)为"金融业",(5)为"房地产业",(6)为"租赁与商务服务业",(7)为"科学研究、技术服务和地质勘查业"。

东部地区生产性服务业起步较早,发展较快。研究初期,东部地区具有比较优势的生产性服务行业明显多于中西部地区。2004年,东部地区4个生产性服务行业具有比较优势,比较优势由强到弱依次是"租赁与商务服务业""房地产业""交通运输、仓储和邮政业""金融业";中部地区2个生产性服务行业具有比较优势,分别是"信息传输、计算机服务和软件业""批发与零售业";西部地区仅在"科学研究、技术服务和地质勘查业"上拥有比较优势。研究末期,东部地区拥有比较优势的行业进一步增多,中部地区的比较优势行业明显减少,地区差异不断拉大。2018年,东部地区在6个生产性服务行业上拥有比较优势,换言之,东部地区在除"交通运输、仓储和邮政业"以外的其他行业均具有比

较优势。与此同时,西部地区仅在"交通运输、仓储和邮政业""科学研究、技术服务和地质勘查业"上略有优势,而中部地区在所有的生产性服务业细分行业上均不具备比较优势。

第二,生产性服务业动态比较优势。依据 2004 年、2011 年、2018 年生产性服务业细分行业静态区位商的测算结果,进一步计算研究期内三大地区的动态区位商,以揭示生产性服务业比较优势的动态变化。动态区位商的测算结果见表 2-8。

表 2-8　　　　　生产性服务业细分行业的动态比较优势指数

时间	地区	(1)	(2)	(3)	(4)	(5)	(6)	(7)
2004~2018 年	东部	1.16	0.83	1.31	0.97	0.83	0.91	1.10
	中部	0.82	1.26	0.57	1.04	1.15	0.88	0.91
	西部	0.83	1.15	0.78	0.99	1.32	1.29	0.85
2004~2011 年	东部	1.03	1.03	1.13	0.99	0.90	0.94	1.04
	中部	0.93	0.95	0.83	0.99	1.13	0.89	1.01
	西部	1.02	0.89	0.95	1.02	1.11	1.21	0.91
2011~2018 年	东部	1.12	0.81	1.17	0.99	0.93	0.96	1.07
	中部	0.89	1.32	0.69	1.05	1.02	0.99	0.90
	西部	0.82	1.30	0.82	0.97	1.19	1.07	0.93

注:(1)为"批发与零售业",(2)为"交通运输、仓储和邮政业",(3)为"信息传输、计算机服务和软件业",(4)为"金融业",(5)为"房地产业",(6)为"租赁与商务服务业",(7)为"科学研究、技术服务和地质勘查业"。

研究期内,三大地区生产性服务业细分行业的比较优势处于此消彼长的动态变化之中。东部地区的"批发与零售业""信息传输、计算机服务和软件业""科学研究、技术服务和地质勘查业",中部地区的"交通运输、仓储和邮政业""金融业""房地产业",西部地区的"交通运输、仓储和邮政业""房地产业""租赁与商务服务业"的比较优势明显增强;与此同时,东部、中部、西部地区其他行业的比较优势有所减弱。

进一步将研究时期划分为 2004~2011 年和 2011~2018 年两个时段,分阶段观察细分行业比较优势的动态变化。东部地区"批发与零售业""信息传输、计算机服务和软件业""科学研究、技术服务和地质勘查业"的比较优势持续增强,"金融业""房地产业""租赁与商务服务业"的比较优势持续减弱,"交通运输、仓储和邮政业"的比较优势呈现先增后减的倒"U"型特征。中部地区"房地产业"的比较优势持续增强,"批发与零售业""信息传输、计算机服务和软件业""租赁与商务服务业"的比较优势持续减弱,"交通运输、仓储和邮政业"的比较优势呈现先减后增的"U"型特征,"金融业""科学研究、技术服务和地质勘查业"的比较优势在第一阶段基本稳定,在第二阶段分别呈现增强和减弱的特征。西部地区"房地产业""租赁与商务服务业"的比较优势持续增强,"信息传输、计算机服务和软件业""科学研究、技术服务和地质勘查业"的比较优势持续减弱,"批发与零售业""金融业"的比较优势先增加后减弱,"交通运输、仓储和邮政业"的比较优势先减弱后增强。

第三,生产性服务业产业类型划分。依据2004~2018年的动态比较优势指数和2018年的静态比较优势指数,可将三大地区的生产性服务业细分行业划分为四种类型,划分结果见表2-9。

表2-9　　　　　　生产性服务业细分行业的产业分类

产业分类	东部	中部	西部
比较优势增强型优势产业	(1)(3)(7)	(1)	(1)(2)
比较优势减弱型优势产业	(4)(5)(6)	—	(7)
比较优势增强型劣势产业	—	(2)(4)(5)	(5)(6)
比较优势减弱型劣势产业	(2)	(3)(6)(7)	(3)(4)

注:(1)为"批发与零售业",(2)为"交通运输、仓储和邮政业",(3)为"信息传输、计算机服务和软件业",(4)为"金融业",(5)为"房地产业",(6)为"租赁与商务服务业",(7)为"科学研究、技术服务和地质勘查业"。

东部地区生产性服务业的发展优势非常突出。除"交通运输、仓储和邮政业"以外,东部地区在其他生产性服务业细分行业上均具有比较优势。研究期内,东部地区"批发与零售业""信息传输、计算机服务和软件业""科学研究、技术服务和地质勘查业"的比较优势明显增强。"批发与零售业"是规模最大的生产性服务行业,"信息传输、计算机服务和软件业""科学研究、技术服务和地质勘查业"是生产性服务业中先进科学技术和生产力的代表。这三个行业的比较优势增强意味着东部地区生产性服务业的优势地位进一步增强。

中部地区生产性服务业的发展优势明显减弱。中部地区仅在"批发与零售业"上具备比较优势,其他行业均属于劣势产业。在劣势产业中,"交通运输、仓储和邮政业""金融业""房地产业"的比较优势有所增强,与此同时,"信息传输、计算机服务和软件业""租赁与商务服务业""科学研究、技术服务和地质勘查业"的比较优势不断减弱。

西部地区生产性服务业的发展介于东部与中部之间。在生产性服务业细分行业中，有三个优势产业和四个劣势产业。具体而言，"批发与零售业""交通运输、仓储和邮政业"属于比较优势增强型优势产业，"科学研究、技术服务和地质勘查业"属于比较优势减弱型优势产业，"房地产业""租赁与商务服务业"属于比较优势增强型劣势产业，"信息传输、计算机服务和软件业""金融业"属于比较优势减弱型劣势产业。

二、生产性服务业集聚特征的区域差异

（一）研究初期不同层级生产性服务业集聚水平的区域差异

利用2004年东、中、西部地区城市生产性服务业区位商的数据分布（见表2-10），分析研究初期不同层级生产性服务业集聚水平在三大地区的差异。与对不同等级城市的分组讨论一样，研究认为，若某一城市生产性服务业区位商介于1~1.5之间，表明该城市的生产性服务业在全国具有相对优势；若生产性服务业区位商大于1.5，表明该城市的生产性服务业在全国具有突出优势。

表2-10　　　　　2004年三大地区生产性服务业区位商的分布

区位商阈值		东部		中部		西部	
		城市数（个）	该组城市占比（%）	城市数（个）	该组城市占比（%）	城市数（个）	该组城市占比（%）
高端生产性服务业	>2	0	0.00	0	0.00	0	0.00
	1.5~2	3	2.97	0	0.00	1	1.19
	1~1.5	34	33.66	16	16.16	17	20.24
	0.5~1	57	56.44	76	76.77	61	72.62
	0~0.5	7	6.93	7	7.07	5	5.95
低端生产性服务业	>2	1	0.99	0	0.00	0	0.00
	1.5~2	1	0.99	1	1.01	0	0.00
	1~1.5	20	19.80	24	24.24	14	16.67
	0.5~1	69	68.32	67	67.68	56	66.67
	0~0.5	10	9.90	7	7.07	14	16.67

1. 东部地区生产性服务业集聚水平。

2004年，东部地区高端生产性服务业集中的城市有37个，表明东部地区有36.63%的城市以高端生产性服务业为当地的基础性部门。高端生产性服务业区

位商阈值位于 1.5~2 之间的城市有 3 个（北京、海口、东莞），占东部城市总数的 2.97%；区位商处于 1~1.5 之间的城市有 34 个，占东部城市的 33.66%。这说明超过 1/3 的东部城市在高端生产性服务业上具有相对优势，但仅有约 3% 的城市具有突出优势。同年，东部地区低端生产性服务业集中的城市有 22 个，说明 21.78% 的东部城市以低端生产性服务业为基础性部门。低端生产性服务业区位商大于 1.5 的城市有 2 个（北京、上海），约占东部城市总数的 2%；区位商处于 1~1.5 之间的城市有 20 个，占东部城市总数的 19.80%。以上数据说明，东部地区高端和低端生产性服务业具有相似的分布特征，即 1/5~1/3 的城市具有生产性服务业的相对优势，但仅有个别城市具有生产性服务业的突出优势。

2. 中部地区生产性服务业集聚水平。

2004 年，中部地区高端生产性服务业集中的城市有 16 个，表明 16.16% 的中部城市以高端生产性服务业为当地的基础性部门，剩余 83.84% 的中部城市在高端生产性服务业上不具有专业化优势。研究初期，中部地区未出现高端生产性服务业区位商大于 1.5 的城市，表明中部地区在高端生产性服务业上不具有突出优势。同年，中部地区低端生产性服务业区位商大于 1 的城市有 25 个，其中区位商大于 1.5 的城市仅有大同，说明 24.24% 的中部城市具有低端生产性服务业的相对优势，仅有 1.01% 的中部城市具有低端生产性服务业的突出优势。以上数据说明 1/6~1/4 的中部城市具有高端和低端生产性服务业的相对优势，但几乎没有城市在生产性服务业上具有突出优势。

3. 西部地区生产性服务业集聚水平。

2004 年，西部地区高端生产性服务业集中的城市有 18 个，表明 20.24% 的西部城市以高端生产性服务业为当地的基础性部门，剩余近 80% 的城市在高端生产性服务业上不具有优势。西部地区只有乌鲁木齐具有高端生产性服务业的突出优势。同年，西部地区低端生产性服务业区位商大于 1 的城市有 14 个，说明 16.67% 的西部城市具有低端生产性服务业相对优势，西部地区不存在低端生产性服务业区位商大于 1.5 的城市。以上数据说明，1/6~1/5 的西部城市具有生产性服务业的相对优势，而极少有城市具有生产性服务业的突出优势。

通过比较研究初期三大地区生产性服务业区位商的分布可知，东部地区高端生产性服务业集中城市的数量和比重均明显高于中部和西部地区；与此同时，中部地区低端生产性服务业集中城市的数量和比重最大,其次是东部地区,再其次是西部地区。这说明研究初期高端生产性服务业集聚表现出"东部高、中西部低"的特征,低端生产性服务业集聚则表现出"中部高、东部居中、西部低"的特征。

(二)研究期内不同层级生产性服务业集聚变化的区域差异

通过比较东、中、西部地区2004年和2018年城市生产性服务业区位商的数据分布(2018年数据见表2-11),分析研究期内不同区域高端和低端生产性服务业集聚的发展变化。

表2-11　　　　　　2018年三大地区生产性服务业区位商的分布

区位商阈值		东部		中部		西部	
		城市数(个)	该组城市占比(%)	城市数(个)	该组城市占比(%)	城市数(个)	该组城市占比(%)
高端生产性服务业	>2	1	1.01	0	0.00	0	0.00
	1.5~2	5	5.05	2	2.00	5	5.81
	1~1.5	16	16.16	14	14.00	9	10.47
	0.5~1	64	64.65	67	67.00	61	70.93
	0~0.5	13	13.13	17	17.00	11	12.79
低端生产性服务业	>2	1	1.01	0	0.00	1	1.16
	1.5~2	3	3.03	3	3.00	4	4.65
	1~1.5	12	12.12	7	7.00	8	9.30
	0.5~1	60	60.61	60	60.00	51	59.30
	0~0.5	23	23.23	30	30.00	22	25.58

1. 东部地区生产性服务业集聚的变化。

2018年,东部地区高端生产性服务业集中的城市有22个,比2004年减少了15个,22.22%的东部城市以高端生产性服务业为当地的基础性部门。高端生产性服务业区位商处于1~1.5之间的城市比2004年减少了18个,但区位商大于1.5的城市数量比2004年增加了3个,北京、上海、济南、广州、海口、大连6个城市的高端生产性服务业具有突出优势。同年,东部地区低端生产性服务业集中的城市有16个,比2004年减少了6个。低端生产性服务业区位商处于1~1.5之间的东部城市减少了8个,区位商大于1.5的东部城市增加了2个,北京、上海、广州、营口4个城市的低端生产性服务业具有突出优势。由此可见,东部地区高端和低端生产性服务业集中城市的数量均在明显减少。与此同时，对于不同层级的生产性服务业而言，具有生产性服务业突出优势的城市均显著增加。

2. 中部地区生产性服务业集聚的变化。

2018年，中部地区高端生产性服务业集中的城市与2004年相同，其中，高端生产性服务业区位商处于1~1.5之间的城市减少了2个，区位商大于1.5的城市增加了2个。这说明在研究末期，中部地区14.00%的城市具有高端生产性服务业的相对优势，2.00%的城市（长沙、大庆）具有高端生产性服务业的突出优势。2018年，中部地区低端生产性服务业集中城市的数量比2004年减少了15个，区位商大于1.5的城市增加了2个。这表明到研究末期，中部地区7.00%的城市具有低端生产性服务业的相对优势，3.00%的城市（太原、十堰和宜昌）具有低端生产性服务业的突出优势。可见，中部地区高端生产性服务业集中城市的数量稳定，但低端生产性服务业集中城市的数量明显减少。与东部地区一样，中部地区具有高端和低端生产性服务业突出优势的城市明显增加。

3. 西部地区生产性服务业集聚的变化。

2018年，西部地区高端生产性服务业集中城市的数量比2004年减少了4个，其中，高端生产性服务业区位商处于1~1.5之间的城市减少了8个，而区位商大于1.5的城市增加了4个。这说明在研究末期，西部地区10.47%的城市具有高端生产性服务业的相对优势，5.81%的城市（呼和浩特、成都、西安、绵阳、南宁）具有高端生产性服务业的突出优势。2018年，西部地区低端生产性服务业集中城市的数量比2004年减少了1个，其中，区位商处于1~1.5之间的城市减少了6个，而区位商大于1.5的城市增加了5个。这揭示了研究末期西部地区9.30%的城市具有低端生产性服务业的相对优势，5.81%的城市（成都、乌鲁木齐、兰州、昆明、西宁）具有低端生产性服务业的突出优势。由此可见，研究期内，西部地区不同层级生产性服务业集中城市的数量均未发生明显变化。与东部和中部地区一样，西部地区具有高端和低端生产性服务业突出优势的城市也有所增加。

上述分析表明，研究期内，三大地区生产性服务业集聚变化的共同趋势是，具有高端和低端生产性服务业突出优势的城市明显增多。三大地区集聚变化的差别在于，生产性服务业集中城市的数量变化有所不同。具体而言，东部地区高端和低端生产性服务业集中的城市均在明显减少；中部地区高端生产性服务业集中的城市基本稳定，低端生产性服务业集中的城市显著减少；西部地区高端和低端生产性服务业集中的城市数量均未发生明显变化。

综合三大地区不同层级生产性服务业集聚水平及变化的分析可知：研究初期，东部地区高端生产性服务业集聚水平明显高于中部和西部地区，到研究末期，这一差距仍然明显存在；研究初期中部地区低端生产性服务业集聚水平高于东部和西部地区，但到研究末期，东部地区低端生产性服务业集聚水平明显提高，中部地区则显著下降。简而言之，研究末期不同层级生产性服务业集聚均呈现出"东部高、中西部低"的特征。不过，结合前面对省会和非省会城市集聚水平的对比分析可知，生产性服务业集聚在地理区域间的差距小于在城市等级间的差距。

第四节 小　结

本章首先基于全国层面数据揭示生产性服务业的发展现状。数据分析表明，十多年来，我国生产性服务业总量规模不断扩大、增长速度持续领先、产业结构向高级化演变。这反映出生产性服务业对经济增长和充分就业的贡献日益增大，生产性服务业能够成为新常态下经济增长的新动能。

其次综合应用产业集中度指数和区位商数据，分析我国生产性服务业的集聚水平及其发展变化，并比较其在不同等级城市的差异。对不同层级生产性服务业集聚水平及变化的对比分析显示，高端生产性服务业集聚在首都的特征非常明显，低端生产性服务业集中在规模最大的前四位和前十位城市的特征更为显著；与此同时，研究期内高端和低端生产性服务业的集聚水平均在明显提升。对不同等级城市的对比分析显示，省会城市生产性服务业的集聚水平均远高于非省会城市，生产性服务业正进一步向省会城市集中。研究末期，省会城市生产性服务业集聚表现为"两头小、中间大"的橄榄形特征，即具有相对优势的城市较多，不具有优势和具有突出优势的城市较少；非省会城市的生产性服务业集聚表现为"金字塔"结构，即不具备优势的城市比例最大，具有相对优势的城市比例较小，具有突出优势的城市比例更小。

最后分析东、中、西部地区生产性服务业发展现状和集聚特征的区域差异。针对发展现状的区域对比显示，生产性服务业的就业贡献以及增长速度均呈现"东部最大、西部其次、中部最小"的现状；东部地区生产性服务业具备相对优势的行业明显较多且呈现均衡化发展趋势，中西部地区具备相对优势的行业较少且行业差异显著。针对集聚特征的区域对比表明，东部地区生产性服务业集聚水平明显高于中部和西部地区；研究期内，东部地区生产性服务业集聚水平明显提高，中部地区则显著下降，中部与西部地区的差异逐渐消失。不过，生产性服务业集聚水平在区域间的差异明显小于在等级城市间的差异，说明生产性服务业分布受城市等级的影响更大。

本章的测度分析揭示了不同层级生产性服务业的发展现状与集聚特征，及其在地区间的明显差异。这为后续研究分城市等级和分地理区域探讨生产性服务业集聚的经济增长效应提供了数据支撑。

第三章　生产性服务业集聚影响经济增长的机理

本章追溯经济增长和产业集聚的理论基础，系统阐述生产性服务业集聚经济增长效应的形成机理，为后续研究提供理论支撑。本章将基于本地溢出模型，比较对称均衡和核心均衡条件下的经济增长，并分析改变对称均衡的作用力。进一步地，本章将详细论述生产性服务业集聚影响核心区和外围区经济增长的机理。

第一节　相关理论基础

回顾经济增长和产业集聚理论的起源和发展，为分析生产性服务业集聚经济增长效应的形奠定基础。

一、经济增长理论

西方经济学认为，经济增长是在一个特定时期内经济社会的人均产量或人均收入的持续增长。经济增长是国家或地区发展的重要目标，也是宏观经济学关注的重要课题。经济增长理论的核心问题是经济增长的决定因素是什么？对于这一问题的不同回答，形成了影响深远的三大经济增长理论。

（一）哈罗德—多玛增长模型

20世纪三四十年代，根据凯恩斯（Keynes）创立的宏观经济理论，英国经济学家哈罗德（Harrod）和美国经济学家多玛（Domar）建立了哈罗德—多玛模型，成为当代西方经济增长理论的先驱。该模型显示，国民收入增长率是一个既定不变的常数，它等于储蓄率与资本产出率之比。当劳动增长率与经济增长率相等时，可以实现充分就业和经济平稳增长。然而，哈罗德—多玛模型并未引入人均产出或收入变量，也未讨论技术进步的作用。从对经济现实的解释力来看，它无法解释经济周期性波动的问题。

（二）新古典（外生）增长理论

1956 年，以索洛（Solow）和斯旺（Swan）为代表的新古典经济学家创建了新古典增长模型。该模型除包含劳动和资本两种可以相互替代的投入要素外，还包含一个技术因子。这表明了经济增长不仅取决于劳动和资本投入的增长速度，还取决于技术进步水平。新古典增长理论肯定了技术进步对经济增长的积极作用，实现了经济增长理论的第一次飞跃。由于该理论认为技术因子变量是外生于经济制度体系的，因而又被称为外生经济增长理论。根据新古典增长理论可知，当经济增长率发生改变时，可以通过调整资本产出效率使增长率恢复到原有水平，因此资本主义经济增长可以实现自动收敛和动态均衡。然而，资本主义经济发展并没有出现新古典增长理论预测的平稳增长景象，"滞胀"危机使其再一次面临现实的严峻挑战。

（三）新经济（内生）增长理论

20 世纪 80 年代中后期，美国经济学家罗默（Romer）和卢卡斯（Lucas）提出了新经济增长理论。与外生理论不同的是，罗默（1986）将技术进步视作经济制度体系的内生变量，并基于阿罗模型探讨了技术进步对经济增长的影响。罗默（1990）认为知识存在较强的溢出效应，由于知识溢出能够抵消知识资本规模报酬递减趋势而呈现规模报酬递增或不变的特征，因而知识溢出对于提升社会劳动生产率具有积极意义。卢卡斯（1988）构建了内生增长模型，发现用人力资本表示的技术进步水平是经济增长的重要原因。罗默和卢卡斯将技术进步内生化，开创了内生经济增长理论的先河，实现了经济增长理论的第二次飞跃。内生经济增长理论从知识技术投入和人力资本投资的视角出发，解释了发达国家和发展中国家收入差距不断扩大的原因，对发展中国家发挥后发优势和追赶效应具有重要借鉴意义。

二、产业集聚理论

产业集聚是经济学中一个历史悠久而又不断焕发生机的研究领域。从以马歇尔（Marshall）为代表的新古典经济学家，到以克鲁格曼为代表的新经济地理学家都高度关注产业集聚问题。目前，产业集聚已发展成为一个成熟的概念，产业集聚形成机制和经济效应也都形成了较为成熟的理论。

（一）产业集聚的概念

产业集聚的概念来源于工业区位理论。马歇尔（1890）关于"产业区"的研究、韦伯（Weber，1929）有关制造业空间区位的分析和胡佛（Hoover，1936）关于区位结构问题的研究对产业集聚概念的形成做出了重要贡献。此后，产业集聚的概念得到了进一步发展。查曼斯基（Czamanski，1979）提出，产业集聚是产业链上某一种产品与其相关机构的地理集中。克鲁格曼（1991）认为，产业集聚具有空间集聚和产业集聚的双重含义，空间集聚强调产业内的部门和要素在空间地理上的非均衡分布，产业集聚则强调具有竞争或合作关系的企业集中的现象。与产业集聚类似的概念是产业集群。波特（Porter，1998）提出产业集群的概念，认为产业集群是一组在地理上相互靠近、具有一定联系的公司和机构，它们同处于一个产业领域，由于竞争或合作关系联系在一起。相比而言，产业集聚更加强调经济活动在空间地理上高度集中的现象，产业集群则更为重视地理上接近的企业存在的相互关联。

（二）产业集聚的机制

产业集聚机制是对"为什么产业活动会在特定区域集聚"的回答。产业集聚的根源是规模经济，根据产生原因又可分为内部规模经济和外部规模经济。前者产生于单个企业之内，后者产生于整个行业或区域。外部规模经济也称集聚经济，是企业聚集于特定空间范围而产生的经济效益和成本节约。集聚经济是促进产业集聚的向心力。但是，集聚并不会无止境地持续下去，随着集聚水平的提高，过度的地理集中也会产生集聚不经济，即因经济活动过度集中而导致成本增加或预期收益减少。集聚不经济是阻碍集聚的离心力。经济空间总是处于向心力和离心力的相互作用之中。

1. 产业集聚的向心力。

第一，外部经济，也称外部性。产业集聚的外部性可分为三类，分别是MAR外部性、Jacob外部性和Porter外部性。马歇尔（1920）最早从外部经济视角对产业集聚进行解释，认为集聚至少在劳动力市场共享、中间投入品以及技术外溢三个方面有利于经济增长。首先，随着厂商向特定地域范围集中，会形成一个劳动力的共享市场，该市场降低了劳动者和厂商的搜索和匹配成本。其次，集聚的发展催生了对地方产业中间投入品的需求，从而形成了地方产业的中间投入品市场，这种专业化供给又反过来提升了地方产业的生产效率。最后，技术工人的频繁交流有利于产生新思想和新技术，从而推动技术进步。胡佛（Hoover，1936）将外部性分为地方化外部性和都市化外部性。地方化外部性是同一产业内部的企业聚集在特定区域产生的外部经济效应，由于集聚经济来源于某一产业内部，地方化外部性也称专业化外部性或 MAR 外部性；都市化外部性是不同产业聚集在一起形成的外部经济效应，由于集聚经济产生于多个共存的产业之间，都市化外部性也称多样化外部性或 Jacob 外部性。波特（1992）认为区域竞争加速了企业对创新的追求和应用，因而外部经济主要来源于大量相同和相关产业的竞争与合作关系。

第二，产业关联效应。经济地理学认为，产业集聚主要基于经济地理因素的区域差异形成。但是这种观点无法解释现实中所有的集聚现象，例如产业聚集在一些不具备区位优势的区域，再例如具有相似地理条件的区域在产业集聚上表现出截然不同的特征。20 世纪 80 年代以后，以克鲁格曼为代表的新经济地理学在规模报酬递增、消费偏好多样化和垄断竞争市场的假定下，通过引入规模经济和不完全竞争因素，以新的视角诠释了产业集聚的形成，提出规模经济和产业关联效应是产业集聚的主要原因。赫希曼（A. O. Hirschman，1991）进一步指出产业关联包括后向关联和前向关联。后向关联是指"每种非基础的经济活动都将诱使这种活动所需投入的供给由内部生产来满足"。或者说，最终产品的生产将导致对中间投入品需求的增加，这将有助于上游产业（中间投入品）实现内部规模经济和技术进步并进一步降低下游产业（最终产品）的生产成本。前向关联是指"每种活动……都将诱使新活动的产生来利用其产出作为投入"，上游产业的产出刺激下游产业形成并发展壮大。为实现规模报酬递增并节约销售环节的运输和贸易成本，企业倾向于将生产布局在临近大市场的区域。企业的区位选择又会进一步影响劳动力分布和市场需求变化。产业集聚区内的企业数量和产品种类较多，需要从临近区域输入的产品相对较少，因而集聚区的消费价格指数明显低于外围区。在名义工资相同的情形下，集聚区更高的实际工资会吸引更多熟练劳动力流入，进而扩大当地的市场规模。在循环累积因果关系的作用下，企业和劳动力向集聚区迁移的趋势呈现自我强化特征。

第三，知识溢出效应。依据马歇尔外部经济的思想，罗默（1986）进一步提出集聚存在知识溢出效应。他指出，"由于地理上的临近性，具有各种不同技能的劳动力在频繁的接触和交流中产生了知识外溢，而这一效应正是促进经济增长的重要力量"。雅各布斯（Jacobs，1970）和卢卡斯（1988）指出，知识溢出和当地化信息既形成了城市的经济集聚，也促进了城市的经济增长。克鲁格曼（1991）指出，城市经济增长的关键在于外部规模报酬递增，而外部规模经济的形成很大程度上依赖于知识溢出效应的有效发挥。但正如距离衰减理论所认为的，与思想发源地距离越远，人们接收思想并进行交流的难度也越大。特别是对那些不容易明确表达、存储和转移的"意会知识"，空间上接近和"面对面"交流的作用非常显著。

近年来，学者们进一步丰富和发展了产业集聚微观基础的理论。新经济地理学在考虑核心区土地稀缺、住宅价格和通勤成本较高的基础上，提出核心区生活成本高于边缘区的新假设，并从基础设施、中间投入品和劳动力共享方面分析了集聚的形成机制。另外一些学者则从创新扩散、风险规避、资产组合以及沉没成本再融资等视角充实了产业集聚的微观机制研究。

2. 产业集聚的离心力。

第一，运输成本。无论是区位理论还是新经济地理学都将运输成本视为产业集聚的重要影响因素。因为厂商均衡时的空间分布取决于集聚力与分散力的相对强弱，而集聚力与分散力的相对关系又由运输成本决定。具体来说，当经济系统的运输成本较高时，分散力大于集聚力，两地农业和制造业保持对称分布。随着运输成本逐渐减少，集聚和分散两种力量均有所下降，而且分散力下降得更快。当运输成本低于某个临界值后，集聚力超过分散力，从而形成集聚现象。受循环累积因果关系的影响，产业向特定区域集中的趋势不断增强。当运输成本降至很低时，所有制造业企业都集中于一地，而另一地仅有农业生产，形成"中心—外围"结构。不同时期经济学界对运输成本的界定不同，区位理论谈及的运输成本是狭义的交通运输成本，运费与距离、重量呈线性关系；新经济地理学强调的是广义的运输成本，包括交通运输成本以及关税、非关税壁垒等一系列内容，且认为运输成本是非线性变化的。

第二，非流动要素。区位理论和新经济地理学均假设熟练劳动力（制造业从业者）是可以流动的，而非熟练劳动力（农业从业者）是不可流动的。由于非熟练劳动力也存在对工业品的消费需求，而且其数量相较于熟练劳动力更多，因而远离非熟练劳动力市场会增加运输成本。非流动要素除非熟练劳动力外，还包括需要从区外运输的能源、原材料供给等。这些非流动要素的存在削弱了集聚的收益。

第三，集聚经济的空间边界。集聚经济的外部性和产业关联效应都随着空间距离的增加而衰减。对任何企业来说，只有与其他企业同处于外部经济和产业关联效应可以传递的空间范围时，才能享受行业内或行业间其他企业带来的外部经济。随着地理距离的增加，外部性和产业关联效应逐渐衰减而运输成本上升，最终达到集聚经济与集聚不经济的空间临界点。

3. 产业集聚的经济效应。

经济学家提出了著名理论以解释产业集聚的经济效应。法国经济学家佩鲁（F. Perroux, 1950）提出"增长极"理论，认为增长首先出现在一些增长点或增长极，领头产业的高速发展和向外扩散会带动其他产业的增长和经济的多维发展。缪尔达尔（G. Myedal, 1957）关注了空间集聚对区域均衡发展的负面影响，提出集聚会带来扩散效应和回波效应，回波效应显著大于扩散效应，因而市场自发力量会导致区域发展不平衡，即某一区域一旦拥有某种优势，就会得到不断强化，在循环累积因果关系的作用下区域差异趋于扩大。赫希曼（A. O. Hirschman, 1958）基于缪尔达尔的理论进一步提出"极化—涓滴"理论。他指出，集聚的极化效应导致区域差异扩大，与此同时，集聚还存在向外围地区扩散的涓滴效应。在集聚的初始阶段，极化效应占据主导地位，当经济发展到更高阶段时，涓滴效应大于极化效应，对经济腹地产生有利影响。缪尔达尔和赫希曼都认为核心区对边缘区存在方向相反的作用，回波效应对应极化效应，扩散效应对应涓滴效应。两位学者观点的不同之处在于，缪尔达尔认为回波效应大于扩散效应因而会扩大区域差异，而赫希曼认为涓滴效应最终大于极化效应进而有利于边缘区经济发展。

第二节 理论模型

一、LS 模型的假设

LS 模型是"本地溢出模型"的简称,该模型假设知识技术溢出强度随着空间距离的增大而递减,因而溢出在一定程度上具有本地化的特征(安虎森等,2009)。本地化溢出是集聚的重要推动力。

根据本书的研究需要,假设 LS 模型包括如下经济系统:两个区域(北部和南部);两个主要部门(传统部门 T 和现代部门 M);两种生产要素(劳动和资本),这里的资本指知识资本。T 部门使用劳动生产技术水平不变的同质产品,具有完全竞争和规模报酬不变的特征,一单位劳动生产一单位产品;M 部门使用知识资本提供差异化的生产性服务,具有垄断竞争和规模报酬递增的特征,一单位知识资本生产一单位服务。

知识创造部门(I 部门)的产出可分为私人知识和公共知识两类:私人知识可以获得专利并有偿转让他人,在区际不能自由流动;公共知识可以在企业和区域间自由流动并迅速传播。为将生产性服务业的技术创新因素引入模型,假设存在 I 部门的学习曲线,即随着知识积累的加强,创造知识的边际成本趋于下降,换言之,在知识溢出效应下,新资本的生产成本随着资本存量的增加而减小。I 部门仅需劳动投入,生产一单位知识资本需要投入 α_I 单位的劳动。由此,北部和南部资本形成成本的表达式分别为:

$$F = \alpha_I w_L, \alpha_I \equiv \frac{1}{K^w A}, A \equiv s_K + \lambda(1 - s_K)$$

$$F^* = \alpha_I^* w_L^*, \alpha_I^* \equiv \frac{1}{K^w A^*}, A^* \equiv \lambda s_K + 1 - s_K$$

其中,带 * 表示南部变量,不带 * 表示北部变量。K^w 表示整个经济系统的知识资本存量,A 表示本地知识资本存量,s_K 表示北部地区知识资本份额。λ 表示公共知识在空间传播的自由度,λ 越大表明外区的知识传播到本区时衰减得越少,λ 取值在 0 到 1 之间,当 $\lambda = 0$ 时,公共知识不能在区际传播;当 $\lambda = 1$ 时,公共知识在区际自由传播；当 $0 < \lambda < 1$ 时，公共知识在区际传播会发生一定的损耗，损耗部分为 $1 - \lambda$。

二、LS 模型的均衡条件

（一）对称 LS 模型的短期均衡

当处于短期均衡时，市场出清，消费者实现效用最大化且生产者实现利润最大化。由于现代部门 M 中每个企业都以单位资本作为固定成本，因此，资本收益率就是企业的经营利润率。北部和南部企业的营业利润率分别为：

$$\pi = bB\frac{E^w}{K^w}, \pi^* = bB^*\frac{E^w}{K^w}; b = \frac{\mu}{\sigma}$$

$$B = \frac{S_E}{\Delta} + \phi\frac{1 - S_E}{\Delta^*}, B^* = \phi\frac{S_E}{\Delta} + \frac{1 - S_E}{\Delta^*}$$

$$\Delta = s_n + \phi(1 - s_n), \Delta^* = \phi s_n + (1 - s_n), \phi = \tau^{1-\sigma}$$

其中，π 表示地区营业利润，E^w 表示北部和南部地区的总支出，σ 为消费者的效用折现率，μ 为生产性服务支出在总支出中所占比重，S_E 为北部地区市场份额，ϕ 代表贸易自由度，生产性服务在本地（北部）销售价格为 1，在异地（南部）销售的价格为 τ，s_n 表示北部地区产业份额，设 $s_n = s_K$，$s_n^* = s_K^*$。

经济系统的收入包括劳动收入和资本收入，劳动收入为：$L^w = w_L L + w_L^* L^*$，资本收入（企业利润）为：$\pi s_n K^w + \pi^*(1 - s_n) K^w = bE^w$。新创造的资本一部分用于弥补原有资本的折旧，设折旧率为 δ，另一部分用于保持总资本的持续增长，设均衡增长率为 g，从而，$K_I^w = \delta K^w + gK^w$。总收入等于要素收入减去形成新资本的支出。将整个经济的资本成本记作 $\bar{\alpha}_I$，根据总支出等于总收入，经济系统的总支出为：

$$E^w = L^w + bE^w - (g + \delta)K^w\bar{\alpha}_I$$

北部的总支出为：

$$E = s_L L^w + s_K bBE^w - (g + \delta)K\alpha_I$$

南部的总支出为：

$$E^* = (1 - s_L)L^w + s_K bB^* E^w - (g + \delta)K^*\alpha_I^*$$

其中，s_L 表示北部地区的劳动份额。

将北部和南部的支出相加，得到：

$$E^w = L^w + bE^w - (g+\delta)(K\alpha_I + K^*\alpha_I^*)$$

$$= L^w + bE^w - (g+|\delta)\left[\frac{s_K}{s_K + \lambda(1-s_K)} + \frac{1-s_K}{s_K + \lambda(1-s_K)}\right]$$

从而，

$$E^w = \frac{L^w - (g+\delta)\left[\frac{s_K}{s_K + \lambda(1-s_K)} + \frac{1-s_K}{\lambda s_K + (1-s_K)}\right]}{1-b} \quad (3-1)$$

北部市场规模为：

$$s_E = \frac{\frac{s_K b\phi}{\Delta^*} + (1-b)\frac{s_L L^w - \frac{(g+\delta)s_K}{A}}{L^w - (g+\delta)\left(\frac{s_K}{A} + \frac{1-s_K}{A^*}\right)}}{1 - s_K b\left(\frac{1}{\Delta} - \phi\frac{1}{\Delta^*}\right)} \quad (3-2)$$

（二）对称 LS 模型的长期均衡

在长期，南北两地通过资本生产与折旧使得区域资本存量和资本份额发生改变。在北部资本增加和南部资本减少的过程中，当一单位资本的回报率恰好等于新资本的边际成本时，资本存量不会继续增加，经济系统达到长期均衡。

LS 模型有两种长期均衡。一种是对称的内部均衡（$0 < s_K < 1$），此时北部和南部的资本增长率相同，即 $g = g^*$；另一种是核心结构均衡（$s_K = 1$ 或 $s_K = 0$），此时所有资本及资本创造都集中在一个区域。北部资本增长率（g）和南部资本增长率（g^*）长期影响北部资本份额（s_K）。根据 s_K 随时间的变化，得到如下恒等式：

$$\dot{S}_K \equiv (g - g^*)s_K(1-s_K) \quad (3-3)$$

根据式（3-3）可知，长期均衡在 $g = g^*$、$s_K = 1$ 或 $s_K = 0$ 时实现。

接下来，分别考察两种均衡下的经济增长。

1. 对称均衡下的经济增长。

在对称的内部均衡条件下，将 $s_K = 1/2$ 代入式（3-1），得到：

$$E^w = \frac{1}{1-b}\left[L^w - \frac{2(g+\delta)}{1+\lambda}\right]$$

因为处于长期对称均衡，$s_L = s_K = s_E = 1/2$，$B = B^* = 1$，对称均衡点处的托宾 q 值为：

$$q = \frac{v}{F} = \frac{\pi}{(\rho + \delta + g)w_L \alpha_I} = \frac{\pi K^w A}{\rho + \delta + g} = \frac{\pi B E^w A}{\rho + \delta + g} = \frac{b(1+\lambda)E^w}{2(\rho + \delta + g)}$$

把 E^w 代入 q，则：

$$q = \frac{b(1+\lambda)}{2(1-b)(\rho + \delta + g)}\left[L^w - \frac{2(g+\delta)}{1+\lambda}\right] = 1$$

从上式可以解出对称均衡下的经济增长率为：

$$g_{sym} = \frac{b(1+\lambda)}{2}L^w - (1-b)\rho - \delta \qquad (3-4)$$

其中，ρ 为资本所有者的折现率；公共知识在空间传播的自由度 λ 越大，区域间溢出效应越显著，越有利于提高均衡增长率，当 $\lambda = 1$ 时，长期均衡增长率达到最大值。

将经济增长率代入 E^w 的表达式，得到长期总支出为：

$$E^w = L^w + \frac{2\rho}{1+\lambda}$$

2. 核心均衡下的经济增长。

在核心结构均衡条件下，假设所有资本都分布在北部，有 $s_K = 1$，$\Delta = 1$，$\Delta^* = \phi$，$A = 1$，$B = 1$，$q = 1$，$q^* < 1$。由于：

$$E^w = \frac{L^w - (g+\delta)}{1-b}$$

$$q = \frac{v}{F} = \frac{b B E^w A}{\rho + \delta + g} = \frac{b(L^w - g - \delta)}{(1-b)(\rho + \delta + g)} = 1$$

所有资本都集中在北部时的增长率为：

$$g_{CP} = bL^w - (1-b)\rho - \delta \qquad (3-5)$$

对比式 (3-4) 与式 (3-5) 可知，当 $\lambda = 1$ 时，对称均衡与核心结构均衡下的经济增长率相等。这是因为在核心结构下，所有资本都集中于北部地区，知识在传播中并没有衰减；当 $0 < \lambda < 1$ 时，对称均衡下的经济增长小于核心结构下的经济增长，表明生产性服务业集聚会促进经济增长。

3. 对称均衡的稳定性分析。

在贸易自由度（ϕ）从小到大的变化过程中，当

$$\phi = \frac{[(1+\lambda)L^w + 2\rho] - \sqrt{(1-\lambda^2)[(1+\lambda)L^w + 2\rho]^2 + 4\rho^2\lambda^2}}{\lambda(1+\lambda)L^w + 4\rho\lambda}$$

时，稳定的对称分布被打破，将该点称为 ϕ^B，随着 ϕ 的增大，稳定均衡点从对称均衡点向两侧移动。

在贸易自由度（ϕ）由大到小的变化之中，当

$$\phi = \frac{(L^w + 2\rho) - \sqrt{(L^w + \rho)^2 - \lambda^2 L^w (L^w + 2\rho)}}{(L^w + 2\rho)\lambda}$$

时，集聚不能继续存在，将该点称为 ϕ^S，随着 ϕ 的减小，稳定均衡点从两端向对称均衡点靠拢。

当 ϕ 较低（$\phi < \phi^B$）时，A 点是长期均衡点，经济系统处于对称均衡；当 ϕ 很高（$\phi > \phi^S$）时，以 B 点和 C 点为核心的核心边缘结构处于长期均衡；当 ϕ 处于中等水平（$\phi^B < \phi < \phi^S$）时，D 点和 E 点是长期均衡点（见图 3-1）。

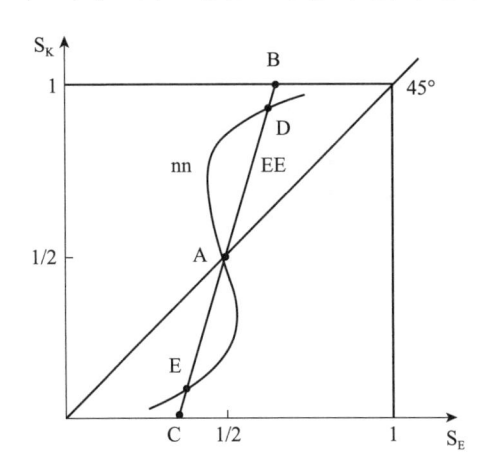

图 3-1 LS 模型的剪刀图解

那么，在北部和南部对称均衡的条件下，s_K 的微小变动将会为经济系统带来怎样的影响？这需要在均衡点附近通过 q 值对资本分布的增量进行微分。若 dq/ds_K 为正值，那么 s_K 的变动能够加速北部的资本创造并阻碍南部的资本创造，从而形成自我强化机制；反之，若 dq/ds_K 为负值，则会形成自我纠正机制。以下介绍在均衡点就托宾 q 值对 s_K 进行微分的具体过程。

$$q = \frac{v}{F} = \frac{\pi K^w A}{\rho + \delta + g} = \frac{bE^w AB}{\rho + \delta + g}$$

在对称均衡点，$s_E = s_K = 1/2$，$B|_{sym} = 1$，$A|_{sym} = (1+\lambda)/2$，

$$q|_{sym} = \frac{bE^w(1+\lambda)}{2(\rho+\delta+g)}$$

$$dq|_{sym} = \frac{bE^w}{\rho+\delta+g}(AdB + BdA)_{sym} = \frac{bE^w}{\rho+\delta+g}\left(\frac{1+\lambda}{2}dB + dA\right)_{sym}$$

$$dq|_{sym} = \frac{bE^w}{\rho+\delta+g}(AdB + BdA)$$

$$dA|_{sym} = (1-\lambda)ds_K$$

$$dB|_{sym} = \frac{\Delta_{sym}ds_E - \frac{1}{2}(1-\phi)ds_K}{\Delta_{sym}^2} + \phi\frac{-\Delta_{sym}^*ds_K - \frac{1}{2}(\phi-1)ds_K}{(\Delta_{sym}^*)^2}$$

$$= \frac{2(1-\phi^2)}{(1+\phi)^2}ds_E - \frac{2(1-\phi^2)}{(1+\phi)^2}ds_K$$

将 $dA|_{sym}$ 和 $dB|_{sym}$ 代入 $dq|_{sym}$ 中，得到：

$$dq|_{sym} = \frac{bE^w}{\rho+\delta+g}\left\{(1+\lambda)\left[\frac{(1-\phi^2)}{(1+\phi)^2}ds_E - \frac{(1-\phi^2)}{(1+\phi)^2}ds_K\right] + (1-\lambda)ds_K\right\}$$

从而：

$$\frac{dq}{q}\bigg|_{sym} = \frac{2(1-\phi)}{1+\phi}ds_E - \frac{2(1-\phi^2)}{(1+\phi)^2}ds_K + \frac{2(1-\lambda)}{1+\lambda}ds_K \quad (3-6)$$

式 (3-6) 中，第一项为需求关联效应，北部资本份额 (s_K) 的变化引起北部支出份额 (s_E) 的变化，由于 $2(1-\phi)/(1+\phi)>0$，支出份额 (s_E) 增大会使 q 增大。第二项为市场拥挤效应，s_K 增大引起北部地区竞争激化，由于 $-2(1-\phi^2)/(1+\phi)^2<0$，$s_K$ 增大会使 q 减小。第三项为资本溢出效应，s_K 增大会降低北部地区的资本形成成本，$2(1-\lambda)/(1+\lambda)>0$，且 λ 越小，$2(1-\lambda)/(1+\lambda)$ 越大，反映出知识传播随距离的增加衰减得越快，本地的资本溢出效应越大。可见，第一项和第三项是生产性服务业向北部集聚的向心力，第二项是生产性服务业集聚的离心力。北部和南部的对称均衡是否稳定，由向心力和离心力的相对强弱决定。

三、核心区对边缘区的补偿机制

LS 模型中只要存在交易成本，核心结构下的边缘区就会处于不利的境况。

随着交易成本不断下降,核心区(北部)仅需支付较少的交易成本,因而实际收入水平明显提高,而边缘区(南部)仍需支付较高的交易成本,导致实际收入会减少,进而造成两地区经济发展差距拉大。与此同时,生产性服务业集聚与经济系统的增长同时发生。对于南部地区,产业向北部集中形成静态损失,而经济系统的总体增长又产生动态收益。静态损失和动态收益的共同作用决定了生产性服务业集聚对南部福利的影响。图 3-2 揭示了北部和南部的福利水平随着贸易自由度的(ϕ)增大而变化的趋势。

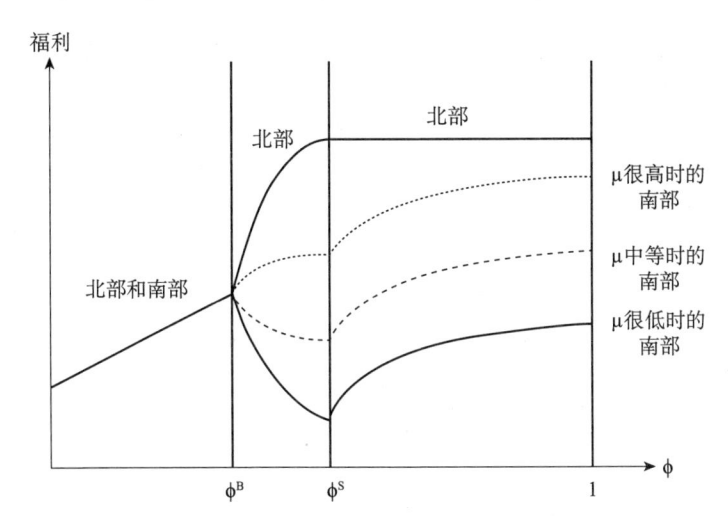

图 3-2 生产性服务业集聚对南北地区福利的影响

当贸易自由度很低时($\phi<\phi^B$),提高 ϕ 可以同时提高北部和南部的福利水平;当 $\phi>\phi^B$ 时,两地区的福利水平呈现相反的变动,北部从生产性服务业集聚和经济增长中同时获得好处,南部从经济增长中获得收益但也会因为生产性服务业集聚而出现损失;当 $\phi>\phi^s$ 时,生产性服务业全部集中于北部,此后北部的福利水平不再变化。南部由于受到静态损失和动态收益的双重影响,因而其福利变化具有不确定性。当生产性服务业部门支出份额(μ)很低时,生产性服务业集聚的静态损失占据主导地位,经济起飞反而降低了南部地区的福利水平;当 μ 很高时,经济增长的动态收益占据主导地位,经济起飞使南部福利水平得到显著提高。

以上基于 LS 模型分析了生产性服务业集聚及其影响经济增长的基本原理。但是,LS 模型难以充分解释集聚对经济增长的作用路径和约束条件。因此,研究还需深入探讨生产性服务业集聚影响核心区和外围区经济增长的机理。

第三节 生产性服务业集聚影响核心区经济增长的机理

生产性服务业集聚对核心区经济增长可能带来方向相反的双向影响。一方面，集聚产生规模效应从而促进经济增长；另一方面，集聚引发拥挤效应进而阻碍经济增长。因此，集聚对核心区经济增长的最终影响取决于规模效应和拥挤效应的综合作用结果。当规模效应占据主导地位时，集聚是经济增长的推动力；当拥挤效应占据主导地位时，集聚成为增长的阻碍力。生产性服务业集聚影响核心区经济增长的路径如图 3-3 所示。

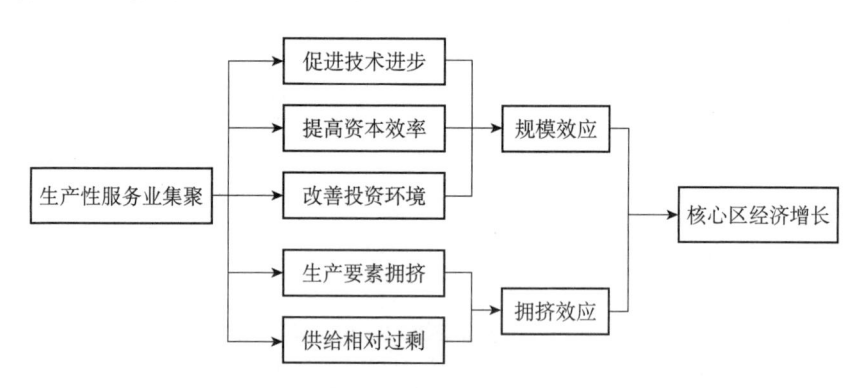

图 3-3 生产性服务业集聚影响核心区经济增长的路径

一、生产性服务业集聚的规模效应

生产性服务业集中于特定地理区域，通过促进社会技术进步、提高资本利用效率、改善生产运营投资环境促进区域经济增长。值得注意的是，生产性服务业的行业异质性决定了高端和低端集聚规模效应的产生机制有所不同，低端集聚规模效应所受的约束较少，高端集聚规模效应面临的门槛较高。

（一）生产性服务业集聚规模效应的产生路径

1. 生产性服务业集聚促进了技术进步。

技术进步是经济增长的"加速器"，创新则是技术进步的源泉。生产性服务业集聚通过深化社会分工提高企业的技术创新水平，通过强化竞争合作机制增强行为主体的创新动能，通过集聚人才和企业加速科技成果的推广应用。

首先，生产性服务业集聚深化了社会分工。专业化分工是生产力发展和生产率提高的重要基础。在社会分工不断深化的形势下，任何企业都难以在全部业务环节形成突出优势，部分企业所沿袭的"大而全""小而全"的生产模式成为制约经济效率提升的瓶颈。生产性服务业的多样性和异质性深化了社会分工。生产性服务业集聚能够形成中间投入品的专业化市场，为下游企业提供多样化的便捷服务，进而促进生产和服务环节的剥离。生产和服务企业集中精力于具有比较优势的业务环节，能够实现技术创新和成果应用，提高生产率水平和市场竞争力。

其次，生产性服务业集聚强化了创新机制。生产性服务业是诸多知识、技术密集型产业的集合。多个行为主体（包括企业、科研院所、高校、政府和金融机构等）集中在特定空间范围，通过相互影响与分工协作建立起较为稳定的正式或非正式联系，并基于多种形式的横向和纵向联系形成稳固的竞争合作机制。从横向来看，大量提供同类服务的企业集聚在一起会产生"挤压效应"，企业为了生存与发展不断进行技术研发与改造，推出更新、更好的服务以占领更大的市场。从纵向来看，企业在与下游企业的联系中容易发现供给的不足与缺陷，从而加强技术研发和服务改进，促进新产品、新工艺、新技术、新服务的产生，进而在上下游产业的相互协作中形成纵向创新网络。可以说，企业间竞争是创新的动力，而企业间合作是创新的保障。

最后，生产性服务业集聚促进了技术创新和本地溢出。集聚促使同类服务企业集中在特定地域范围，有助于劳动力交流和知识技术扩散。一方面，生产性服务业集聚通过集聚人才推动技术创新。集聚扩大了区域对特定技术人才的需求，这将引致大量符合要求的人才流入并形成人才"蓄水池"。专门人才集聚在一起，既能在相互交流中迸发出创新火花，又能在面对面的接触中学习彼此的经验，从而营造集聚特有的学习氛围，促进新知识和新技术的产生。另一方面，生产性服务业集聚通过集聚企业促进技术扩散。频繁的合作便于相邻企业互相学习，这使得知识、技术、经验和信息易于在企业间传播扩散，由此提高整个行业的技术水平和竞争能力。在生产性服务业内部，"科学研究、技术服务和地质勘查业""信息传输、计算机服务和软件业""金融业"等高端人才和企业的集聚对技术创新和溢出的作用尤为突出。

2. 生产性服务业集聚提高了资本利用效率。

资本与科技进步、人力资源一道构成经济增长的决定因素，提高资本利用效率有助于扩大区域经济总量并推进可持续发展。生产性服务业集聚通过降低服务成本实现内部规模经济，通过吸纳优质资本提高企业生产效率，通过整合资源实现要素优化配置，从而提高资本的利用效率。

第一，生产性服务业集聚有助于降低服务的供给成本。生产性服务业集聚同时作用于供求两端降低服务供给成本。从供给端来看，集聚降低了交易成本和公共设施费用。集聚引致了投入要素集聚，集聚区内的企业能够以较低的交易成本就近获取所需的专门化设备和专业化人才。与此同时，集聚区内的同类企业可以共建与共享所需的基础设施和公共服务。由于企业数量众多，每个企业在公共设施和服务上的平均投入就相对较小。从需求端来看，集聚扩大了市场范围。生产性服务业集聚区能吸引较大空间范围的客户，形成不断扩大的市场。随着集聚的推进，集聚区内的企业也会产生相互需求。市场外部性促使企业实行规模生产，并使单位服务的成本随产量增加而降低。

第二，生产性服务业集聚有助于吸纳优质资本。集聚会同时吸引本地和其他区域的资源和要素，进而扩大生产性服务业规模、增强行业优势。新增投资用途或是创建新的服务行业，或是扩大原有行业的规模。若新增资本用于创建新的行业或提供新的服务，能够提升服务的多样化，使分工更加细化、生产更为迂回，进而提高企业生产效率，延长产业链条；若新增资本用于扩大原有服务行业的规模，则能增强原有行业的资金实力，提高服务的质量和水平。而新增投资一旦获得较高的资本回报率，就会进一步吸纳更多的优质资本。

第三，生产性服务业集聚有助于资源整合。在优胜劣汰的市场机制下，一些企业必然因为经营不善而出现投资回报率低甚至亏损的现象。集聚区内集中了发达的金融、保险和咨询业，形成了较为完善的配套服务和相对成熟的市场体系，降低了企业的退出门槛，使运营不良的资产易于通过合作、合资、并购或其他产权交易形式转移到经济效益较好的企业中，实现资源整合与优化配置。对于企业内部来说，集聚能促进企业将资源集中于具有核心竞争力的环节。集聚区的激烈竞争促使企业充分认识自身的优势和劣势，并进行准确定位和科学规划。为落实新的发展战略，企业必须整合资源，进行组织管理创新，将所拥有的资源集中于竞争力较强的环节，进而凸显企业特色，形成竞争优势。

3. 生产性服务业集聚改善了投资环境。

优越的投资经营环境是实施以开放促改革促发展的重要基础。生产性服务业集聚能够有效改善区域投资运营的软环境，为外来投资提供高效、优质和完善的服务，从而吸引更多的资本，实现借多方力量共同推动区域经济增长的目标。

第一，优越的投资经营环境是吸引外来投资的基础和保障。在开放经济条件下，区域经济发展不仅应依托于自身所拥有的资本，还应积极吸引和充分利用外来投资，而外来资本在投资决策时会将投资经营环境视作重点考虑因素。投资经营环境是伴随着企业投资经营全过程的周围环境和基础条件，既包括地理区位、城市面貌、基础设施和交通条件等硬环境，也包括规章制度、管理政策、配套服务和人力资本等软环境。在基础设施上投入大量资本，可以改变城乡面貌，提高交通可达性，改善区域投资的硬环境。与此同时，很多区域在软环境上的投入明显不足，制度不健全、服务不完善、人才不充裕成为吸引外来资本的制约因素。营造优越的投资经营环境，需要着力建设规范的市场运营秩序，建立发达的仓储物流运输体系，构建完善的商务服务支撑系统，并创建高效的知识技术溢出渠道。

第二，生产性服务业集聚能够显著改善区域投资经营的软环境。一方面，高度发达的生产性服务业能够推动区域产业品牌的形成，增加区域的无形资产。从世界范围来看，曼哈顿的金融业、硅谷的信息业、芝加哥的金融期货产业以及班加罗尔的软件业形成了全球性的区域品牌，吸引了世界各地的优质资源。从国内来看，北京、上海、广州等一线城市不仅是国内生产性服务业发展的高地，也正在成为全球性的服务中心。即便是一些中等城市，也会因少数几种发达的生产性服务业而闻名遐迩。由此可见，生产性服务业集聚有助于建设区域产业品牌，而区域产业品牌一旦形成会显著提高区域的知名度和影响力，从而增强区域的综合竞争力。另一方面，生产性服务业集聚有利于完善区域配套服务，为投资和生产经营活动提供重要保障。发达的交通运输、仓储物流服务有助于提升区域通达度和开放水平，完善的信息技术、科技服务有助于提高区域现代化水平和创新能力，完备的金融保险、法律咨询服务有助于健全区域金融监管和法律服务体系。

（二）生产性服务业集聚规模效应的行业异质性

1. 不同层级生产性服务业集聚规模效应的产生机制存在差异。

虽然生产性服务业整体上属于资本和知识技术密集型行业，具有规模报酬递增的特性，但其体系庞杂，细分行业的生产率呈现多样性和差异性。生产性服务业可以看作是沿着一条光谱分布的。光谱的一端是"交通运输、仓储和邮政业""批发和零售业""租赁和商务服务业"等低端生产性服务业，这类服务业的生产函数技术变化率相对较低，且产出特性相对稳定。光谱的另一端是"科学研究、技术服务和地质勘查业""信息传输、计算机服务和软件业"为代表的高端生产性服务业，在科技进步的推动下，这类服务业的生产率实现了大幅增长，而且产出日趋多样化。理论上，低端生产性服务业集聚对下游产业的生产率增长贡献较小，对整个区域经济增长的促进作用也比较微弱；而高端生产性服务业集聚对其下游产业的生产率增长贡献较大，因而对经济增长的促进作用显著。但现实中，低端生产性服务业集聚易于形成规模经济效应进而促进经济增长，高端生产性服务业集聚只有满足特定条件时才能形成规模效应并对经济增长产生积极影响。正如格鲁伯和沃克（Grubel and Walker，1989）所指出的，以"科学研究、技术服务和地质勘查业""信息传输、计算机服务和软件业"为主的高端生产性服务业具有智力含量高和知识外溢的明显特征，这些行业在获得最初的知识时需要大量的初始投资，因而发展初期的回报率并不高，而一旦开始运营，便会呈现边际成本递减的规模经济效应。我国学者梁琦（1999）也认为，知识和技术投入对经济增长的影响只有在较长时期才能体现出来。

2. 高端生产性服务业集聚规模效应面临诸多制约因素。

高端生产性服务业集聚规模效应的约束条件包括城市等级、产业结构和人才储备等。国内外有关都市带和都市区的理论均认为，特定区域内的城市会因为规模和功能差异而形成具有空间层次和地域分工的有机体系。就生产性服务业来说，其专业化程度和市场范围也应该与它们所处的城市在城市体系中的等级相对应。由于高等级城市具有广阔的经济腹地、庞大的经济总量、完善的产业体系以及充裕的人力资源，在其中布局知识技术和资本密集的高端生产性服务业易于实现科技创新与技术传播，并通过提升服务附加值和开拓市场空间促进集聚区的经济增长。反之，在低等级城市中布局高端生产性服务业则可能受到初始投入不足、产业关联微弱、人力资源缺乏的多重限制,因而难以对经济增长发挥积极作用。与此同时,由于低端生产性服务业集聚规模效应的门槛较低,因此无论在高等级还是低等级城市中都较易发挥集聚的规模效应。

二、生产性服务业集聚的拥挤效应

生产性服务业集聚对经济增长的影响还受到拥挤效应的制约。拥挤效应是指在一定空间范围内,由于产业集聚引起的要素投入过多或要素比例失衡导致的非经济性。生产性服务业集聚的拥挤效应主要源于生产要素拥挤和供给过剩。

(一) 生产性服务业过度集聚导致生产要素拥挤

规模报酬递增是生产性服务业集聚的前提,但集聚成本的存在使集聚的规模经济效应并不会一直持续下去。集聚成本上升的一个重要原因是生产要素拥挤。麦法顿(D. Mc Fadden,1978)最早提出生产要素拥挤问题,他指出,在特定生产条件下,当一种或多种投入要素连续增加时,由于投入过多会导致出现规模报酬递减的现象。生产性服务业投入要素连续增加导致资本、劳动力、租金、通勤价格明显上涨,进而使生产性服务业集聚超过适度集聚的临界值,由"经济区"进入"非经济区"。蒂奇(G. Tichy,1998)的研究指出过度集聚会对经济增长产生消极影响。在集群的诞生阶段,特定地域范围内,存在竞争或合作关系的企业因为分享了集聚规模效应而形成竞争优势;在集群的成长阶段,集聚效率随着产业规模的扩大而提高,但企业可能因为高利润而失去创新动力;在集群的成熟阶段,集聚效率和产业规模均达到了最优水平,但企业面临着过度竞争的威胁;在集群的衰退阶段,产业过度集聚导致了严重的拥挤效应。可见,服务业集群的积极影响存在一个临界点,超过临界点之后,集群内的竞争现象明显加剧,拥挤效应日益凸显,高度垄断、过度竞争以及千篇一律的基础设施最终导致服务业集群的衰落。

可以这样理解生产性服务业集聚超过临界点,由规模效应进入拥挤效应的过程和原因。集聚初期,在劳动力市场、中间投入品共享以及技术外溢的综合作用下,集聚区的企业实现了规模报酬递增,促进了行业发展和区域经济增长。在集聚规模效应日益增强的阶段,资本的逐利性诱使其他部门的生产要素蜂拥而入,这既使集聚的规模效应得以充分发挥,也隐含了过度集聚的危机。当集聚超出适度范围后，集聚的拥挤效应开始占据主导地位，交通拥挤、物价上涨和竞争恶化成为阻碍区域经济增长的力量。从厂商的角度来看，虽然根据西方经济学"理性经济人"假设可知，厂商会在利润最大化目标的驱动下，选择既定成本产量最大化或既定产量成本最小化的要素投入，从而停留在生产性服务业集聚的"经济区"。但事实上，信息不对称使理性的厂商难以做出理性的决策，因此，不少厂商受"羊群效应"影响进入集聚的"非经济区"。

（二）生产性服务业供给超出经济社会的需求

经济系统中生产要素投入存在最佳比例，其中一种或多种要素投入过少或过多都难以实现最优要素组合。20 世纪 30 年代，胡佛提出的产业集聚最佳规模论认为，对于任何产业集聚的区域，如果集聚企业太少、集聚规模过小，就难以充分实现规模经济效应；反之，如果集聚企业太多、集聚规模过大，也可能降低区域的整体经济效益。在产业集聚过程中，要素投入数量和配置比例共同决定着集聚区的生产效率和经济增长。具体到生产性服务业领域，即使要素投入并未造成生产要素拥挤，也会因为其供给超过了区域发展需求而使企业间出现过度竞争，进而损失区域资源配置效率（Hoover, 1936）。

任何国家和区域的经济发展都会依次经历前工业化阶段、工业化初期、工业化中期、工业化后期、后工业化阶段和现代化社会六个阶段，各个阶段对应不同的经济发展水平以及产业和就业结构。对于处于不同发展阶段的区域，经济社会对生产性服务业的需求存在明显差异。当处于前工业化阶段时，生产性服务业尚未从制造业中剥离出来，区域发展对生产性服务业的总体需求较小；当处于工业化初期时，生产性服务业体系尚不健全，区域发展的需求主要体现为对交通、运输、邮电、物流等低端生产性服务业的需求；当处于工业化中期时，经济社会对交通物流业的需求保持稳定，并对以金融、保险为主的知识技术密集型服务业的需求快速增长；当处于工业化后期时，生产性服务业内部结构趋于完善，经济发展对市场营销、广告宣传的需求明显增加；进入后工业化阶段以后，经济社会对科学研究、技术服务、信息服务的需求明显扩大，高端生产性服务业成为经济增长的引擎；现代化社会将进一步增大对高端服务业的需求，高端生产性和消费性服务业的地位均会明显上升。对于特定区域来说，只有基于经济社会的现实需求和发展潜力布局生产性服务业，才能充分发挥集聚的规模效应。反之，若生产性服务业供给超过当地的发展需求,则会导致集聚拥挤效应。

第四节 生产性服务业集聚影响外围区经济增长的机理

生产性服务业集聚不仅会影响核心区经济增长,还会对外围区产生空间溢出效应。而且随着区域经济一体化的推进,其空间溢出效应变得愈发显著。缪尔达尔和赫希曼均认为产业集聚对外围区存在方向相反的双重作用,两位学者分别将集聚阻碍外围区经济增长的作用称为回波效应和极化效应,而将集聚促进外围区经济增长的作用称为扩散效应和涓滴效应。

为统一术语,本书依据赫希曼的理论将把生产性服务业核心区剥夺外围区要素和市场为外围区带来的负向影响称为极化效应,而将核心区对外围区产生技术溢出和要素扩散的积极作用称为涓滴效应。生产性服务业集聚的空间溢出效应是双向作用的综合表现,空间溢出效应为正或为负,取决于极化效应和涓滴效应的相对强弱。在不同的空间溢出效应下,一些区域借助涓滴效应实现了经济快速发展,而另一些区域却在极化效应下成为发展滞后的集聚阴影区。生产性服务业集聚作用于外围区经济增长的路径如图3-4所示。

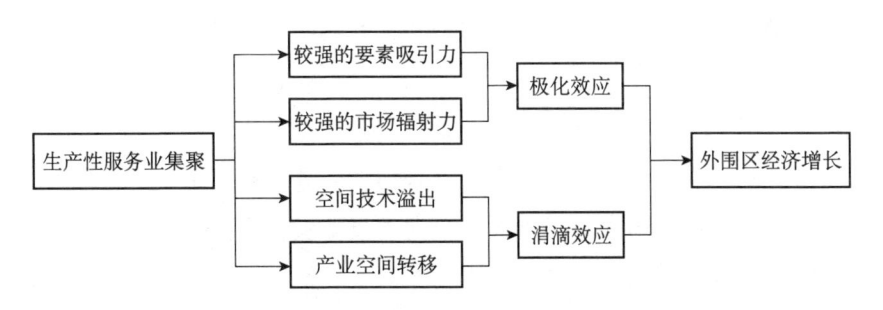

图3-4 生产性服务业集聚作用于外围区经济增长的路径

一、生产性服务业集聚的极化效应

生产性服务业集聚通过吸引要素和占领市场产生极化效应。一方面,核心区对外围区生产性服务业及其下游产业的生产要素具有强大吸力,且核心区会采取各种措施将吸引来的要素留在当地。另一方面，核心区具有较强的市场辐射力，其不断扩大的市场范围抑制了外围区生产性服务业的发展空间。通常来说，极化效应在集聚初期占据主导地位，显著的极化效应使核心区与外围区表现为资源竞争关系。

（一）生产性服务业核心区具有较强的要素吸引力

随着生产性服务业集聚水平提高，核心区依托规模收益递增和区域产业品牌不断吸引外围区人力资源流入，从而形成完善的劳动力市场。首先，核心区内分布着大量的生产性服务业企业，这些企业对经营管理、科技创新和专业技术人才具有庞大需求，因而会实施各种优惠政策加大人才引进力度。其次，核心区内社会劳动生产率普遍较高，相应的工资水平也较高，从而对外围区的优质劳动力形成了强大引力。最后，产业关联效应促使制造业企业向生产性服务业核心区集中，核心区不仅吸引了大量的生产性服务业人才，还吸引了较多的制造业人才。反之，对于外围区来说，由于劳动力进入核心区的迁移成本较低，较大空间范围内的优质劳动力倾向于穿越外围区，向就业机会多、收入水平高、公共服务完善的核心区集中，促使外围区面临严重的人才流失问题。经济增长理论表明人力资本是经济增长的重要因素，生产性服务业核心区和外围区人力资本的显著差距导致两地经济发展差距不断扩大。

生产性服务业集聚还会引致资本和技术大量涌入，有利于核心区增加资本存量、提高技术水平。随着集聚规模效应日趋显著，核心区将以更高的效率吸引外围区资本，这些外来资本会显著增强生产性服务业发展的资金实力。在投资乘数效应下，外来资本还将带动核心区相关产业发展，进而加速提升社会的劳动生产率和产出水平。与外来资本涌入相伴随的是大量知识和技术的流入，异质性知识交融有助于企业提高技术和管理水平并实现科技和组织创新。制造业企业流入则强化了产业关联效应，有利于推动科技创新成果转化为现实生产力。

（二）生产性服务业核心区具有较强的市场辐射力

生产性服务业核心区和外围区扩大市场范围的共同需求使区域间呈现竞争关系。在核心区，集聚带来规模经济效应并形成拓宽市场的内在需求，核心区和外围区围绕市场展开竞争。然而，生产性服务业核心区和外围区的市场辐射力存在明显的不平衡关系。一方面，核心区的市场化程度较高。商品和服务的价值实现需要借助于市场交易，而市场交易本身就属于生产性服务业的范畴，因而生产性服务业核心区具有更成熟的供求关系、更充分的市场信息和更活跃的市场主体。同时，生产性服务业集聚完善了服务体系，创造了非公经济发展的良好环境，有利于激发市场经济活力，提高核心区市场化水平。与之相反的是，外围区的市场交易活动不充分，市场化程度总体偏低。另一方面，核心区的服务业发展水平较高。从城市体系分工来看，生产性服务业集聚的大城市主要承担物流、金融、科技、贸易等综合服务职能，而外围区中小城市主要承担生产制造或单一服务的职能。因此，核心区是生产性服务的主要输出地，外围区是其主要输入地。

生产性服务业核心区市场范围的扩大抑制了外围区的发展空间。当前，北京、上海、广州等一线城市已成为全国乃至全球的生产性服务业中心，而以省会城市为主的二线城市则形成了区域生产性服务业中心。这些中心城市源源不断地输出新服务、新技术和新理念，成为生产性服务业的创新发展区和重要供给地。这在很大程度上削减了外围区生产性服务业的市场份额，特别是那些与中心城市发展差距较大的临近区域，不仅难以从地理区位中获得发展机遇，还容易形成集聚的阴影效应。

二、生产性服务业集聚的涓滴效应

生产性服务业集聚通过空间技术溢出和产业空间转移实现涓滴效应，进而对外围区产生辐射带动作用。在生产性服务业集聚后期，涓滴效应占据主导地位。涓滴效应有利于缩小区域差异，构建区域协同发展的合作机制。

（一）生产性服务业集聚产生空间技术溢出

生产性服务业包含大量知识技术密集型行业，因而其核心区通常也是新知识和技术的发源地。本章关于生产性服务业集聚规模效应产生路径的论述已表明，集聚能够通过深化社会分工、强化创新机制和推进技术溢出促进核心区技术进步。随着核心区知识存量增多，当本地市场不再能够满足技术扩散的需要时，知识技术就会通过城市等级向下传播或穿越空间范围向外扩散。当前，交通设施明显改善和互联网经济快速发展显著缩短了区域间距离，为加强区域技术交流与合作、发挥集聚的空间技术溢出提供了重要保障。于是，逐渐形成了以生产性服务业核心区为技术创新中心，以交通信息网络为纽带，以外围区为腹地的空间技术溢出系统。在空间技术溢出的近邻效应下，知识技术由生产性服务业核心区向地理距离较近的临近区域传播；在空间技术溢出的等级效应下，知识技术由大城市流向中小城市。可以说，在生产性服务业集聚增强的过程中，技术溢出在前期主要表现为对核心区经济增长的加速作用，而在后期主要表现为对外围区经济增长的辐射作用。

生产性服务业集聚通过空间技术溢出促进外围区经济增长的路径有三种。第一，集聚的技术溢出促进知识技术向外扩散。生产性服务业核心区的知识和技术越丰富，其集成创新能力就越强。核心区利用发达的交通通信网络向外传播先进的知识技术，通过创新成果的有偿或无偿转让促进知识技术多次再应用，从而推动外围区科技进步、产业链延伸和价值链攀升。第二，集聚的技术溢出带动优质劳动力向外扩散。生产性服务业优质劳动力随技术溢出由核心区流向外围区，能够显著增强外围区的人力资源储备，为实施创新驱动战略提供人才支撑。第三，集聚的技术溢出为外围区带来先进的思想观念、价值理念和经营管理经验，从而有利于破除外围区发展的思想禁锢，释放经济发展的新活力。

（二）生产性服务业集聚引致产业空间转移

产业集聚和产业转移是一对"孪生兄弟"。关于生产性服务业集聚拥挤效应的论述已表明，当生产性服务业集聚导致资本、劳动力、租金和通勤成本显著上升，或集聚超过地方经济的承载能力时，会引发行业规模报酬递减并削弱集聚的好处，此后，若集聚继续推进则会对区域经济增长产生消极影响。集聚的拥挤效应是促使生产性服务业由核心区向外围区扩散的力量，在离心力的作用下，部分企业或要素脱离核心区转移到新的区位。对于转出企业和要素而言，产业转移通常具有较高成本和较大风险，为尽量降低转移成本，企业和要素倾向于转移到具有承接能力的临近区域。

生产性服务业集聚通过产业空间转移产生涓滴效应的具体路径如下。第一，产业转移增强了外围区的资本积累。产业和资本密不可分，生产性服务业转移必然伴随着资本流动，从而外围区经济发展的资金实力得以增强。特别是资本密集行业的转移，其增强外围区经济实力的作用更为显著。第二，产业转移改善了外围区的投资经营环境。生产性服务业向外转移有利于外围区提升交通运输、仓储、物流的效率，形成完善的科技研发、金融保险和法律咨询服务体系，为生产经营和外来投资提供全面优质的配套服务。第三，产业转移有利于促进外围区产业结构优化升级。生产性服务业本身属于产业发展的高级形态，外围区生产性服务业比重增大提升了其产业重心。同时，外围区生产性服务业的发展深化了其与制造业、农业、消费性服务业的关联，促进了上下游产业的融合，推动了传统产业的改造升级。

第五节 小 结

本章追溯了集聚经济增长效应的相关理论基础，系统阐述了生产性服务业集聚经济增长效应的形成机理。首先，追溯了经济增长理论从哈罗德—多玛增长模型到外生增长理论，再到内生增长理论的演变。回顾了区位理论、产业集群理论、外部性理论、产业关联理论、增长极理论、"极化—涓滴"理论等有关产业集聚形成机制和经济效应的重要理论。

其次，基于本地溢出（LS）模型分析了生产性服务业集聚影响经济增长的基本原理。讨论了 LS 模型的短期均衡和长期均衡，对比了对称均衡和核心均衡两种条件下的经济增长，分析了促使对称均衡改变的力量，并阐述了集聚对核心区和外围区福利水平的作用机制。

再其次，论述了生产性服务业集聚影响核心区经济增长的机理。生产性服务业集聚可能形成规模效应从而促进经济增长，也可能引发拥挤效应进而阻碍经济增长，集聚对核心区经济增长的最终作用取决于规模效应和拥挤效应的综合作用结果。集聚的规模效应主要通过促进社会技术进步、提高资本利用效率和完善投资经营环境实现。与低端生产性服务业相比，高端生产性服务业集聚规模效应面临较多的约束条件。集聚的拥挤效应主要源于要素投入过多或要素比例失衡。当集聚过度导致资本、劳动力、租金、通勤等价格上涨，或集聚超出经济社会的现实需求和发展潜力时，均会产生拥挤效应。

最后，论述了生产性服务业集聚影响外围区经济增长的机理。地理单元的空间关联性使集聚对外围区具有空间溢出效应，且该效应随着区域经济一体化推进而日益显著。生产性服务业集聚对外围区经济增长的影响分为负向极化效应和正向涓滴效应,集聚的空间溢出效应取决于两种效应的相对强弱。生产性服务业集聚的极化效应基于核心区较强的要素吸引力和市场辐射力产生;集聚的涓滴效应基于空间技术溢出和产业空间转移形成。通常来说,极化效应在集聚初期占据主导地位,涓滴效应在集聚后期发挥主要作用。

本章内容奠定了本书的理论基础。依据本章的分析结论,后续研究将重点分析生产性服务业集聚对本地经济增长的影响和对临近区域的空间溢出效应。

第四章 生产性服务业集聚的经济增长效应：层级分工的视角

由生产性服务业集聚影响核心区经济增长的机理可知，生产性服务业集聚并非始终带来经济效应，当集聚处于"经济区"时会产生规模效应进而推动经济增长，当集聚处于"非经济区"时则会产生拥挤效应进而阻碍经济增长；与低端生产性服务业相比，高端生产性服务业集聚的规模效应受城市等级的制约。本章的重点是探讨生产性服务业集聚的经济增长效应及其受层级分工的影响。本章的分析思路如下：首先，基于生产性服务业集聚适度性和层级分工的理论分析提出研究假设；其次，利用我国地级城市面板数据实证分析高端和低端生产性服务业集聚对经济增长的影响；最后，比较分析不同等级城市中不同层级生产性服务业集聚对经济增长的作用。本章实证分析部分所用数据主要来源于2004~2019年的《中国统计年鉴》《中国城市统计年鉴》《中国区域经济统计年鉴》。基于城市的分析有"全市"和"市区"两个指标，本书采用"全市"的数据。年鉴中无法获取的个别数据通过移动平均法补齐。

第一节 理论分析与假设

一、基于生产性服务业集聚适度性的假设

对任何区域而言，生产性服务业集聚均存在适度范围。在适度范围之内，生产性服务业集聚会促进技术进步、提高资本利用效率、改善投资经营环境，从而形成集聚的规模效应。与之相反的是，当集聚超越适度范围后，可能造成生产要素拥挤并使集聚成本显著上升。即便在未出现生产要素拥挤的情况下，也可能因

为集聚规模超出当地经济社会的发展需要而出现拥挤效应。生产性服务业集聚对经济增长的最终影响取决于规模效应和拥挤效应的综合作用结果。

经济现实表明，一些区域的生产性服务业集聚显著促进了经济增长，另一些则产生了负向阻碍作用，导致了集聚的不经济现象。罗良忠、史占中（2003）指出，波士顿128号公路沿线已暴露出高技术产业过度集聚的问题。陈晓峰（2015）的研究显示，我国长三角地区生产性服务业集聚与城市经济增长存在明显的倒"U"型关系，拐点之前，集聚对经济增长表现为正向的规模效应，拐点之后，集聚的拥挤效应占据了主导地位。李芳芳（2013）的研究发现，北京的生产性服务业细分行业基本处于集聚的适度范围，但"交通运输、仓储和邮政业"尚未具备规模经济与集聚优势，且石景山区存在着生产性服务业过度集聚和效率损失现象。邓桂枝（2012）的分析显示，与北京相比，其他地区的生产性服务业集聚适度性较低。

不同城市生产性服务业集聚的适度范围存在显著差异。从全国范围来看，少数特大城市和大城市是全国或区域经济发展的中心，具有较大的经济总量、人口规模和市场空间，经济社会发展对生产性服务业的需求强劲，承载生产性服务业集聚的能力也明显较强；与此同时，多数中小城市的规模和市场较小，生产性服务业的需求相对有限，承载生产性服务业集聚的能力也相对较弱。生产性服务业细分行业的异质性又决定了，只有在初期进行大量投入，才能实现科技服务、信息服务、金融服务等高端生产性服务业的规模效应。因而，规模和市场相对有限的中小城市难以从高端生产性服务业集聚中获得明显收益。

由此，本章提出的第一个假设是：

假设4-1：生产性服务业适度集聚促进经济增长，反之，若集聚未达到或超出适度范围则难以产生有利影响。

二、基于生产性服务业层级分工的假设

国内外有关都市带和都市区的理论认为，一定区域内的城市会依据规模和功能差异形成分工协作的有机体系。城市体系中低等级城市应重点供给常规性生产性服务，而高等级城市应主要提供专业化程度较高的生产性服务。由此，宣烨、余泳泽（2014）提出了生产性服务业层级分工的概念，认为生产性服务业的专业

化程度和市场范围与它们所处的城市在城市体系中的排位相对应,不同等级与支配力的城市对应不同层级的生产性服务业。规模较大、经济能级较高的核心城市应主要布局高端生产性服务业;规模较小、经济能级较低的中小城市应主要布局低端生产性服务业。

依据城市职能分工并结合经济中心与腹地的关系,本书将我国地级及以上城市分为省会和非省会城市[①]。不同等级城市在生产性服务业发展中具备不同的优势。省会城市是全国或区域经济发展的中心,是资金和人才的集聚地,具有科技创新和技术推广的良好环境,因而有能力提供量多质优的资本和知识技术密集的高端生产性服务业。省会城市经济腹地广阔,高端生产性服务业供给不仅要满足当地经济社会发展需求,还要满足全国或省域内其他城市的发展需要。同时,随着省会城市产业结构优化升级和服务职能日趋完善,省会城市已成为交通运输、商务服务以及批发和零售业等低端生产性服务业的重要集聚地。与之相反的是,非省会城市不具有人才和科技的优势,因此应主要提供科技含量较低、市场辐射范围较小的低端生产性服务业。当然,不可否认的是,少数具有良好产业基础的非省会城市也是高端生产性服务业的重要供给者,但从全国范围来看,其数量明显较少。

基于上述分析,本章的第二个假设是:

假设4-2:城市体系中应进行生产性服务业合理分工,省会城市适宜发展不同层级的生产性服务业,非省会城市则适宜重点发展低端生产性服务业。

第二节 不同层级生产性服务业集聚的经济增长效应

一、集聚与经济增长的因果关系检验

由生产性服务业集聚经济增长效应的形成机理可知,生产性服务业集聚是影响经济增长的重要因素。还有学者提出,生产性服务业集聚与经济增长存在内生关系。那么,不同层级生产性服务业集聚与经济增长之间究竟存在怎样的因果关

---

① 划分依据详见第二章第二节。

系？生产性服务业集聚是否有利于预测经济增长？为回答这一问题，本节将生产性服务业集聚与经济增长视作系统的内生变量，基于面板格兰杰因果检验探讨两者的因果关系，为后续研究分析生产性服务业集聚的经济增长效应提供重要参考。

（一）面板数据的平稳性检验

面板数据平稳是面板格兰杰因果检验的前提条件，研究利用面板单位根检验方法，对 285 个地级城市样本不同层级生产性服务业集聚与经济增长的数据进行平稳性检验。

1. 变量说明。

不同层级生产性服务业集聚水平用相应的区位商表示，经济增长用以 2000 年为基期的实际人均 GDP 度量。实际人均 GDP 的计算过程如下：首先计算各省份以 2000 年为基期的 GDP 平减指数，其次依据城市所在省份的 GDP 平减指数将城市 GDP 折算成以 2000 年为基期的实际值，最后利用城市实际 GDP 与城市总人口得到实际人均 GDP。为防止大数据波动的影响，对实际人均 GDP 进行对数处理。我国地级城市样本中不同层级生产性服务业集聚与经济增长的散点分布如图 4-1 所示。

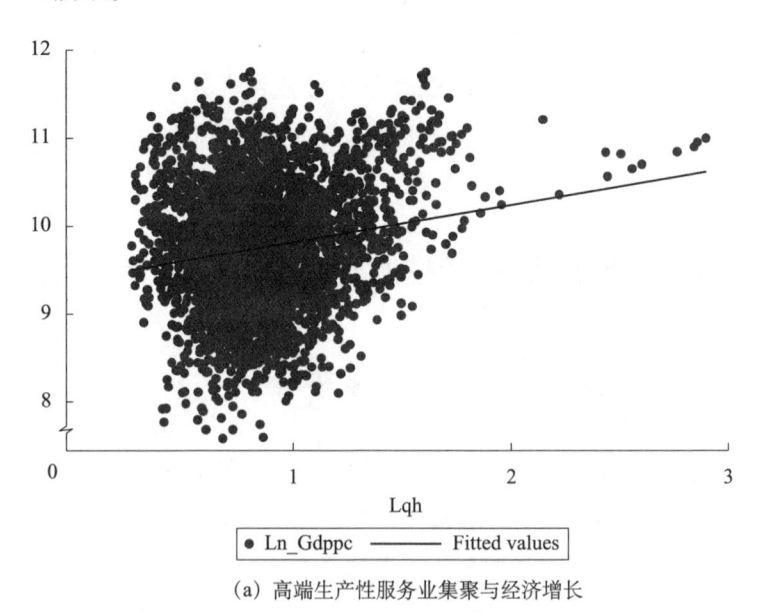

(a) 高端生产性服务业集聚与经济增长

(b) 低端生产性服务业集聚与经济增长

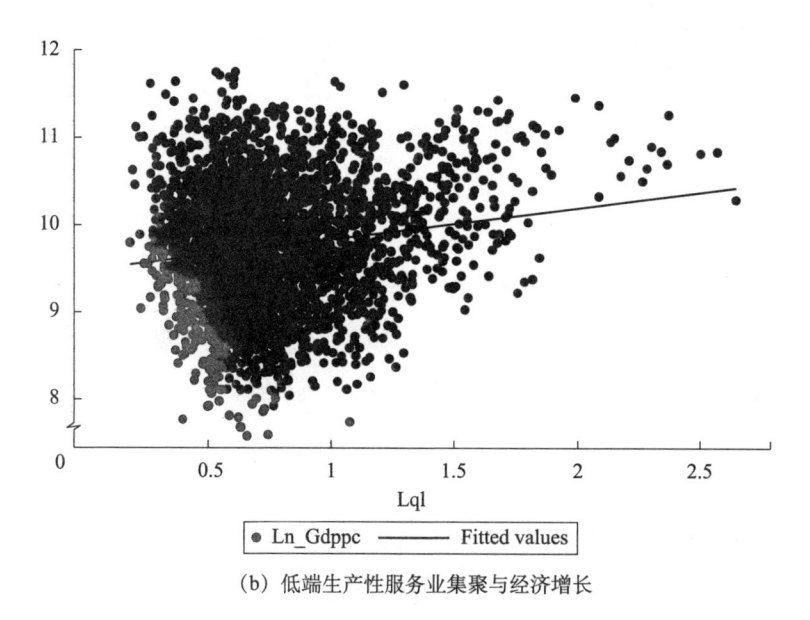

图4-1 城市生产性服务业集聚与经济增长的散点分布

2. 面板单位根检验方法。

为检验面板数据y_{it}是否包含单位根，可考虑如下面板自回归模型：

$$y_{it} = \rho_i y_{i,t-1} + z'_{it}\gamma_i + \varepsilon_{it} \quad (4-1)$$

其中，当$z'_{it}\gamma_i = 0$时，表示忽略常数项；当$z'_{it}\gamma_i = 1$时，表示考虑个体固定效应；当$z'_{it}\gamma_i = (1，t)$时，表示同时考虑个体固定效应与线性时间趋势。

面板单位根检验的原假设为"$H_0: \rho_i = 1, \forall i$"，备择假设为"$H_1: \rho_i < 1$"。式（4-1）可进一步写为：

$$\Delta y_{it} = \delta_i y_{i,t-1} + z'_{it}\gamma_i + \varepsilon_{it} \quad (4-2)$$

其中，$\delta_i = \rho_i - 1$。与之相应的是，面板单位根检验的原假设与备择假设分别为："$H_0: \delta_i = 0, \forall i$""$H_1: \delta_i < 0$"。

计量经济学发展了多种面板单位根检验方法，如 LLC 检验、HT 检验、Breitung 检验、IPS 检验、ADF 检验、PP 检验以及 Hadri LM 检验等。其中，前三种检验方法要求各面板单位具有相同的自回归系数，其他检验方法则允许面板单位存在不同的回归系数，而且上述检验对于截面数和时期数是否固定或趋于无穷作了不同的渐进假设。对于特定的城市样本，应依据数据结构确定面板单位根检验方法。我国地级城市样本属于典型的"大 N 小 T"面板结构。在上述检验方法中，HT 检验和 IPS 检验适用于"n→∞，T 固定"的渐进理论，因此本章应用 HT 检验和 IPS 检验面板数据是否存在单位根。

HT 检验要求个体的自回归系数相等，即对于式（4-2），δ 为共同根，ε_{it} 为同方差。然而，经济现实并不总能满足这一假设。如对于不同的城市，区位条件、经济基础和产业优势的差异通常决定了其发展规律各不相同。为此，西方学者进一步提出了 IPS 检验。IPS 检验允许扰动项存在异方差和自相关。自相关可以通过引入差分滞后项予以消除，滞后期由信息准则确定。由于 IPS 检验对数据的假设更贴近现实，因此当 HT 和 IPS 检验结果不一致时，以 IPS 的结果为准。

3. 检验结果。

我国 285 个地级及以上城市生产性服务业集聚和经济增长的面板单位根检验结果见表 4-1。对高端生产性服务业集聚（Lqh）与低端生产性服务业集聚（Lql）进行 HT 检验和 IPS 检验的结果显示，无论在考虑或是不考虑时间趋势和滞后项的情形下，Lqh 和 Lql 均是平稳的。对经济增长（y）的 HT 和 IPS 检验结果显示，在仅考虑个体效应时，经济增长（y）为非平稳序列，而在考虑了时间趋势和滞后项后，经济增长（y）变为平稳序列。这表明经济增长（y）从表面上看是不平稳的，但只要把时间趋势去掉，它就变成了平稳序列，即"趋势平稳"。由此可见，我国地级城市样本中生产性服务业集聚和经济增长均可视作平稳变量，这为进行面板格兰杰因果检验奠定了基础。

表 4-1　　　　　　地级及以上城市的面板单位根检验结果

变量	检验方法	检验形式（c, t, k）	统计量	P 值	结论
Lqh	HT	(1, 0, 0)	0.63	0.000	平稳
	HT	(1, 1, 0)	0.36	0.000	平稳
	IPS	(1, 0, 0)	-3.36	0.000	平稳
	IPS	(1, 1, 0)	-11.55	0.000	平稳
	IPS	(1, 1, 3)	-84.44	0.000	平稳
Lql	HT	(1, 0, 0)	0.64	0.000	平稳
	HT	(1, 1, 0)	0.39	0.000	平稳
	IPS	(1, 0, 0)	-2.58	0.005	平稳
	IPS	(1, 1, 0)	-11.09	0.000	平稳
	IPS	(1, 1, 3)	-82.23	0.000	平稳

续表

变量	检验方法	检验形式（c, t, k）	统计量	P 值	结论
y	HT	(1, 0, 0)	0.79	0.752	不平稳
	HT	(1, 1, 0)	0.52	0.098	平稳
	IPS	(1, 0, 0)	3.12	0.999	不平稳
	IPS	(1, 1, 0)	−5.78	0.000	平稳
	IPS	(1, 1, 3)	−28.57	0.000	平稳

注：①y 为实际人均 GDP 的对数，Lqh 为高端生产性服务业区位商，Lql 为低端生产性服务业区位商；②检验形式（c, t, k）中，c=1 和 c=0 分别为包含常数项和不包含常数项，t=1 和 t=0 分别为包含时间趋势项和不包含时间趋势项，k 表示使用 AIC 信息准则确定的滞后阶数。

（二）生产性服务业集聚与经济增长的面板格兰杰因果检验

由于研究期内我国地级及以上城市生产性服务业集聚与经济增长变量均符合平稳性条件，因此通过面板格兰杰因果检验对两者的关系做出更为清晰的判断。

1. 面板格兰杰因果检验的基本思想。

面板格兰杰因果检验的思想来源于时间序列的格兰杰因果检验。格兰杰检验方法认为，如果 x 是 y 的因，但 y 不是 x 的因，那么 x 的过去值（滞后项）有助于预测 y 的未来值，然而 y 的过去值（滞后项）对于预测 x 的未来值没有帮助。因此，格兰杰因果检验揭示的并非真正意义上的因果关系，而是动态相关关系，即一个变量对另一个变量是否具有预测能力。

对于面板模型：

$$y_{it} = \alpha_0 + \beta_1 y_{i,t-1} + \cdots + \beta_p y_{i,t-p} + \gamma_1 x_{i,t-1} + \cdots + \gamma_p x_{i,t-p} + u_i + \varepsilon_{it} \quad (4-3)$$

其中，x 与 y 是处于同一经济系统中的内生变量，p 为滞后阶数。格兰杰因果检验的原假设为：x 的过去值对预测 y 的未来值没有帮助，即 x 不是 y 的"格兰杰因"；如果检验拒绝原假设，则 x 的过去值有助于预测 y 的未来值，x 是 y 的"格兰杰因"。将式（4-3）中 x 和 y 的位置调换，就可以检验 y 是否为 x 的"格兰杰因"。在对式（4-3）进行估计时，通常会引入一阶以上的滞后项，面板格兰杰因果检验是对所有滞后项的联合检验结果。

由于本书重点关注不同层级生产性服务业集聚与经济增长的因果关系，因此分别构建两个二元 PVAR 模型：

$$\begin{cases} y_{i,t} = \alpha_{10} + \beta_1 y_{i,t-1} + \cdots + \beta_p y_{i,t-p} + \gamma_1 Lqh_{i,t-1} + \cdots + \gamma_p Lqh_{i,t-p} + \varepsilon_{1it} \\ Lqh_{i,t} = \alpha_{20} + \delta_1 Lqh_{i,t-1} + \cdots + \delta_p Lqh_{i,t-p} + \theta_1 y_{i,t-1} + \cdots + \theta_p y_{i,t-p} + \varepsilon_{2it} \end{cases}$$

$$(4-4)$$

$$\begin{cases} y_{i,t} = \alpha'_{10} + \beta'_1 y_{i,t-1} + \cdots + \beta'_p y_{i,t-p} + \gamma'_1 Lql_{i,t-1} + \cdots + \gamma'_p Lql_{i,t-p} + \varepsilon'_{1it} \\ Lqh_{i,t} = \alpha'_{20} + \delta'_1 Lql_{i,t-1} + \cdots + \delta'_p Lql_{i,t-p} + \theta'_1 y_{i,t-1} + \cdots + \theta'_p y_{i,t-p} + \varepsilon'_{2it} \end{cases}$$

(4-5)

其中，$y_{i,t}$为经济增长，用实际人均 GDP 的对数表示；$Lqh_{i,t}$为高端生产性服务业集聚，用高端生产性服务业区位商衡量；$Lql_{i,t}$为低端生产性服务业集聚，用低端生产性服务业区位商衡量；p 为滞后阶数；ε_{1it}、ε_{2it}、ε'_{1it}和ε'_{2it}均为干扰项。当γ_i在整体上显著不为零时，高端生产性服务业集聚是经济增长的"格兰杰因"；当θ_i在整体上显著不为零时，经济增长是高端生产性服务业集聚的"格兰杰因"。同理，当γ'_i显著不为零时，低端生产性服务业集聚是经济增长的"格兰杰因"；当θ'_i显著不为零时，经济增长是低端生产性服务业集聚的"格兰杰因"。由于式（4-4）和式（4-5）为动态面板模型，因而采用能够克服内生性问题的 GMM 方法估计。

2. 检验结果及分析。

采用连玉君老师的 pvar2 命令进行生产性服务业集聚与经济增长的面板格兰杰因果检验。表 4-2 报告了我国地级及以上城市不同层级生产性服务业集聚与经济增长因果关系的检验结果。首先判断不同层级生产性服务业集聚是否有助于预测经济增长。面板格兰杰因果检验在 5% 的显著性水平上拒绝了"高端生产性服务业集聚（Lqh）不是经济增长（y）的格兰杰因"，且在 1% 的显著性水平上拒绝了"低端生产性服务业集聚（Lql）不是经济增长（y）的格兰杰因"，表明不同层级生产性服务业集聚均有助于预测经济增长，且低端生产性服务业集聚的预测能力更强。再来判断经济增长是否有助于预测不同层级生产性服务业集聚。面板格兰杰因果检验在 5% 的显著性水平上拒绝了"经济增长（y）不是高端生产性服务业集聚（Lqh）的格兰杰因"，但不能拒绝"经济增长（y）不是低端生产性服务业集聚（Lql）的格兰杰因"。这说明经济增长有助于预测高端生产性服务业集聚，但对预测低端生产性服务业集聚没有帮助。

表 4-2　　　　　　地级及以上城市的面板格兰杰因果检验结果

原假设	chi2 统计量	P 值
Lqh 不是 y 的"格兰杰因"	12.75	0.026
y 不是 Lqh 的"格兰杰因"	10.40	0.034

续表

原假设	chi2 统计量	P 值
Lql 不是 y 的"格兰杰因"	35.36	0.000
y 不是 Lql 的"格兰杰因"	3.08	0.543

综上所述，在我国地级城市样本中，高端和低端生产性服务业集聚均是经济增长的"格兰杰因"，同时，经济增长也是高端生产性服务业集聚的"格兰杰因"。这说明我国地级及以上城市不同层级生产性服务业集聚均有助于预测经济增长，且经济增长也有助于预测高端生产性服务业集聚。面板格兰杰因果检验的结果对进一步引入控制变量构建动态面板模型具有参考意义。

二、模型构建

（一）模型设定

生产性服务业集聚对经济增长的影响属于经济增长问题，因此本章基于生产函数建立实证模型。

$$Y = Af(K, L) \qquad (4-6)$$

其中，Y 表示产出；A 表示技术进步水平，技术进步是一个受诸多因素影响的变量；K 表示资本投入，通常由基期的资本形成额和后续年份的固定资产投资额计算得到，L 表示劳动投入量。

集聚经济的存在意味着产出不仅是生产要素投入的函数，而且还是产业集聚的函数。式（4-6）可以进一步写为：

$$Y_i = A(aps_i) f(K_i, L_i, X_i) \qquad (4-7)$$

其中，Y_i 表示 i 地区的产出（GDP）；K_i、L_i 分别表示 i 地区的资本和劳动投入量，X_i 表示其他可能影响产出的投入要素向量，aps_i 为 i 地区产业集聚指标。A（·）代表希克斯中性（Hicks-neutral）技术进步的效率函数，生产函数 f（·）假设规模报酬不变。由于区域间经济增长的比较通常采用人均 GDP 指标，因此，对式（4-7）两边同除以 L_i，得到：

$$y_i = A(aps_i) f(k_i, x_i) \qquad (4-8)$$

其中，y_i 表示 i 地区的人均 GDP；k_i 表示 i 地区的人均资本存量，x_i 为 i 地区其他投入要素向量的人均量。

根据经济理论和现有研究成果,本书认为,除集聚和人均资本存量外,人力资本、产业结构、基础设施、对外开放和政府规模也是经济增长的影响因素。为此,本章构建如下动态面板模型:

$$y_{i,t} = \rho y_{i,t-1} + \beta_1 aps_{i,t} + \gamma_1 Kp_{i,t} + \gamma_2 Hum_{i,t} + \gamma_3 Nas_{i,t} + \gamma_4 His_{i,t} + \gamma_5 Road_{i,t}$$
$$+ \gamma_6 Open_{i,t} + \gamma_7 Gs_{i,t} + u_i + v_t + \varepsilon_{i,t} \tag{4-9}$$

其中,i 表示城市,t 表示年份;被解释变量$y_{i,t}$是经济增长;$y_{i,t-1}$是$y_{i,t}$的一阶滞后项,用以反映经济增长的连续性影响;关键解释变量$aps_{i,t}$是生产性服务业集聚;控制变量包括:人均资本存量(Kp)、人力资本水平(Hum)、非农产业增加值比重(Nas)、产业结构高级化(His)、基础设施(Road)、对外开放(Open)和政府规模(Gs)。

(二)变量诠释

1. 被解释变量。

被解释变量是经济增长(y),用实际人均 GDP 表示。实际人均 GDP 的计算方法同第四章。

2. 解释变量。

解释变量是生产性服务业集聚(aps)。在众多度量生产性服务业集聚的指标中,区位商可以反映城市产业结构的相对水平,且具有计算简便、数据易于获取的优点,因此本章用区位商衡量生产性服务业集聚。由于本章重点关注不同层级生产性服务业集聚对经济增长的影响,因此解释变量包括高端生产性服务业区位商(Lqh)和低端生产性区位商(Lql)。为保证模型估计结果稳健,本章还将用高端生产性服务业就业密度(Deh)和低端生产性服务业就业密度(Del)作为不同层级生产性服务业集聚的又一度量指标,对以区位商为集聚变量的估计结果进行稳健性检验。高端和低端生产性服务业就业密度分别用每平方公里上高端和低端生产性服务业就业人数表示。

3. 控制变量。

人均资本存量(Kp)。参照柯善咨、向娟(2012)和柯善咨、赵曜(2014)的研究估算资本存量。首先,确定基期年份的资本存量值。本章将 2000 年视作基期年份,基年的工业资本存量用当年限额以上工业企业流动资产与固定资产之和表示。其次,用各城市工业资本存量除以限额以上工业增加值占 GDP 的比重计算基年的资本存量。再其次，根据永续盘存法［式（4-10）］计算2000年以后各城市的资本存量。本章实际使用的是2003~2018年的城市面板数据，2000年资本存量估算中存在的误差对后续年份的影响趋于减弱。最后，利用城市资本存量与总人口数得到人均资本存量。

$$K_{i,t} = (1-\delta)K_{i,t-1} + I_{t-1}/d_{i,t-1} \qquad (4-10)$$

其中，$K_{i,t}$表示i城市t期的资本存量，δ表示年折旧率，依据柯善咨、赵曜（2014）的研究设δ等于5%；I_{t-1}表示实际新增投资，鉴于不少投资项目无法在当年获得收益，因此新增投资使用滞后一期的固定资产投资额；$d_{i,t-1}$表示城市所在省份的固定资产投资价格指数。

人力资本（Hum）。现有研究通常采用平均受教育年限或成人识字率表示国家或省份的人力资本水平，但相关统计年鉴中难以获得上述指标的城市数据。本章采用中等和高等学校学生数占总人口的比重（每万人在校大、中学生数）作为人力资本的代理变量。

产业结构（Nas和His）。本章使用两个指标衡量产业结构。按照一般研究的做法，依据配第一克拉克定律采用第二产业与第三产业增加值之和占GDP的比重表示非农产业增加值比重（Nas）。然而，这一指标无法反映工业经济向服务经济转变的进程。鉴于"经济服务化"进程中第三产业增长快于第二产业，本章采用第三产业与第二产业的增加值之比度量产业结构高级化水平（His）。

基础设施（Road）。由于当前我国公路网已覆盖所有城市，而等级公路在经济欠发达城市仍相对不足，本章采用等级公路密度（每平方公里上等级公路的里程数）衡量城市基础设施水平。

对外开放（Open）。用进出口总额占GDP的比重表示城市对外开放水平。进出口额与GDP都使用消除价格因素的实际值。实际进出口额的计算方法是：先利用各年度美元与人民币的平均汇率将进出口额折算成以人民币表示的数额，再利用以2000年为基期的省份GDP平减指数消除价格因素的影响。

政府规模（Gs）。用政府财政支出占GDP的比例衡量地方政府参与经济活动的范围和程度。

为避免大数据带来的波动，实际人均GDP（y）、高端生产性服务业就业密度（Deh）、低端生产性服务业就业密度（Del）、人均资本存量（Kp）、人力资本（Hum）、基础设施（Road）均以对数形式进入方程。

（三）计量方法说明

新经济地理学认为经济活动空间集聚内生于经济增长过程之中。经济集聚主要包括制造业集聚和生产性服务业集聚，因此生产性服务业集聚也是经济增长的潜在内生变量。同时，研究使用了动态面板模型，被解释变量一阶滞后项的引入必然使模型出现严重的自相关问题。

当解释变量包含内生性变量时，直接使用 OLS、固定效应和随机效应估计的结果都是有偏且不一致的。解决内生性问题最常见的方法是寻找适当的工具变量，进行工具变量法（IV 估计）或者广义矩估计。工具变量通常是由一个矩阵表示的一系列变量组成。IV 估计方法在实证领域得到了广泛应用，但大量研究表明，IV 估计的结果对于工具变量的选取十分敏感（Morimune，1983；Bound et al.，1995；Hahn et al.，2004；Hansen et al.，2008；Ng and Bai，2009）。近年来，计量技术发展为解决模型的内生性问题提供了新思路，即使用面板数据"内在"的工具变量可以得到更好的估计结果。阿雷纳诺和鲍威尔（Arellano & Bond，1991）提出使用差分 GMM 估计解决内生性问题。这种方法先进行一阶差分处理，在 IV 估计的基础上增加更多满足矩条件的工具变量。即：

$$Y_{i,t} - Y_{i,t-1} = \rho(Y_{i,t-1} - Y_{i,t-2}) + \beta(x_{i,t} - x_{i,t-1}) + (\varepsilon_{i,t} - \varepsilon_{i,t-1}) \quad (4-11)$$

式（4-11）虽然消除了个体固定效应 u_i，但又包含了被解释变量的二阶滞后项（$Y_{i,t-2}$）以及新的残差项（$\varepsilon_{i,t} - \varepsilon_{i,t-1}$）。为了克服所有解释变量的内生性问题，需要在模型中引入适当的工具变量。差分 GMM 采用被解释变量 $Y_{i,t}$ 滞后两阶以上的水平变量（$Y_{i,t-2}$，$Y_{i,t-3}$，…，$Y_{i,1}$）作为差分变量（$Y_{i,t-1} - Y_{i,t-2}$）的工具变量。这种处理方法同样应用于其他内生解释变量。简而言之，差分 GMM 估计使用了差分方程，并将内生变量水平值的滞后项作为差分变量的工具变量。差分 GMM 估计方法适合"大 N 小 T"的数据结构。

1995 年，阿雷纳诺和鲍威尔（Arellano and Bover）提出了在小样本情形下更具优势的系统 GMM 估计方法。由于本研究的样本数较大，本章采取两阶段差分 GMM 方法探讨生产性服务业集聚对经济增长的影响。差分 GMM 估计需要满足两个假设条件。第一是序列不相关假设。因为差分 GMM 估计使用了差分方程及其滞后项，所以差分后的残差项存在一阶序列相关时，差分 GMM 估计是有效的，但若差分后的残差项还存在二阶序列相关,则差分 GMM 估计无效。第二是工具变量合理性假设。合理的工具变量应与内生解释变量高度相关且与干扰项不相关。工具变量是否合理可以通过 Sargan 或 Hansen 过度识别检验做出判断,如果拒绝原假设,说明模型设定和工具变量选取不够合理,本章依据多数研究的做法采用 Sargan 检验判断工具变量的合理性。

三、实证结果及分析

为分析不同层级生产性服务业集聚对经济增长的影响,将高端生产性服务业集聚（Lqh）和低端生产性服务业集聚（Lql）同时引入动态面板模型（4-9）进行估计,并利用生产性服务业就业密度对估计结果进行稳健性检验。

（一）多重共线性检验和内生性检验

在进行实证估计之前,需要对研究样本的变量进行描述性统计、多重共线性检验和内生性检验。我国 285 个地级及以上城市样本中变量的描述性统计见表 4-3。在 4275 个观测值中,高端生产性服务业区位商（Lqh）的均值为 0.844,低端生产性服务业区位商（Lql）的均值为 0.762。区位商均值越小说明低值点越多、高值点越少,生产性服务业集中在少数城市的特征越突出。

表 4-3　　　　　　　　地级及以上城市样本变量的描述性统计

变量	样本数	均值	标准差	最小值	最大值
Ln_Gdpp	4275	9.752	0.716	7.585	11.756
Lqh	4275	0.844	0.290	0.255	2.896
Lql	4275	0.762	0.311	0.178	2.646
Ln_Deh	4275	0.608	1.208	-3.294	5.476
Ln_Del	4275	0.810	1.284	-3.252	5.918
Ln_Kp	4275	10.670	0.902	8.273	13.312
Ln_Hum	4275	6.630	0.309	4.595	7.850
Nas	4275	0.854	0.091	0.501	1.000
His	4275	0.801	0.394	0.094	3.758
Ln_Road	4275	-0.531	0.760	-3.995	0.813
Open	4275	0.217	0.400	0.000	4.624
Gs	4275	0.153	0.094	0.015	1.575

通过计算方差膨胀因子（VIF）判断解释变量是否存在严重的多重共线性问题。将 Lqh 和 Lql 同时引入式（4-9），所有解释变量中 VIF 最大的是 Nas（2.89），Lqh 和 Lql 的 VIF 分别是 1.54 和 1.61。可见，该模型中解释变量的 VIF 均远小于 10，表明不存在严重的共线性问题。

通过 DWH 检验判断解释变量是否存在内生性问题。由于本章采用的是动态面板模型，式（4-9）中被解释变量的滞后一阶（$y_{i,t-1}$）是内生变量，而高端生产性服务业集聚（Lqh）和低端生产性服务业集聚（Lql）是潜在的内生变量，需要对两者进行内生性检验。由于传统的豪斯曼检验建立在同方差的前提下，本章进行异方差稳健的杜宾-吴-豪斯曼（Durbin-Wu-Hausman，DWH）检验，原假设是检验变量为外生变量。检验结果显示，高端生产性服务业集聚（Lqh）DWH 检验的 P 值为 0.0825，低端生产性服务业集聚（Lql）DWH 检验的 P 值为 0.7933，这说明 DWH 检验拒绝了 Lqh 为外生变量的原假设，但无法拒绝 Lql 为外生变量的原假设，也即高端生产性服务业集聚存在内生性，而低端生产性服务业集聚不存在内生性。因此，在进行动态面板模型估计时，需要对被解释变量的滞后一阶（$y_{i,t-1}$）和高端生产性服务业集聚（Lqh）使用工具变量。

（二）高端和低端生产性服务业集聚经济增长效应的估计

采用两阶段差分 GMM 方法估计不同层级生产性服务业集聚对经济增长的影响。表 4-4 中，模型（1）和模型（2）分别引入了高端生产性服务业集聚（Lqh）和低端生产性服务业集聚（Lql），模型（3）则同时引入了高端和低端生产性服务业集聚。序列相关检验显示，模型（1）至模型（3）的残差项均存在一阶自相关但不存在二阶自相关，Sargan 检验不能拒绝工具变量合理的假设。

表 4-4　　　　生产性服务业集聚经济增长效应的估计结果

变量	(1)	(2)	(3)
L.y	0.602 *** (8.19)	0.599 *** (8.07)	0.597 *** (7.93)
Lqh	0.008 (0.91)	—	0.010 (1.11)
Lql	—	0.018 ** (1.99)	0.017 ** (2.01)
Ln_Kp	0.103 *** (4.18)	0.109 *** (4.33)	0.108 ** (4.26)

续表

变量	(1)	(2)	(3)
Ln_Hum	0.037* (1.82)	0.038* (1.92)	0.037* (1.76)
Nas	0.957*** (7.87)	0.931*** (7.66)	0.949*** (7.80)
His	−0.102*** (−8.03)	−0.103*** (−8.14)	−0.104*** (−8.15)
Ln_Road	0.007* (1.91)	0.007* (1.93)	0.007* (1.91)
Open	0.025* (1.79)	0.024* (1.72)	0.025* (1.74)
Gs	0.005 (0.27)	0.006 (0.32)	0.008 (0.40)
_Cons	1.920*** (7.78)	1.911*** (7.70)	1.923*** (7.72)
年度虚拟变量	是	是	是
Obs	3990	3990	3990
AR(1)	0.0000	0.0000	0.0000
AR(2)	0.5286	0.5111	0.5192
Sargan	0.3122	0.2987	0.3013

注：①括号中数值为解释变量或控制变量对应的 z 值；② * 代表 10% 的显著性水平，** 代表 5% 的显著性水平，*** 代表 1% 的显著性水平；③AR（1）、AR（2）的原假设分别为差分后的残差项不存在一阶序列相关和二阶序列相关，GMM 估计允许存在一阶序列相关但不允许存在二阶序列相关；④Sargan 检验的原假设为工具变量设定合理。

表 4-4 中，模型（1）估计结果显示，Lqh 的系数为正但未通过显著性检验，表明高端生产性服务业集聚对经济增长没有显著影响。模型（2）估计结果显示，Lql 的系数在 5% 的显著性水平上为正，表明低端生产性服务业集聚对经济增长具有显著的正向影响。模型（3）估计结果显示，将 Lqh 和 Lql 同时引入方程与将两者分别引入方程的估计结果一致，即高端生产性服务业集聚未能有效促进经济增长，低端生产性服务业集聚显著促进了经济增长。其他控制变量的估计系数及意义如下：滞后一期的人均 GDP（$y_{i,t-1}$）显著为正，表明经济增长具有时间延续性；人均资本（Ln_Kp）和人力资本（Ln_Hum）显著为正，表明物质资本和人力资本投入是经济增长的重要动力；非农产业增加值比重（Nas）显著为正，产业结构高级化（His）显著为负，反映了加快非农产业发展能够推动

经济增长，但过度发展第三产业、一味追求产业结构高级化会对经济增长产生负面影响；基础设施（Ln_Road）显著为正，说明加强等级公路网建设有利于降低运输成本；对外开放（Open）显著为正，表明扩大开放是经济增长的动力；政府规模（Gs）的系数未通过显著性检验，这可能是因为研究样本较大，政府规模对不同城市存在差异化影响。

（三）稳健性检验

为保证估计结果的稳健性，采用生产性服务业集聚的又一度量指标——生产性服务业就业密度对以生产性服务业区位商为集聚变量的估计结果进行稳健性检验。由表4-5的稳健性检验结果可以看出，将高端生产性服务业就业密度（Ln_Deh）和低端生产性服务业就业密度（Ln_Del）分别引入模型与将两者同时引入模型的估计结果基本一致。模型（3）中，高端生产性服务业就业密度（Ln_Deh）的系数为0.012且通过10%的显著性检验，低端生产性服务业就业密度（Ln_Del）的系数为0.017且通过5%的显著性检验。这表明高端生产性服务业集聚在弱显著性水平下对经济增长具有促进作用，而低端集聚对经济增长具有显著的促进作用。其他控制变量的估计结果与表4-4相比仅发生了微小变化。

表4-5　　生产性服务业集聚经济增长效应的稳健性检验结果

变量	(1)	(2)	(3)
L.y	0.582 *** (6.50)	0.587 *** (7.79)	0.575 *** (6.47)
Ln_Deh	0.018 ** (2.03)	—	0.012 * (1.90)
Ln_Del	—	0.023 *** (4.08)	0.017 ** (2.31)
Ln_Kp	0.100 *** (3.83)	0.105 *** (4.10)	0.102 *** (3.87)
Ln_Hum	0.026 ** (2.42)	0.031 *** (3.18)	0.025 ** (2.36)
Nas	0.937 *** (7.68)	0.889 *** (7.08)	0.915 *** (7.26)
His	-0.116 *** (-8.63)	-0.115 *** (-8.81)	-0.120 *** (-8.92)
Ln_Road	0.006 * (1.78)	0.007 * (1.90)	0.007 * (1.72)

续表

变量	(1)	(2)	(3)
Open	0.012 (0.90)	0.016 (1.12)	0.011 (1.27)
Gs	0.012 (0.71)	0.014 (0.83)	0.017 (1.07)
_Cons	2.255*** (8.68)	2.152*** (8.77)	2.328*** (9.61)
年度虚拟变量	是	是	是
Obs	3990	3990	3990
AR（1）	0.0000	0.0000	0.0000
AR（2）	0.6634	0.5857	0.6653
Sargan	0.3045	0.2778	0.2819

注：①括号中数值为解释变量或控制变量对应的 z 值；②*代表10%的显著性水平，**代表5%的显著性水平，***代表1%的显著性水平；③AR（1）、AR（2）的原假设分别为差分后的残差项不存在一阶序列相关和二阶序列相关，GMM 估计允许存在一阶序列相关但不允许存在二阶序列相关；④Sargan 检验的原假设为工具变量设定合理。

模型估计和稳健性检验结果均表明，低端生产性服务业集聚对经济增长产生了显著的促进作用。然而，两者并未对高端生产性服务业集聚的影响得出一致结论。以区位商衡量的高端生产性服务业集聚对经济增长影响不显著，而以就业密度衡量的高端生产性服务业集聚在弱显著性水平下对经济增长具有促进作用。由于生产性服务业区位商和就业密度的定义和测算方法存在差异，这一结果并不自相矛盾。我们可以这样理解：高端生产性服务业从业人数的增加有助于促进经济增长，因而以就业密度为集聚变量的估计系数为正，但由于高端生产性服务业就业规模扩大挤占了其他产业的发展空间，因而以区位商为集聚变量的估计系数并不显著。从更直观的角度来看，我国"东高西低"的人口格局导致了生产性服务业就业密度的区域差异，部分东部城市就业密度较大而区位商不高，与之相反的是，部分中西部城市就业密度较低而区位商却较高。

综合上述分析，虽然理论上高端生产性服务业集聚对经济增长的贡献较大，但现实中其积极影响未得到充分发挥，反映出我国高端生产性服务业的投入产出效率总体较低。这主要存在两方面的原因。一方面，部分城市尚未形成高端生产性服务业的规模效应。高端生产性服务业需要大量初始投资才能实现规模效应，当投入不足时难以出现边际报酬递增。另一方面，虽然部分城市高端生产性服务业发展初具规模，但受服务质量不高和市场空间狭小的双重限制，其供给出现了相对过剩，供求不平衡制约了经济增长。这就验证了本章的第一个假设，即低端生产性服务业集聚处于适度集聚范围，从而促进了经济增长；与此同时，部分城市高端生产性服务业集聚尚未达到或已经超出适度范围，因而未能有效促进经济增长。

第三节　层级分工对生产性服务业集聚经济增长效应的影响

结合本章对生产性服务业层级分工的理论分析，以及第四章的结论（省会城市不同层级生产性服务业集聚水平远高于非省会城市），进一步分析不同层级生产性服务业集聚对经济增长的影响在不同等级城市的差异。本节首先对省会和非省会城市生产性服务业集聚与经济增长的关系进行面板格兰杰检验，然后基于动态面板模型估计不同等级城市中生产性服务业集聚对经济增长的影响。

一、不同等级城市集聚与经济增长的因果关系检验

将我国 285 个地级及以上城市划分为省会和非省会城市，对不同等级城市生产性服务业集聚与经济增长的数据进行面板单位根检验和格兰杰因果检验。检验方法同本章第二节。

（一）数据平稳性检验

不同等级城市中生产性服务业集聚与经济增长的散点分布如图 4-2 和图 4-3 所示。由于省会城市样本和非省会城市样本数据同属于"大 N 小 T"的结构，因此，仍然采用 HT 检验和 IPS 检验对生产性服务业集聚和经济增长数据的平稳性做出判断。

(a) 高端生产性服务业集聚与经济增长

(b) 低端生产性服务业集聚与经济增长

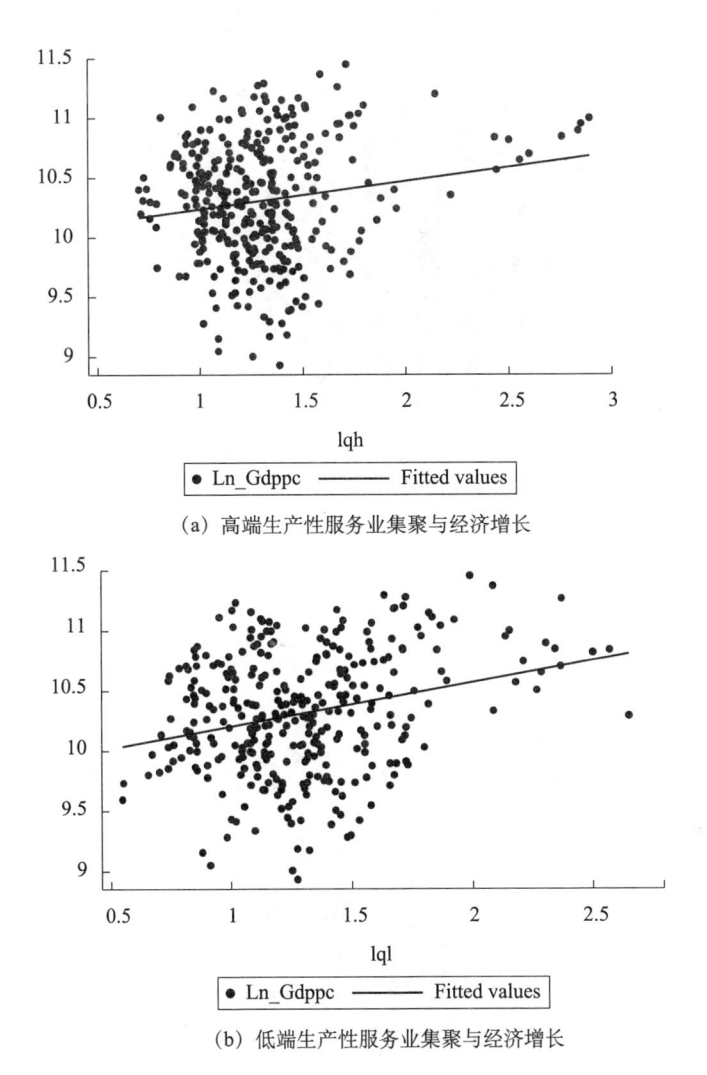

图 4-2　省会城市生产性服务业集聚与经济增长的散点分布

1. 省会城市的检验结果。

运用 HT 和 IPS 方法对省会城市样本高端生产性服务业集聚、低端生产性服务业集聚以及经济增长变量进行面板单位根检验的结果见表 4-6。在 30 个省会城市中，HT 检验显著拒绝了高端生产性服务业集聚（Lqh）和低端生产性服务业集聚（Lql）包含单位根的原假设，而 IPS 检验在考虑了趋势项和滞后项后也显著拒绝了 Lqh 和 Lql 包含单位根的原假设。由此，研究认为，省会城市高端生产性服务业集聚和低端生产性服务业集聚是平稳序列。与此同时，HT 和 IPS 对

(a) 高端生产性服务业集聚与经济增长

(b) 低端生产性服务业集聚与经济增长

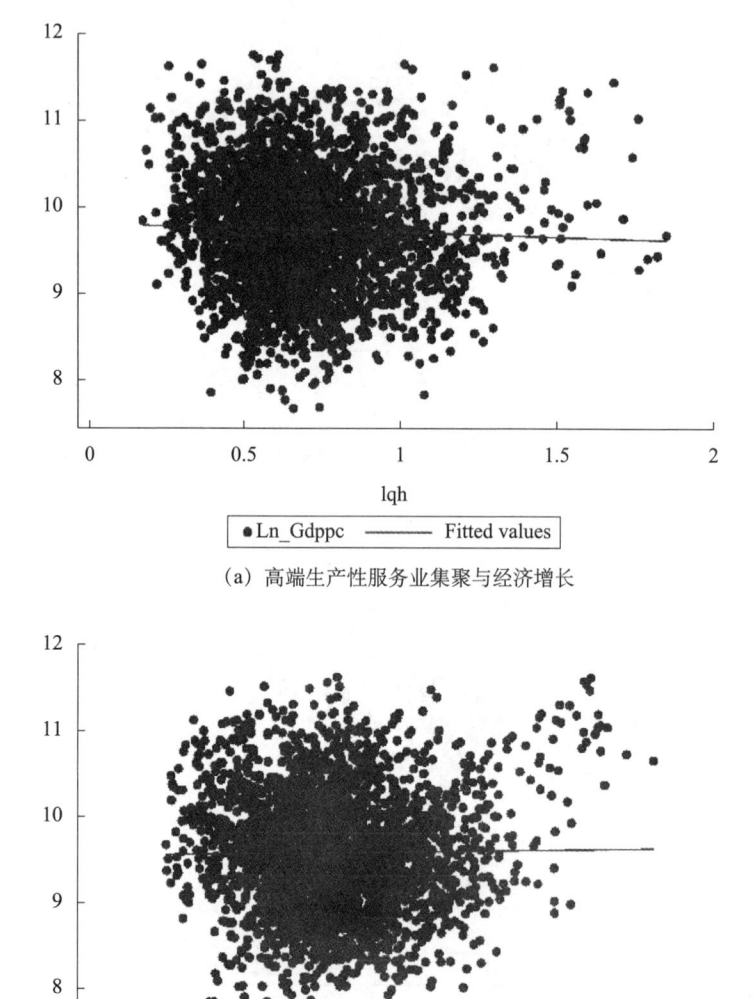

图 4-3　非省会城市生产性服务业集聚与经济增长的散点分布

经济增长（y）的检验结果并不一致，此时以更为合理 IPS 检验结果为判断依据。当采用不包含趋势项和滞后项的 IPS 检验形式时，y 是不平稳的，而采用包含趋势项和滞后项的检验形式后，y 变得平稳。

表4-6　　　　　　　　　省会城市的面板单位根检验结果

变量	检验方法	检验形式 (c, t, k)	统计量	P值	结论
Lqh	HT	(1, 0, 0)	0.677	0.003	平稳
	HT	(1, 1, 0)	-3.056	0.001	平稳
	IPS	(1, 0, 0)	-0.140	0.444	不平稳
	IPS	(1, 1, 0)	-3.932	0.000	平稳
	IPS	(1, 1, 3)	-1.198	0.097	平稳
Lql	HT	(1, 0, 0)	0.545	0.000	平稳
	HT	(1, 1, 0)	0.306	0.000	平稳
	IPS	(1, 0, 0)	-0.392	0.347	不平稳
	IPS	(1, 1, 0)	-2.543	0.005	平稳
	IPS	(1, 1, 3)	-1.393	0.081	平稳
y	HT	(1, 0, 0)	0.761	0.267	不平稳
	HT	(1, 1, 0)	0.475	0.325	不平稳
	IPS	(1, 0, 0)	-0.886	0.187	不平稳
	IPS	(1, 1, 0)	-3.536	0.000	平稳
	IPS	(1, 1, 3)	-2.243	0.012	平稳

注：①y为实际人均GDP的对数，Lqh为高端生产性服务业区位商，Lql为低端生产性服务业区位商；②检验形式（c, t, k）中，c=1和c=0分别为包含常数项和不包含常数项，t=1和t=0分别为包含时间趋势项和不包含时间趋势项，k表示使用AIC信息准则确定的滞后阶数。

2. 非省会城市的检验结果。

在255个非省会城市中，高端生产性服务业集聚、低端生产性服务业集聚以及经济增长变量面板单位根检验的结果见表4-7。可以发现，非省会城市面板单位根检验结果与省会城市的结果基本相似。对于高端生产性服务业集聚（Lqh）和低端生产性服务业集聚（Lql），不包含趋势项和包含趋势项的HT检验和IPS检验均认为Lqh和Lql是平稳的。对于经济增长变量（y），由于HT检验与IPS检验的结果不一致，因而主要依据IPS检验结果判断。不考虑趋势项和滞后项的IPS检验认为y是不平稳的，考虑趋势项和滞后项的IPS检验认为y是平稳的，因而经济增长在非省会城市样本中是"趋势平稳"的。

省会和非省会城市样本中不同层级生产性服务业集聚及经济增长数据均为平稳序列，因此可以对不同等级城市中生产性服务业集聚与经济增长的关系进行面板格兰杰因果检验。

表4-7 非省会城市的面板单位根检验结果

变量	检验方法	检验形式 (c, t, k)	统计量	P值	结论
Lqh	HT	(1, 0, 0)	0.618	0.000	平稳
	HT	(1, 1, 0)	0.367	0.000	平稳
	IPS	(1, 0, 0)	-3.358	0.001	平稳
	IPS	(1, 1, 0)	-11.733	0.000	平稳
	IPS	(1, 1, 3)	-18.002	0.000	平稳
Lql	HT	(1, 0, 0)	0.651	0.000	平稳
	HT	(1, 1, 0)	0.394	0.000	平稳
	IPS	(1, 0, 0)	-2.462	0.007	平稳
	IPS	(1, 1, 0)	-11.110	0.000	平稳
	IPS	(1, 1, 3)	-17.508	0.000	平稳
y	HT	(1, 0, 0)	0.794	0.739	不平稳
	HT	(1, 1, 0)	0.574	1.000	不平稳
	IPS	(1, 0, 0)	3.643	0.999	不平稳
	IPS	(1, 1, 0)	-5.238	0.000	平稳
	IPS	(1, 1, 3)	-6.785	0.000	平稳

注：①y为实际人均GDP的对数，Lqh为高端生产性服务业区位商，Lql为低端生产性服务业区位商；②检验形式（c, t, k）中，c=1和c=0分别为包含常数项和不包含常数项，t=1和t=0分别为包含时间趋势项和不包含时间趋势项，k表示使用AIC信息准则确定的滞后阶数。

（二）生产性服务业集聚与经济增长的面板格兰杰因果检验

依据式（4-4）和式（4-5），分别对省会和非省会城市不同层级生产性服务业集聚与经济增长的关系进行面板格兰杰因果检验，检验结果见表4-8。

表4-8 省会和非省会城市的面板格兰杰因果检验结果

样本	原假设	wald统计量	P值
省会城市	Lqh 不是 y 的"格兰杰因"	10.20	0.047
	y 不是 Lqh 的"格兰杰因"	5.66	0.340
	Lql 不是 y 的"格兰杰因"	15.03	0.018
	y 不是 Lql 的"格兰杰因"	1.78	0.776
非省会城市	Lqh 不是 y 的"格兰杰因"	14.99	0.022
	y 不是 Lqh 的"格兰杰因"	8.56	0.073
	Lql 不是 y 的"格兰杰因"	37.82	0.000
	y 不是 Lql 的"格兰杰因"	3.84	0.428

1. 省会城市的检验结果。

首先，判断省会城市不同层级生产性服务业集聚是否有助于预测经济增长。根据 P 值结果可知，面板格兰杰因果检验在 5% 的显著性水平上拒绝了"高端生产性服务业集聚（Lqh）不是经济增长（y）的格兰杰因"和"低端生产性服务业集聚（Lql）不是经济增长（y）的格兰杰因"，表明省会城市高端和低端生产性服务业集聚均有助于预测经济增长。其次，判断省会城市经济增长是否有助于预测不同层级生产性服务业集聚。面板格兰杰因果检验不能拒绝"经济增长（y）不是高端生产性服务业集聚（Lqh）的格兰杰因"和"经济增长（y）不是低端生产性服务业集聚（Lql）的格兰杰因"的假设，表明省会城市的经济增长对于预测不同层级生产性服务业集聚没有帮助。简而言之，省会城市中，高端和低端生产性服务业集聚均是经济增长的"格兰杰因"，而经济增长并非不同层级生产性服务业集聚的"格兰杰因"。

2. 非省会城市的检验结果。

与对省会城市的分析一样，首先判断非省会城市不同层级生产性服务业集聚是否有助于预测经济增长。面板格兰杰因果检验在 5% 的显著性水平上拒绝了"高端生产性服务业集聚（Lql）不是经济增长（y）的格兰杰因"，在 1% 的显著性水平上拒绝了"低端生产性服务业集聚（Lql）不是经济增长（y）的格兰杰因"，表明非省会城市高端和低端生产性服务业集聚均有助于预测经济增长。其次判断非省会城市经济增长是否有助于预测不同层级生产性服务业集聚。面板格兰杰因果检验在 10% 的显著性水平下拒绝了"经济增长（y）不是高端生产性服务业集聚（Lqh）的格兰杰因"，且不能拒绝"经济增长（y）不是低端生产性服务业集聚（Lql）的格兰杰因"。这说明非省会城市的经济增长有助于预测高端生产性服务业集聚，但对预测低端生产性服务业集聚没有帮助。简而言之，在非省会城市中，高端和低端生产性服务业集聚均是经济增长的"格兰杰因"，而经济增长仅是高端生产性服务业集聚的"格兰杰因"。

综上所述，针对不同等级城市的面板格兰杰因果检验表明，无论在省会还是非省会城市中，高端和低端生产性服务业集聚均为经济增长的"格兰杰因"，即不同等级城市中不同层级生产性服务业集聚对经济增长均具有预测能力。

二、实证结果及分析

基于上述因果关系检验结果，研究对生产性服务业集聚的经济增长效应进行省会和非省会城市的分组讨论。实证分析仍然基于式（5-9）的动态面板模型进行。首先，对省会和非省会城市样本的变量进行统计性描述；其次，对不同等级城市样本的解释变量进行多重共线性和内生性检验；最后，估计并对比分析不同等级城市中高端和低端生产性服务业集聚的经济增长效应。

（一）多重共线性检验和内生性检验

将样本细分之后，仍然需要对变量进行统计性描述和相关检验。表4-9报告了省会和非省会城市样本中变量的描述性统计。通过比较不同等级城市中变量的均值可以发现，省会城市的经济增长、生产性服务业集聚、物质资本、人力资本、产业结构、基础设施和对外开放水平均明显高于非省会城市，而省会城市的政府规模小于非省会城市，由此反映了省会与非省会城市的差距。

表4-9　　　　　省会和非省会城市样本变量的描述性统计

样本	变量	样本数	均值	标准差	最小值	最大值
省会城市	Ln_Gdpp	450	10.310	0.497	8.933	11.456
	Lqh	450	1.301	0.337	0.707	2.896
	Lql	450	1.292	0.359	0.549	2.646
	Ln_Deh	450	2.278	0.946	0.619	5.274
	Ln_Del	450	2.589	1.002	0.489	5.833
	Ln_Kp	450	11.446	0.619	9.882	12.824
	Ln_Hum	450	7.134	0.287	6.378	7.850
	Nas	450	0.945	0.036	0.826	0.995
	His	450	1.188	0.528	0.617	3.758
	ln_Road	450	-0.349	0.640	-2.307	0.696
	Open	450	0.361	0.386	0.029	1.828
	Gs	450	0.121	0.041	0.015	0.360
非省会城市	Ln_Gdpp	3825	9.686	0.709	7.585	11.756
	Lqh	3825	0.790	0.230	0.255	1.811
	Lql	3825	0.700	0.236	0.178	1.845
	Ln_Deh	3825	0.411	1.076	-3.294	5.476

续表

样本	变量	样本数	均值	标准差	最小值	最大值
非省会城市	Ln_Del	3825	0.599	1.143	-3.252	5.918
	Ln_Kp	3825	10.578	0.886	8.273	13.312
	Ln_Hum	3825	6.571	0.252	4.595	7.763
	Nas	3825	0.843	0.089	0.501	1.000
	His	3825	0.755	0.348	0.094	3.386
	ln_Road	3825	-0.553	0.771	-3.995	0.813
	Open	3825	0.200	0.399	0.000	4.624
	Gs	3825	0.157	0.098	0.041	1.575

通过计算方差膨胀因子（VIF）判断解释变量是否存在严重的多重共线性。表4-10报告了省会和非省会城市中解释变量VIF的测算结果。对于不同等级城市样本，解释变量中VIF最大的均是Nas，所有解释变量的VIF均远小于10，表明模型不存在严重的多重共线性问题。

表4-10　　　　省会和非省会城市样本解释变量的方差膨胀因子

变量	省会城市样本	非省会城市样本
Lqh	2.30	1.10
Lql	2.07	1.14
Ln_Kp	2.35	2.19
Ln_Hum	2.40	1.28
Nas	3.10	2.76
His	3.10	1.57
ln_Road	1.59	1.22
Open	2.44	1.42
Gs	1.42	1.28

采用异方差稳健的DWH方法检验省会和非省会城市样本中生产性服务业集聚变量是否存在内生性，原假设是集聚变量为外生变量。在省会城市样本中，对高端生产性服务业集聚（Lqh）进行检验的P值为0.5885，对低端生产性服务业集聚（Lql）检验的P值为0.8263；在非省会城市样本中，对高端生产性服务业集聚（Lqh）检验的P值为0.0807，对低端生产性服务业集聚（Lql）检验的P值为0.8868。上述结果表明，省会城市样本中不同层级生产性服务业集聚均为外

生变量；非省会城市样本中高端生产性服务业集聚为内生变量，低端生产性服务业集聚为外生变量。为此，在估计省会城市生产性服务业集聚的经济增长效应时，只需对被解释变量的滞后一期（$y_{i,t-1}$）采用工具变量；而在估计非省会城市生产性服务业集聚的经济增长效应时，需要对被解释变量的滞后一期（$y_{i,t-1}$）和高端生产性服务业集聚（Lqh）采用工具变量。

（二）不同等级城市生产性服务业集聚经济增长效应的估计

由于省会和非省会城市样本均属于"大N小T"的数据结构，研究仍然基于两阶段差分GMM方法估计不同等级城市中高端和低端生产性服务业集聚对经济增长的影响。表4-11中，模型（1）是对省会城市样本生产性服务业集聚经济增长效应的估计结果，模型（2）是对非省会城市样本的估计结果。序列相关检验和过度识别检验表明差分GMM估计是有效的。

表4-11　省会和非省会城市生产性服务业集聚经济增长效应的估计结果

变量	(1)	(2)
L.y	0.642 *** (8.11)	0.645 *** (8.61)
Lqh	0.020 * (1.71)	0.001 (0.13)
Lql	0.069 *** (6.41)	0.016 * (1.72)
Ln_Kp	0.183 *** (4.20)	0.074 *** (2.82)
Ln_Hum	0.034 (0.86)	0.031 *** (3.31)
Nas	1.713 ** (2.20)	0.770 *** (6.50)
His	0.015 * (1.68)	-0.115 *** (-7.82)
Ln_Road	-0.001 (-0.06)	0.012 * (1.69)
Open	0.012 * (1.66)	0.112 * (1.78)
Gs	-0.015 (0.05)	-0.014 * (1.85)
_Cons	0.187 (0.29)	2.033 *** (9.23)

续表

变量	(1)	(2)
年度虚拟变量	是	是
Obs	420	3570
AR（1）	0.0035	0.0000
AR（2）	0.4814	0.7534
Sargan	0.9997	0.8788

注：①括号中数值为解释变量或控制变量对应的 z 值；②＊代表10%的显著性水平，＊＊代表5%的显著性水平，＊＊＊代表1%的显著性水平；③AR（1）、AR（2）的原假设分别为差分后的残差项不存在一阶序列相关和二阶序列相关，GMM 估计允许存在一阶序列相关但不允许存在二阶序列相关；④Sargan 检验的原假设为工具变量设定合理。

表 4-11 中模型（1）的估计结果显示，对于省会城市样本，Lqh 的系数为 0.020 且通过 10% 的显著性检验，Lql 的系数为 0.069 且通过 1% 的显著性检验，表明省会城市高端和低端生产性服务业集聚均显著促进了经济增长，且低端生产性服务业集聚的促进作用更为显著。省会城市肩负着全国或区域的经济、贸易、文化和管理中心的职能，是高端生产性服务业的主要集聚地和供给者，而高端生产性服务业又是劳动生产率较高行业的集合，因而高端生产性服务业集聚成为省会城市经济增长的推动力。不同层级生产性服务业的异质性决定了低端生产性服务业主要提供经济社会发展所需的标准化服务，其发展对人才、技术和资本的要求相对较低，且容易与制造业等下游产业形成有机互动，因而对于一些创新能力不强的省会城市，低端生产性服务业集聚对经济增长的促进作用更加显著。

表 4-11 中模型（2）的估计结果显示，对于非省会城市样本，Lqh 的系数为 0.001 但未通过显著性检验，Lql 的系数为 0.016 且通过 10% 的显著性检验，表明非省会城市高端生产性服务业集聚未能有效促进经济增长，低端生产性服务业集聚显著促进了经济增长。这一结果揭示了非省会城市并未获得高端生产性服务业集聚的积极影响。对此，可以这样理解：受资本、人才、技术和创新环境等多重因素制约，非省会城市提供的高端生产性服务业与省会城市的供给相比存在明显差距。这导致了非省会城市在开拓高端生产性服务业市场范围上存在较大困难，供大于求的局面使高端生产性服务业集聚难以促进经济增长。与之相对的是，低端生产性服务业发展对资本、人才、技术和创新环境的要求相对较低，非省会城市有能力提供经济社会发展所需的低端生产性服务，并依托其深化产业关

联,因而非省会城市低端生产性服务业集聚能够推动经济增长。

控制变量中,$y_{i,t-1}$、Ln_Kp、Nas 和 Open 的估计结果在省会与非省会城市一致,而 Ln_Hum、His、Ln_Road 和 Gs 的估计结果在不同等级城市存在明显差异。Ln_Hum 在省会城市不显著,在非省会城市显著为正,这一方面是因为非省会城市人才短缺,因而增强人力资源储备对经济增长的促进作用显著,另一方面也可能是本章使用每万人大、中学生数的指标未能客观反映城市的人力资本水平。His 在省会城市显著为正,在非省会城市显著为负,表明产业结构高级化对省会城市经济增长产生了积极推动作用,但对非省会城市经济增长产生了消极阻碍作用,这进一步印证了非省会城市不能盲目推进第三产业发展和产业结构升级。Ln_Road 在省会城市不显著,在非省会城市显著为正,表明省会城市的公路设施已基本完善,而非省会城市的等级公路建设还有待推进。Gs 在省会城市不显著,在非省会城市显著为负,表明非省会城市的政府规模过大,应加快政府职能转型。

(三)稳健性检验

为保证省会和非省会城市的估计结果稳健,采用生产性服务业就业密度对以生产性服务业区位商为集聚变量的估计结果进行稳健性检验。表 4-12 报告了不同等级城市生产性服务业集聚经济增长效应的稳健性检验结果,模型(1)和模型(2)分别是对省会和非省会城市的检验结果。模型(1)的结果显示,省会城市中,高端生产性服务业就业密度(Ln_Deh)的系数为 0.041 且通过 5% 的显著性检验,低端生产性服务业就业密度(Ln_Del)的系数为 0.063 且通过 1% 的显著性检验,无论从系数大小还是从显著性水平上看,低端生产性服务业集聚促进经济增长的作用都更为显著。由模型(2)的结果可知,非省会城市中,高端生产性服务业就业密度(Ln_Deh)的系数为 0.011 且未通过显著性检验,低端生产性服务业就业密度(Ln_Del)的系数为 0.013 且通过 5% 的显著性检验,反映出低端生产性服务业集聚明显促进了经济增长,而高端生产性服务业集聚未对经济增长产生显著影响。其他控制变量的估计结果与表 4-11 相比仅发生了微小变化。不同等级城市生产性服务业集聚经济增长效应的稳健性检验结果与其估计结果完全一致,表明表 4-11 的估计结果稳健。

表 4-12　　省会和非省会城市的稳健性检验结果

变量	(1)	(2)
L.y	0.575 ***	0.620 ***
	(7.71)	(7.44)
Ln_Deh	0.041 **	0.011
	(2.56)	(1.50)
Ln_Del	0.063 ***	0.013 **
	(7.31)	(2.47)
Ln_Kp	0.158 ***	0.075 ***
	(3.59)	(2.79)
Ln_Hum	-0.067	0.024 **
	(-1.37)	(2.51)
Nas	2.901 ***	0.744 ***
	(4.64)	(6.02)
His	0.021 **	-0.129 ***
	(2.37)	(-8.67)
Ln_Road	0.012	0.012 *
	(0.71)	(1.66)
Open	0.010 *	0.164 *
	(1.71)	(1.68)
Gs	0.149	-0.019
	(0.86)	(-1.47)
_Cons	0.191	2.338 ***
	(0.27)	(6.34)
年度虚拟变量	是	是
Obs	420	3570
AR (1)	0.0046	0.0000
AR (2)	0.4023	0.8663
Sargan	0.9999	0.9015

注：①括号中数值为解释变量或控制变量对应的 z 值；② * 代表 10% 的显著性水平， ** 代表 5% 的显著性水平，*** 代表 1% 的显著性水平；③AR (1)、AR (2) 的原假设分别为差分后的残差项不存在一阶序列相关和二阶序列相关，GMM 估计允许存在一阶序列相关但不允许存在二阶序列相关；④Sargan 检验的原假设为工具变量设定合理。

综上所述，由于省会和非省会城市在城市规模、经济基础、产业结构、人才储备和市场范围上的异质性，不同等级城市生产性服务业集聚的经济增长效应存在差异。省会城市高端和低端生产性服务业集聚均显著促进了经济增长，且低端生产性服务业集聚的积极影响更加显著；非省会城市高端生产性服务业集聚对经济增长不产生明显影响，低端生产性服务业集聚显著促进了经济增长。这就证明了本章所提出的第二个假设,即合理的层级分工是生产性服务业集聚形成规模效应的重要基础,省会城市适合发展不同层级的生产性服务业,非省会城市适宜重点发展低端生产性服务业。结合生产性服务业集聚适度性的分析与假设可以进一步推断,多数非省会城市的高端生产性服务业集聚水平未处于适度范围。

第四节 小 结

本章提出了生产性服务业集聚对经济增长的影响受集聚适度性和层级分工影响的假设,并进行了实证分析。实证分析包括两个递进的层次:第一,基于我国285个地级及以上城市样本分析不同层级生产性服务业集聚的经济增长效应;第二,对比分析省会和非省会城市中不同层级生产性服务业集聚的经济增长效应。实证分析的步骤是,首先对生产性服务业集聚与经济增长的关系进行面板格兰杰因果检验,其次基于动态面板模型估计生产性服务业集聚的经济增长效应,最后对估计结果进行稳健性检验。

实证分析得出了如下结论。第一,高端和低端生产性服务业集聚有助于预测经济增长。对地级及以上城市、省会城市、非省会城市样本进行面板格兰杰因果检验的结果均表明,高端和低端生产性服务业集聚是经济增长的"格兰杰因",这为分析生产性服务业集聚的经济增长效应提供了实证基础。第二,不同层级生产性服务业集聚的经济增长效应存在差异。对我国285个地级及以上城市的分析显示,高端生产性服务业集聚对经济增长没有显著影响,低端生产性服务业集聚对经济增长具有明显促进作用。这揭示出我国高端生产性服务业的投入产出效率总体较低,且部分城市的高端生产性服务业集聚未处于适度范围。第三,层级分工影响生产性服务业集聚的经济增长效应。高端生产性服务业集聚显著促进了省会城市的经济增长,但对非省会城市没有显著影响;低端生产性服务业集聚显著促进了省会和非省会城市的经济增长,且这一作用在省会城市更为突出。这表明合理的层级分工是发挥生产性服务业集聚规模效应的重要基础,省会城市适合全面发展不同层级的生产性服务业,非省会城市适宜重点发展低端生产性服务业。

本章在层级分工视角下探讨了生产性服务业集聚的经济增长效应。由于对不同等级城市生产性服务业集聚的经济增长效应进行了分组估计，而省会和非省会城市在空间上又是非连续的，因此本章探究了生产性服务业集聚对本地经济增长的影响，而忽略了对临近城市的空间溢出效应。后续研究会对生产性服务业集聚的经济增长效应进行更为全面的考察。

第五章 生产性服务业集聚的经济增长效应：空间交互的视角

生产性服务业集聚经济增长效应的形成机理表明，生产性服务业集聚不仅会影响本地经济增长，而且还会通过空间溢出作用于临近区域。生产性服务业集聚对临近区域的影响包括负向极化效应和正向涓滴效应，集聚的空间溢出效应最终取决于两种效应的综合作用结果。本章将空间因素纳入考虑范畴，通过构建和估计空间计量模型，探究生产性服务业集聚对本地和邻近区域经济增长的影响，以对第四章未考虑空间因素的分析形成重要补充。本章的研究思路为：首先，对生产性服务业集聚空间溢出效应的形成机制和约束条件进行理论分析，并提出研究假设；其次，测算莫兰指数，分析我国生产性服务业集聚及经济增长的空间相关性；再其次，构建空间计量模型，估计不同层级生产性服务业集聚对本地经济增长的直接影响和对邻近区域的空间溢出；最后，讨论不同层级生产性服务业集聚空间效应的区域差异。实证分析中所涉及变量的基础数据均来源于2004~2019年的《中国统计年鉴》《中国城市统计年鉴》《中国区域经济统计年鉴》，年鉴中无法获取的个别数据通过移动平均法补齐。

第一节 理论分析与假设

一、基于集聚空间溢出效应形成机制的分析与假设

任何城市生产性服务业的供给和需求均同时来自本地和邻近城市，因而生产性服务业集聚会同时影响本地和临近城市的经济增长。上一章的理论分析已表明，当生产性服务业集聚处于适度范围时，会在本地产生规模效应进而促进经济

增长；而当集聚超过适度范围后，则会因为拥挤效应阻碍经济增长。本章将结合生产性服务业集聚作用于本地经济增长的过程，分析集聚对邻近城市形成空间溢出效应的机制。

(一) 生产性服务业集聚空间效应的形成机制较为复杂

若经济社会符合中心—外围结构，则生产性服务业集聚的空间效应具有明显的阶段化特征。当核心区的集聚处于适度范围时，集聚有利于本地经济增长，此时生产要素由外围区流向核心区，负向极化效应在空间溢出中占据主导地位。当核心区由适度集聚进入过度集聚后，拥挤效应会阻碍经济增长，为尽量减轻消极影响，生产性服务业逐渐向外转移，此时生产要素由核心区向外围区扩散并形成资本和技术溢出，正向涓滴效应在空间溢出中发挥主要作用。然而，经济现实与中心—外围模型的假设不完全相符。一方面，单一中心的假设并不成立，经济社会通常存在多个生产性服务业集聚的中心；另一方面，那些非生产性服务业集聚中心的城市仍然可能集中发展少数几种生产性服务行业。因此，经济现实中，生产性服务业集聚的空间溢出效应不是核心区对外围区的单向作用，而是特定空间范围内城市间的相互影响。这就使得城市间呈现不同的空间联系特征时，生产性服务业集聚既有可能如中心—外围结构下对本地和临近区域产生反向影响，也有可能对两者产生同向影响，还可能对两者不产生显著影响。

(二) 生产性服务业集聚空间溢出效应具有明显的行业异质性

高端生产性服务业的行业特征决定了其发展需要大量的初始投入和强有力的人才支撑，因而高端生产性服务业只有在经济发展水平较高、产业基础良好和人力资源充沛的城市才能发展壮大并成为推动经济增长的重要力量。随着城市高端集聚的推进，相邻城市知识技术交流不断深化，集聚的知识技术溢出效应也逐渐增强。当城市高端集聚发展到一定程度并开始向外扩散时，将为邻近城市带来先进的知识技术和大量的资金，从而促进其科技进步和经济增长。另外，由于高端生产性服务业不需要与服务对象"面对面"频繁接触，因而其空间溢出的范围相对较大。与之相反的是，低端生产性服务业的资本和知识技术含量较低，且需要与服务对象"面对面"频繁接触。在低端生产性服务业集聚初期，相邻城市主要表现为对生产要素的竞争；当集聚产生拥挤效应并向外扩散时，其资本和技术外溢的作用强度和空间范围相对较小，难以形成显著的正向空间溢出。由此可以推断，生产性服务业集聚的知识溢出、技术溢出和资本溢出效应主要依托高端生产性服务业实现。

由此，本章提出的第一个假设是：

假设5-1：生产性服务业集聚不仅对本地经济增长具有直接影响，还会对相邻城市形成空间溢出。与低端生产性服务业集聚相比，高端集聚更容易产生正向溢出效应。

二、基于集聚空间溢出效应约束条件的分析与假设

如前面所述，经济现实中，生产性服务业集聚的溢出效应表现为空间范围内城市间的相互影响。与此同时，城市间的相互关系又反过来影响生产性服务业集聚空间溢出效应的发挥。若相邻城市呈现错位发展或协同发展的互补型关系，则有利于集聚形成正向溢出；若相邻城市围绕要素和市场展开激烈竞争，则集聚可能产生负向溢出。

（一）生产性服务业集聚溢出效应受区域不协调的制约

我国部分区域中存在的发展不协调问题，制约着生产性服务业集聚正向溢出效应的发挥。一方面，产业结构趋同限制了正向溢出效应。产业结构趋同是指在区域经济动态演变过程中，不同区域在选择主导产业、确定产业规模和应用科学技术上呈现共同的趋向，从而形成高度相似或相同的产业结构体系。由于各地进行产业发展规划时缺乏全局意识和统筹观念，我国产业结构趋同现象普遍存在于地理位置毗邻、空间距离较短，或是行政区划上较为接近的区域。相邻城市缺乏有效沟通和分工协作造成了生产性服务业结构趋同。结构趋同将抑制生产性服务业集聚的正向溢出效应：相邻区域生产性服务业发展缺乏差异性和互补性，容易陷入以价格战为主要手段的过度竞争；区域间抄袭现象无法保证创新主体获得应有报酬，抑制了区域和企业的创新水平和技术进步；劳动力成本上升导致企业利润空间变小。另一方面，集聚阴影效应也限制了正向溢出效应。集聚阴影效应由新经济地理学提出，指因中心城市对临近区域生产要素具有强大吸力而形成不利于临近区域发展的阴影区，只有与中心城市的距离超过特定范围的区域才能避开中心城市的虹吸效应。"环京津贫困带"现象表明在集聚阴影效应下，越是接近中心城市，越难以享受集聚的好处。当然，集聚阴影效应并非存在于所有区域。当部分区域处

于集聚阴影之中时，另一部分区域借助与中心城市临近的区位优势获得了充足发展。对于特定区域，究竟是形成集聚阴影效应还是获得集聚涓滴效应，主要取决于城市间是否能够形成错位分工、优势互补、相互支撑的有机体系。

（二）生产性服务业集聚空间效应存在区域差异

我国幅员辽阔，在"东高西低"的经济格局影响下，生产性服务业集聚水平也呈现出相同的分布特征。虽然王琢卓（2013）的研究认为，东部地区交通便利、产业结构完善、劳动力素质较高，因而生产性服务业集聚的正向空间溢出效应明显。但曹聪丽、陈宪（2017）的研究指出，东部地区受产业结构趋同和集聚阴影效应的影响较大，生产性服务业集聚的正向溢出效应不如中西部地区显著。出现该问题的原因是：一方面，东部城市密度大、资源禀赋相似、所处的发展阶段接近，因而城市间围绕生产性服务业要素和市场形成竞争；另一方面，东部地区集中分布着我国经济最发达的城市，这些城市的生产性服务业发展水平高且市场辐射范围广，可以为临近区域乃至全国提供高质量的服务，从而制约了邻近城市生产性服务业的发展空间。此外，近年来东、中、西部地区面临着不同的发展环境。全球经济持续低迷使出口主导型经济面临严峻挑战，在出口需求明显减小的形势下，东部城市的制造业产品和生产性服务均出现相对过剩。与此同时，中部和西部地区由于地处内陆，进出口贸易在经济总量中所占比重较低，因而受国际经济形势的不良影响相对较小。在"中部崛起"和"西部大开发"的战略支持下，中部地区承接产业转移成效显著，西部地区基础设施明显改善，中西部地区生产性服务业集聚发展的环境逐渐优化。

基于以上分析，本章提出第二个假设：

假设5-2：由于东、中、西部地区的协调程度和发展机遇不同，生产性服务业集聚对经济增长的空间效应存在区域差异。

第二节 生产性服务业集聚与经济增长的空间相关性分析

空间相关性，也称空间依赖性，是指不同区域的事物和现象在空间上的相互依赖、相互制约和相互作用。地理学第一定律指出，任何事物之间均存在相互关联，离得越近相关性越强。当邻近区域特征变量的高值或低值呈现出空间集聚倾向时为"正空间自相关",反之,当邻近区域特征变量取值高低相反时为"负空间自相关"。空间关联现象的普遍存在意味着我国生产性服务业集聚及经济增长在邻近区域也存在相互影响。莫兰指数(Moran's I)是当前分析空间相关性的最常用工具,因此本章采用莫兰指数测度我国生产性服务业集聚及经济增长的空间相关性。

一、莫兰指数模型

1950 年,莫兰(Moran)提出了莫兰指数(Moran's I),莫兰指数又分为全局莫兰指数(global Moran's I)和局部莫兰指数(local Moran's I)。全局莫兰指数衡量的是整个空间序列 $\{x_i\}_{i=1}^n$ 的相关性,局部莫兰指数考察的是某一区域附近的空间相关性。

(一)全局莫兰指数

全局莫兰指数(global Moran's I)的计算公式为:

$$I = \frac{\sum_{i=1}^{n}\sum_{j=1}^{n}w_{ij}(x_i-\bar{x})(x_j-\bar{x})}{S^2\sum_{i=1}^{n}\sum_{j=1}^{n}w_{ij}} \tag{5-1}$$

其中,$S^2 = \frac{\sum_{i=1}^{n}(x_i-\bar{x})^2}{n}$ 为样本方差;x_i 为区域 i 的观测值,$\bar{x}$ 为与区域 i 邻近区域观测值的平均数;w_{ij} 为空间权重矩阵的第(i, j)个元素;$\sum_{i=1}^{n}\sum_{j=1}^{n}w_{ij}$ 为整个空间的权重总和。

设定空间权重矩阵 W 是进行空间相关性分析的前提。W 依据"距离"对空间单元的位置进行量化,以反映区域 i 和区域 j 的空间关系。对于具有 n 个空间单元的系统,空间权重矩阵 W 是一个 N×N 阶矩阵:

$$W = \begin{bmatrix} w_{11} & w_{12} & \cdots & w_{1n} \\ w_{21} & w_{22} & \cdots & w_{2n} \\ \vdots & \vdots & \ddots & \vdots \\ w_{n1} & w_{n2} & \cdots & w_{nn} \end{bmatrix} \tag{5-2}$$

空间距离可以用邻接距离、地理距离、经济距离和技术距离等多种形式的距离衡量。本章采用现有文献的一般做法,利用邻接距离计算莫兰指数,即当 i 和 j 邻接时,w_{ij} 为 1,反之,则 w_{ij} 为 0。

莫兰指数的取值介于 -1~1 之间,大于 0 表明存在"正空间相关",即高值与高值邻接、低值与低值邻接;小于 0 表明存在"负空间相关",即高值与低值邻接;接近于 0 表明变量在空间中随机分布,不存在空间自相关。

(二) 局部莫兰指数

修正全局莫兰指数,可得到反映区域 i 附近空间相关性的局部莫兰指数 (local Moran's I):

$$I_i = \frac{(x_i - \bar{x})}{S^2} \sum_{j=1}^{n} w_{ij}(x_j - \bar{x}) \qquad (5-3)$$

局部莫兰指数的取值范围也在 -1~1 之间,正的局部莫兰指数表示高值被高值包围或者低值被低值包围,负的局部莫兰指数表示高值被低值包围或者低值被高值包围,局部莫兰指数等于 0 表示区域 i 附近不存在空间自相关。

(三) 莫兰散点图

利用 local Moran's I 将观测值与其空间滞后项绘制成的可视化的二维散点图,被称为莫兰散点图。莫兰散点图的横轴对应区域 i 的观测值,纵轴对应其空间滞后项。莫兰散点图四个象限分别对应空间单元与其相邻单元的四种空间联系形式:第一象限(HH)代表自身为高值,其相邻单元也是高值的形式;第二象限(LH)代表自身为低值,其相邻单元为高值的形式;第三象限(LL)代表自身为低值,其相邻单元也为低值的形式;第四象限(HL)代表自身为高值,其相邻单元为低值的形式。莫兰散点图虽然能够直观展示观测值与其空间滞后项的相互关系,但不能显示局部空间自相关的显著性水平,由此也无法反映出哪些空间单元具有显著的空间相关性。空间单元是否具有显著的空间相关性可以由局部莫兰指数或莫兰显著性水平图(LISA 图)获知。

二、莫兰指数测算结果分析

充分探讨生产性服务业集聚及经济增长的空间相关性,是选择适当实证分析方法的前提。若生产性服务业集聚或经济增长存在显著的空间相关性,构建和估计空间计量模型可以得到更全面的结论。

(一) 空间权重矩阵设定与数据说明

沿袭已有文献的传统做法，本章利用邻接距离计算莫兰指数。选择"后"相邻定义空间单元的邻接关系，若城市 i 和城市 j 有共同的顶点或共同的边，则称两城市是"后"相邻，记 $w_{ij}=1$，否则，记 $w_{ij}=0$。对与其他城市没有共同顶点或边的"孤岛"，将距其最近的城市记作邻居。

本章使用的邻接权重文件来源于中国地级市的 shp 地图。生产性服务业集聚和经济增长分别采用生产性服务业区位商和实际人均 GDP 表示。

(二) 全局相关性分析

我国地级及以上城市生产性服务业集聚及经济增长的全局莫兰指数（global Moran's I）见表 5-1。由表 5-1 可知，研究期内，人均 GDP 的 global Moran's I 介于 0.38~0.49 之间且通过 1% 的显著性检验，反映了以人均 GDP 表示的经济增长呈现出显著的"正空间相关性"，即经济增长较快区域的临近区域增长也较快，而经济增长较慢区域的临近区域增长也较慢。与经济增长相比，生产性服务业集聚的空间相关性明显较弱。不同层级生产性服务业区位商的 global Moran's I 显示，高端生产性服务业在 2007 年以前呈现随机分布，2007 年以后空间相关性逐年增强，2018 年高端生产性服务业区位商（Lqh）的 global Moran's I 达到 0.194 且通过 1% 的显著性检验；低端生产性服务业则呈现相反的发展特征，研究期内低端集聚的空间相关性趋于减弱，2012 年以后，生产性服务业区位商（Lql）的 global Moran's I 不再显著。

表 5-1　　生产性服务业集聚及经济增长的全局莫兰指数

年份	Lqh	Lql	Gdppc
2004	0.019	0.075*	0.485***
2005	0.015	0.057*	0.390***
2006	0.035	0.076**	0.417***
2007	0.052*	0.094**	0.425***
2008	0.089**	0.058*	0.426***
2009	0.075**	0.016	0.427***
2010	0.114***	0.043*	0.406***
2011	0.138***	0.060*	0.398***
2012	0.135***	0.037	0.393***

续表

年份	Lqh	Lql	Gdppc
2013	0.135***	0.015	0.391***
2014	0.187***	0.003	0.388***
2015	0.185***	0.005	0.377***
2016	0.190***	0.006	0.385***
2017	0.192***	0.005	0.390***
2018	0.194***	0.045	0.401***

注：*、**、***分别表示通过10%、5%和1%的显著性检验。

上述结果可概括为两个特征：一是生产性服务业集聚及经济增长均表现出一定的空间相关性，经济增长的"正空间相关性"尤其明显；二是研究期内高端生产性服务业集聚的空间相关性显著增强，而低端生产性服务业集聚的空间相关性明显减弱。

（三）局部相关性分析

1. 基于莫兰散点图的分析。

全局莫兰指数揭示了我国生产性服务业集聚及经济增长的全局相关特征，但未能反映特定城市与其相邻城市的空间联系。为此，需要借助局部莫兰指数和莫兰散点图分析各城市的空间相关性。由于样本数较大，本章不再具体列出各城市的局部莫兰指数，而通过莫兰散点图观察研究初期和末期生产性服务业集聚及经济增长的空间相关性及其发展变化。在莫兰散点图的四个象限中，第一象限（HH）和第三象限（LL）反映空间相关性；第二象限（LH）和第四象限（HL）反映空间异质性。

我国地级及以上城市生产性服务业集聚的莫兰散点分布如图5-1所示。通过比较研究初期和末期的莫兰散点图可知，高端生产性服务业集聚的空间相关性显著增强，低端生产性服务业集聚的空间相关性有所减弱。由高端生产性服务业集聚莫兰散点图［见图5-1（a）和（b）］的变化可知，第一（HH）象限和第三（LL）象限的城市数量有所增加，其中第三（LL）象限中城市数量显著增加，第一（HH）象限中高值点增多。城市向第一（HH）象限和第三（LL）象限迁移表明高端生产性服务业集聚高值与高值相邻、低值与低值相邻的趋势明显增强，第一（HH）象限高值点增多表明具有高端生产性服务业突出优势的城市相互邻接的现象显著。由低端生产性服务业集聚莫兰散点图［见图5-1（c）和（d）］

的变化可知，位于第一（HH）象限的城市有所减少，位于第二（LH）象限的城市有所增加，反映出低端生产性服务业集聚的"正空间相关性"明显减弱，空间相关性与空间异质性共存。

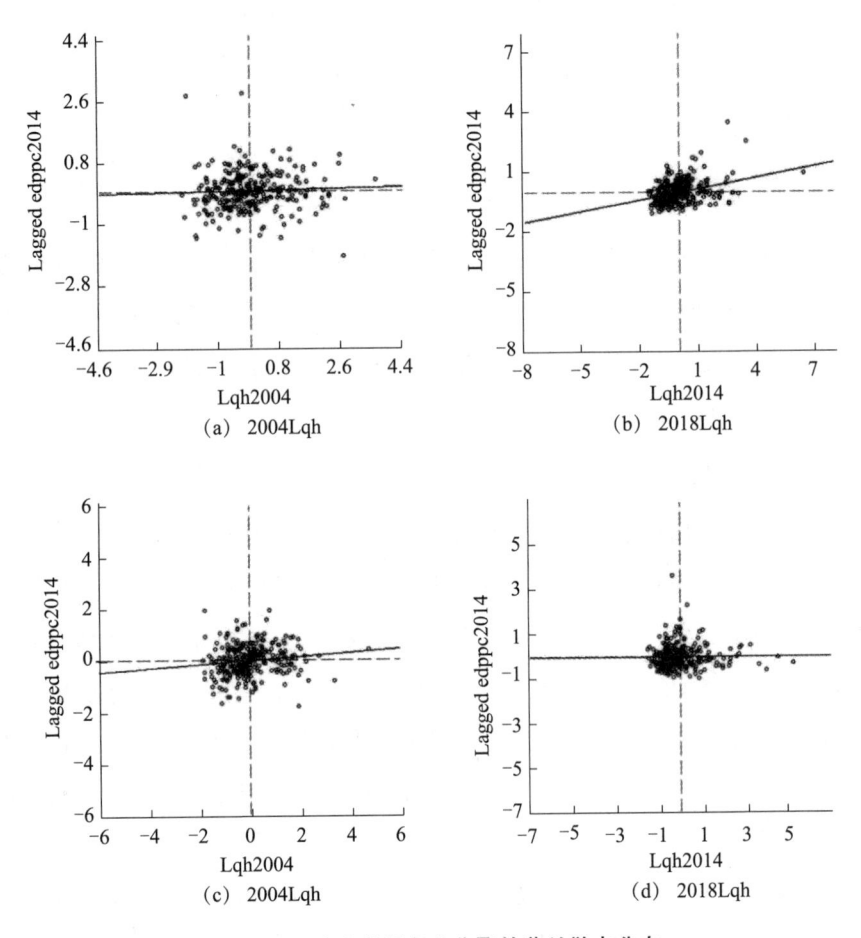

图 5-1　生产性服务业集聚的莫兰散点分布

我国地级城市经济增长的莫兰散点分布如图 5-2 所示。在 2004 年和 2018 年，大部分城市位于第三（LL）象限，形成了经济增长的低值集聚区；部分城市位于第一（HH）象限，形成了经济增长的高值集聚区；位于第二（LH）象限和第四（HL）象限的城市数量相对较少，表明经济增长呈现出显著的"正空间自相关"。与 2004 年相比，2018 年位于第一象限的城市数量有所增加，且第一象限中城市的分布更加均匀，表明高值与高值邻接的现象普遍存在于连续的人均 GDP 水平上。

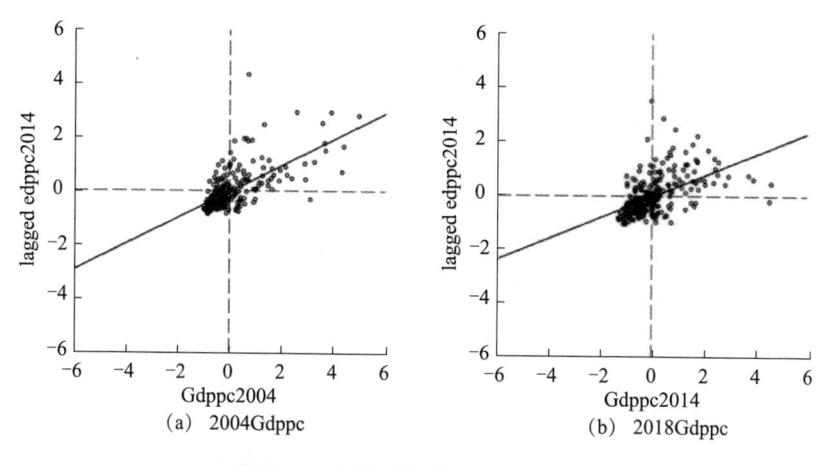

图 5-2 经济增长的莫兰散点分布

2. 基于局部莫兰指数显著性水平的分析。

莫兰散点图虽然直观展示了我国生产性服务业集聚及经济增长在四个象限的分布及发展特征，却未能反映各城市的显著性水平。换言之，我们无法依据莫兰散点图判断哪些城市存在显著的空间自相关。为此，本章进一步关注了 2018 年我国生产性服务业集聚及经济增长局部莫兰指数通过 5% 显著性水平检验的城市。

表 5-2 列出了 2018 年我国经济增长局部莫兰指数显著的城市及其所处象限。24 个城市位于第一（HH）象限，形成了显著的经济增长高值集聚区，其中大部分城市分布在东部地区；42 个城市位于第三（LL）象限，形成了显著的低值集聚区，其中大多数城市位于中西部地区；4 个城市位于第二（LH）象限，形成了低值被高值包围的区域；9 个城市位于第四（HL）象限，形成了高值被低值包围的区域。可见，位于第一（HH）象限和第三（LL）象限的城市数量明显较多，进一步印证了我国经济增长具有明显的"正空间自相关"。

表 5-2　2018 年经济增长局部莫兰指数显著的城市及其所处象限

象限	城市
H-H（24）	泉州、东莞、惠州、江门、中山、常州、南通、苏州、台州、无锡、镇江、鞍山、营口、包头、呼和浩特、乌海、滨州、潍坊、淄博、上海、乌鲁木齐、湖州、嘉兴、绍兴
L-H（4）	宣城、白城、巴彦淖尔、石嘴山

续表

象限	城市
L-L (42)	蚌埠、亳州、阜阳、淮北、淮南、六安、重庆、白银、定西、陇南、平凉、天水、百色、贵港、桂林、南宁、梧州、贵阳、六盘水、南阳、商丘、信阳、周口、驻马店、郴州、邵阳、永州、固原、中卫、宝鸡、汉中、巴中、达州、广安、广元、泸州、绵阳、南充、宜宾、保山、临沧、曲靖
H-L (9)	合肥、兰州、北海、柳州、石家庄、三门峡、南昌、西安、攀枝花

表 5-3 列出了我国 2018 年高端和低端生产性服务业集聚局部莫兰指数显著的城市及其所处象限。13 个城市位于高端生产性服务业集聚的第一（HH）象限，4 个城市位于低端生产性服务业集聚的第一（HH）象限。与此同时，位于高端和低端生产性服务业集聚第三（LL）象限的城市分别有 20 个和 13 个。由此可见，位于高端生产性服务业集聚第一（HH）象限和第三（LL）象限的城市明显较多，而处于第二（LH）象限和第四（HL）象限的城市明显较少，反映出研究末期高端生产性服务业集聚的空间相关性显著强于低端集聚。进一步观察生产性服务业高值集聚区和低值集聚区的地理区位可知，不同层级生产性服务业的高值集聚区主要集中在东部地区，低值集聚区主要分布于中西部地区。虽然中部地区的少数城市，如马鞍山、宣城、阳泉形成了生产性服务业高值集聚区，而东部地区的少数城市形成了低值集聚区，但这并不改变生产性服务业集聚"东部高、中西部低"的基本格局。

表 5-3   2018 年生产性服务业集聚局部莫兰指数显著的城市及其所处象限

象限	Lqh 局部 Moran's I 显著的城市	Lql 局部 Moran's I 显著的城市
H-H	北京、海口、三亚、保定、承德、廊坊、张家口、鞍山、德阳、天津、衢州、马鞍山、宣城	三亚、承德、阳泉、天津
L-H	松原	东莞、保定、廊坊、襄樊、安康、商洛、滨州、克拉玛依、嘉兴
L-L	河源、安阳、开封、漯河、新乡、许昌、周口、驻马店、随州、连云港、泰州、盐城、榆林、东营、菏泽、济宁、临沂、晋城、临汾、昭通	酒泉、平凉、庆阳、贺州、郴州、固原、中卫、南充、衡阳、吉安、白山、河源、揭阳
H-L	宿州、武汉、南昌	龙岩、厦门、兰州、广州、桂林、长沙、泰州、四平、自贡、杭州

由于我国地级及以上城市生产性服务业集聚及经济增长均存在空间相关性，

因此在探讨连续地理单元的生产性服务业集聚经济增长效应时，应构建和估计空间计量模型。

第三节　生产性服务业集聚对经济增长的空间效应

一、空间模型选择与空间效应识别

（一）空间计量模型的选择

观测值在区域间的相互依赖源于空间交互效应。空间交互效应包括内生交互效应、外生交互效应和误差项交互效应三种类型。内生交互效应指某一区域的被解释变量依赖于其他区域的被解释变量，外生交互效应指该区域的被解释变量受其他区域解释变量的影响，误差项空间交互效应则表示模型中被遗漏的变量存在空间相关性。合理的空间计量模型应能充分反映观测值间的空间交互效应。包含三种空间交互效应的完整模型为：

$$Y = \delta WY + \alpha l_N + X\beta + WX\theta + u,$$
$$u = \lambda Wu + \varepsilon \quad (5-4)$$

式（5-4）是一个包含了内生交互效应、外生交互效应和误差项交互效应的一般嵌套空间（GNS）模型，WY 是被解释变量间存在的内生交互效应，WX 是被解释变量与邻近区域解释变量间存在的外生交互效应，Wu 是不同区域间存在的干扰效应。δ 被称作空间自回归系数，λ 被称作空间自相关系数，β 和 θ 是 $K \times 1$ 阶待估参数向量，W 是 $N \times N$ 阶空间权重矩阵，αl_N 为 $K \times 1$ 阶空间单位向量。与标准面板相比，空间面板充分考虑了空间交互效应，增加了更多有效信息，有助于缓解多重共线性问题。

式（5-4）似乎表明检验空间交互效应的最优策略是从最一般的 GNS 模型开始。然而，需要注意的是，GNS 模型的参数只能被弱识别，这通常会导致模型过度参数化，并使参数变得不显著。因此，实证研究通常并不直接估计式（5-4）的模型，而是根据研究需要或通过 Wald 检验选择下述模型。

（1）当 $\theta = 0$ 且 $\lambda = 0$ 时，GNS 模型可精简为空间滞后（SAR）模型：

$$Y = \delta WY + \alpha l_N + X\beta + u \quad (5-5)$$

(2) 当 $\delta = 0$ 且 $\theta = 0$ 时，GNS 模型可精简为空间误差（SEM）模型：

$$Y = \alpha l_N + X\beta + u,$$
$$u = \lambda W u + \varepsilon \qquad (5-6)$$

(3) 当 $\lambda = 0$ 时，GNS 模型可精简为空间杜宾（SDM）模型：

$$Y = \delta W Y + \alpha l_N + X\beta + W X\theta + u \qquad (5-7)$$

由于空间杜宾（SDM）模型是一个嵌套模型，它能同时反映本地区被解释变量受临近区域被解释变量和解释变量的影响，一般研究认为，空间杜宾（SDM）模型优于空间滞后（SAR）模型和空间误差（SEM）模型。因此，实证分析通常从空间杜宾（SDM）模型开始，通过 Wald 检验和 LR 检验判断其是否应该退化为空间滞后（SAR）模型或空间误差（SEM）模型。

（二）直接影响与空间溢出效应的识别

在空间计量模型中，如果一个空间单元解释变量的改变既会影响本地区被解释变量，又会潜在地影响其他地区的被解释变量，那么，前者被称为直接效应，后者被称为间接效应或溢出效应。

早期的实证研究常使用空间回归模型的点估计判断空间溢出效应，然而，勒沙杰和佩斯（LeSage and Pace，2009）指出，这种点估计可能导致错误的结论。换言之，对于一个包含 WX 的模型，WX 的系数并非空间溢出效应的系数。更具体地说，对于式（5-7），如果 δ、β 和 θ 均是显著的，并不能说明解释变量的溢出效应也是显著的；反之，如果上述系数中的一个或两个不显著，解释变量的溢出效应也可能是显著的。事实上，应使用解释变量的间接效应来判断空间溢出效应是否存在。解释变量直接效应和间接效应的系数需要通过计算得到。

将式（5-7）改写为：

$$Y = (I - \delta W)^{-1}(X\beta + W X\theta) + R \qquad (5-8)$$

其中，R 是包含了截距项（αl_N）和误差项（u）的剩余项。被解释变量向量关于第 k 个解释变量的偏导数矩阵为：

$$\left[\frac{\partial E(Y)}{\partial x_{1k}} \cdot \frac{\partial E(Y)}{\partial x_{Nk}} \right] = \begin{bmatrix} \frac{\partial E(y_1)}{\partial x_{1k}} & \cdot & \frac{\partial E(y_1)}{\partial x_{Nk}} \\ \cdot & \cdot & \cdot \\ \frac{\partial E(y_N)}{\partial x_{1k}} & \cdot & \frac{\partial E(y_N)}{\partial x_{Nk}} \end{bmatrix}$$

$$= (1 - \delta W)^{-1} \begin{bmatrix} \beta_k & w_{12}\theta_k & \cdots & w_{1N}\theta_k \\ w_{21}\theta_k & \beta_k & \cdots & w_{2N}\theta_k \\ \vdots & \vdots & \ddots & \vdots \\ w_{N1}\theta_k & w_{N2}\theta_k & \cdots & \beta_k \end{bmatrix} \quad (5-9)$$

其中，w_{ij} 是矩阵 W 的第 (i, j) 个元素。对于第 k 个解释变量，E (Y) 偏导数矩阵的每一个主对角线元素代表直接效应，同时，每一个非对角线元素代表间接效应。

对于样本中的每一个空间单元而言，直接效应和间接效应都是不同的，也就是说，如果样本中有 N 个空间单元和 K 个解释变量，就会得到 K 个 N×N 维的直接效应和间接效应的矩阵。为了提高模型估计结果的区分度，勒沙杰和佩斯建议报告直接效应和间接效应的平均值，即将式 (5-9) 矩阵中对角线元素的平均值视作解释变量的直接效应，而将非对角线元素的平均值视作间接效应，矩阵的行平均值构成了总效应，总效应等于直接效应与间接效应之和。

二、模型设计

(一) 模型设定

在生产性服务业集聚及经济增长存在空间相关性的条件下，应构建空间计量模型估计生产性服务业集聚的经济增长效应。鉴于空间杜宾模型 (SDM) 具有的优势，研究选择从 SDM 模型开始进行实证分析。结合 SDM 模型基本形式，在第四章实证模型 (4-9) 的基础上增加被解释变量和解释变量的空间滞后项，得到本章的空间面板模型：

$$y_{it} = \delta W\ y_{it} + \alpha l_N + \beta_1 Lqh_{it} + \beta_2 Lql_{it} + \beta_3 Kp_{it} + \beta_4 Hum_{it} + \beta_5 Nas_{it} + \beta_6 His_{it} \\ + \beta_7 Road_{it} + \beta_8 Open_{it} + \beta_9 Gs_{it} + \theta_1 W Lqh_{it} + \theta_2 W Lql_{it} + \theta_3 W Kp_{it} + \theta_4 W Hum_{it} \\ + \theta_5 W Nas_{it} + \theta_6 W His_{it} + \theta_7 W Road_{it} + \theta_8 W Open_{it} + \theta_9 W Gs_{it} + \varepsilon_{it}$$

$$(5-10)$$

其中，y 为经济增长；Lqh 和 Lql 分别为高端和低端生产性服务业集聚，Kp 为人均资本存量，Hum 为人力资本水平，Nas 为非农产业比重，His 为产业结构高级化，Road 为基础设施，Open 为对外开放，Gs 为政府规模；δ 为空间自回归系数，β 为解释变量的待估参数向量，θ 为解释变量空间滞后项的待估参数向量，

W 为空间权重矩阵，ε_{it} 为干扰项。

为保证实证分析的稳健性，本章分别利用空间邻接权重和空间距离权重进行 SDM 模型估计。如前所述，空间邻接权重是二进制的 0－1 矩阵，即：

$$w_{ij} = \begin{cases} 1, i \text{ 和 } j \text{ 相邻} \\ 0, i \text{ 和 } j \text{ 不相邻} \end{cases} \quad (5-11)$$

空间距离权重是根据空间单元的经度和纬度计算出城市间的两两距离，城市间距离越小，空间权重越大，反之则相反，所以也被称为逆距离权重。按照研究惯例，将距离衰减系数设定为 2，得到：

$$w_{ij} = \begin{cases} 1/d_{ij}^2, i \neq j \\ 0, i = j \end{cases} \quad (5-12)$$

（二）变量诠释

本章涉及的变量及其度量方法见表 5－4。在估计模型时，为防止大数据带来的波动，人均 GDP 水平（y）、人均资本存量（Kp）、人力资本（Hum）和基础设施（Road）均以对数形式进入方程。

表 5－4　　　　　　　　空间计量模型的变量描述

变量符号	变量定义	度量方法
y	人均 GDP	以 2000 年为基期的实际人均 GDP
Lqh	高端生产性服务业区位商	城市高端生产性服务业就业比例/全国高端生产性服务业就业比例
Lql	低端生产性服务业区位商	城市低端生产性服务业就业比例/全国低端生产性服务业就业比例
Kp	人均资本存量	城市资本存量/总人口
Hum	人力资本	高等和中等学校学生数（人）/总人口（万人）
Nas	非农产业增加值比重	第二产业与第三产业增加值之和/GDP
His	产业结构高级化	第三产业增加值/第二产业增加值
Road	基础设施	等级公路里程数/城市面积
Open	对外开放	进出口总额/GDP
Gs	政府规模	政府财政支出/GDP

（三）空间权重确定

空间邻接权重文件由经管之家网站下载的全国地级市 shp 地图得到，各城市的经度和纬度从国家基础地理信息中心网站获取。

三、实证结果及分析

基于285个地级及以上城市2004~2018年的面板数据，采用空间SDM模型[式（5-10）]估计不同层级生产性服务业集聚对经济增长的直接影响和空间溢出。实证分析遵循以下原则：第一，通过豪斯曼（Hausman）检验对选择固定效应或是随机效应模型做出判断。固定效应包括空间固定效应和时间固定效应，一般数据同时包含两者，因此若Hausman检验选择固定效应，研究采用空间和时间双向固定效应模型。第二，通过Wald检验判断SDM模型是否应该退化为SAR模型或SEM模型。第三，估计方法采用能对空间计量模型得到一致估计量的最大似然估计法（ML）。

表5-5为我国地级及以上城市生产性服务业集聚经济增长效应SDM模型的估计与检验结果。为保证估计结果稳健，研究分别采用逆距离权重矩阵和邻接权重矩阵进行SDM模型估计。无论是在逆距离权重还是邻接权重的条件下，Hausman检验都在1%的显著性水平上拒绝了原假设，表明应采用固定效应模型。为节省篇幅，在此仅报告空间和时间双向固定效应的估计结果。Wald（lag）检验和Wald（error）检验均显著拒绝SDM模型可退化为SAR模型和SEM模型的假设，表明选择SDM模型更为合理；R^2和Log-Likelihood表明模型拟合结果比较理想。

表5-5 生产性服务业集聚空间效应SDM模型的估计结果

变量	逆距离权重下双向固定效应模型		邻接权重下双向固定效应模型	
	系数	Z值	系数	Z值
Lqh	-0.012	-0.88	-0.007	-0.54
Lql	0.035***	2.97	0.034***	2.84
Ln_Kp	0.197***	7.04	0.190***	6.39
Ln_Hum	-0.068	-1.10	-0.057	-1.06
Nas	1.536***	6.97	1.629***	8.46
His	-0.114***	-10.09	-0.106***	-9.03
Ln_Road	0.017**	2.02	0.014*	1.76
Open	0.093***	5.84	0.118***	7.36

续表

变量	逆距离权重下双向固定效应模型		邻接权重下双向固定效应模型	
	系数	Z值	系数	Z值
Gs	-0.111***	-3.50	-0.115***	-3.65
WLqh	0.163***	3.26	0.069***	2.79
WLql	-0.144***	-3.18	-0.052**	-2.40
WLn_Kp	-0.062*	-1.81	-0.013	-0.73
WLn_Hum	0.002	0.84	-0.032	-1.48
WNas	-0.918**	-3.56	-0.896***	-6.71
WHis	0.004	0.11	-0.006	-0.37
WLn_Road	0.006	0.29	0.012	1.04
WOpen	0.022	0.55	-0.014	-0.54
WGs	0.251**	2.02	0.201***	3.40
R^2	0.920		0.914	
Log-Likelihood	3460.89		3466.73	
Wald (lag)	54.52***		80.57***	
Wald (error)	56.45***		64.53***	
Hausman	73.81***		838.40***	
Nobs	4275		4275	

注：*、**、***分别表示通过10%、5%、1%的显著性检验。

由于存在反馈效应，解释变量的估计系数并不代表其对本地经济增长的直接效应，同样，其空间滞后项的系数也不能表示其间接效应。解释变量的直接效应和间接（溢出）效应依据式（5-9）计算得出，结果见表5-6。在逆距离权重条件下，高端生产性服务业集聚（Lqh）的直接效应不显著，间接效应显著为正，表明高端集聚虽然未有效促进本地经济增长，却对邻近城市经济增长产生了显著的正向溢出效应；低端生产性服务业集聚（Lql）的直接效应显著为正，间接效应显著为负，反映出低端集聚显著促进了本地经济增长，但对邻近城市产生了负向溢出效应。与逆距离权重下的估计结果相比，邻接权重下不同层级生产性服务业集聚的直接效应和间接效应估计系数发生了一定变化，但其作用方向和显著性水平基本一致，表明模型是稳健的。

表 5-6　　SDM 模型中解释变量的直接效应和间接效应

变量	逆距离权重下双向固定效应模型			邻接权重下双向固定效应模型		
	直接效应	间接效应	总效应	直接效应	间接效应	总效应
Lqh	-0.004 (-0.29)	0.350*** (3.14)	0.346*** (3.04)	-0.001 (-0.05)	0.297*** (2.75)	0.096** (2.42)
Lql	0.030** (2.50)	-0.278*** (-2.82)	-0.249*** (-2.46)	0.030** (2.55)	-0.159** (-1.98)	-0.029 (-0.85)
Ln_Kp	0.201*** (8.10)	0.108* (1.65)	0.310*** (3.97)	0.197*** (7.59)	0.076*** (2.92)	0.273*** (9.21)
Ln_Hum	0.068* (1.70)	0.081 (0.98)	0.149 (1.47)	0.063* (1.65)	0.077 (0.87)	0.139 (1.19)
Nas	1.531*** (8.40)	-0.118** (-2.22)	1.413*** (2.71)	1.590*** (9.51)	-0.472*** (-2.76)	1.124*** (6.15)
His	-0.117*** (-10.77)	-0.132* (-1.71)	-0.249*** (-3.25)	-0.110*** (-9.76)	-0.063*** (-2.99)	-0.172*** (-7.84)
Ln_Road	0.018* (1.81)	0.036* (1.77)	0.054* (1.88)	0.014** (1.69)	0.011* (1.75)	0.025* (1.71)
Open	0.097*** (6.29)	0.166* (1.82)	0.263*** (2.79)	0.121*** (7.99)	0.040 (1.08)	0.161*** (3.99)
Gs	-0.099*** (-3.19)	0.402* (1.73)	0.302 (1.05)	-0.098*** (-3.15)	0.227*** (2.66)	0.129 (1.36)

注：*、**、***分别表示通过 10%、5%、1% 的显著性检验；括号中数值为解释变量对应的 Z 值。

不同层级生产性服务业集聚对经济增长空间效应的估计结果符合本章的理论预期。高端生产性服务业具有资本和知识技术密集度高、市场辐射范围大的特征。从对本地的影响来看，高端生产性服务业资本和知识技术密集的特征决定了其集聚发展需要大量初始投入且获取收益的周期较长，因而在大多数城市中，高端生产性服务业集聚并不能对本地经济增长产生立竿见影的影响。从对邻近城市的影响来看，高端生产性服务业市场辐射范围大的特点决定了其集聚发展能有效促进城市间开展知识技术交流和产业跨区域合作，因而对邻近城市产生了正向溢出效应。与高端生产性服务业相反，低端生产性服务业的资本和知识技术密集度较低、市场辐射范围较小。从对本地的影响来看，低端生产性服务业对资本和高层次人力资源的投入较少，且提供的多为当地经济社会发展所需的标准化服务，因而其集聚能较快体现对本地经济增长的积极影响。从对邻近城市的影响来看，由于低端生产性服务业发展的资金和技术门槛较低，相邻城市围绕生产要素展开竞争；又由于其知识技术含量较低、服务同质化现象突出，城市间围绕市场展开竞争。城市间普遍存在的竞争关系使低端生产性服务业集聚对邻近城市产生负向溢出效应。

对于其他控制变量，物质资本（Ln_Kp）的直接和间接效应均显著为正，说明物质资本投入不仅推动了本地经济增长，还促进了邻近城市的增长；人力资本（Ln_Hum）的直接效应显著为正但间接效应不显著，说明人力资本是经济增长的重要因素，但尚未形成显著的溢出效应；非农产业比重（Nas）的直接效应显著为正而间接效应显著为负，表明非农产业发展是经济增长的重要动力，但相邻城市的非农产业主要表现为竞争关系；产业结构高度化（His）的直接和间接效应均显著为负，说明不切实际地追求产业结构高级化会对本地和邻近城市经济增长产生负面影响；基础设施（Ln_Road）的直接和间接效应均显著为正，反映出道路建设能够推动本地和邻近城市的经济增长；对外开放（Open）的直接和间接效应均显著为正，表明对外开放不仅促进了本地经济增长，还对邻近城市产生了正向溢出效应；政府规模（Gs）的直接效应显著为负、间接效应显著为正，表明政府干预降低了本地资源配置的效率，但在区域联系日益密切的形势下，由于改善了基础设施水平而对邻近城市产生了积极影响。

对比本章考虑空间因素的空间杜宾模型估计结果（见表5-6）与第四章未考虑空间因素的动态面板模型估计结果（见表4-4）可知，动态面板模型估计结果显示，高端生产性服务业集聚（Lqh）的系数不显著，低端生产性服务业集聚（Lql）的系数显著为正；空间杜宾模型的估计结果显示，高端生产性服务业集聚（Lqh）的直接效应不显著，低端生产性服务业集聚（Lql）的直接效应显著为正。可见，尽管动态面板模型和空间杜宾模型所估计的生产性服务业集聚系数存在一定差异，但其作用方向和显著性水平基本一致。这一结果说明，虽然考虑了空间因素后对生产性服务业集聚经济增长效应的估计更加全面，但第四章未考虑空间因素时估计的生产性服务业集聚经济增长效应的结果也是可靠的。

第四节　生产性服务业集聚空间效应的区域分异

第二章对生产性服务业集聚水平的测度分析显示，不同层级生产性服务业集聚均呈现"东部高、中西部低"的特征，本章的理论分析又表明，不同区域的空间联系特征和发展机遇存在较大差距。这意味着生产性服务业集聚对经济增长的空间效应可能存在区域分异。为此，本章基于式（5-10），对东部、中部和西部地区城市样本生产性服务业集聚的经济增长效应进行分组估计。

表5-7报告了东、中、西部地区城市样本中变量的描述性统计。从变量的均值来看，东部地区的经济增长和生产性服务业集聚水平显著高于中西部地区，人均资本存量、人力资本、非农产业比重、产业结构高级化、基础设施、对外开放也呈现出"东部高、中西部低"的特征，但东部地区的政府规模小于中西部地区。

表5-7　　　　　三大地区城市样本变量的描述性统计

样本	变量	样本数	均值	标准差	最小值	最大值
东部地区	Gdppc	1515	10.151	0.620	8.220	11.643
	Lqh	1515	0.881	0.329	0.270	2.896
	Lql	1515	0.800	0.355	0.263	2.646
	Ln_Kp	1515	11.063	0.851	8.777	13.034
	Ln_Hum	1515	6.681	0.318	5.576	7.850
	Nas	1515	0.892	0.070	0.599	1.000
	His	1515	0.817	0.406	0.165	3.758
	Ln_Road	1515	-0.152	0.497	-1.991	0.813
	Open	1515	0.443	0.573	0.008	4.624
	Gs	1515	0.115	0.061	0.043	1.485
中部地区	Ln_Gdppc	1500	9.599	0.587	7.743	11.746
	Lqh	1500	0.796	0.245	0.255	1.745
	Lql	1500	0.762	0.263	0.223	1.818
	Ln_Kp	1500	10.445	0.797	8.385	12.496
	Ln_Hum	1500	6.602	0.295	4.595	7.790

续表

样本	变量	样本数	均值	标准差	最小值	最大值
中部地区	Nas	1500	0.837	0.093	0.501	0.986
	His	1500	0.782	0.387	0.129	2.940
	Ln_Road	1500	-0.478	0.740	-3.995	0.676
	Open	1500	0.095	0.154	0.003	1.423
	Gs	1500	0.148	0.056	0.041	0.402
西部地区	Ln_Gdppc	1260	9.454	0.745	7.585	11.756
	Lqh	1260	0.857	0.279	0.277	2.219
	Lql	1260	0.717	0.300	0.178	1.893
	Ln_Kp	1260	10.462	0.920	8.273	13.312
	Ln_Hum	1260	6.602	0.306	5.727	7.672
	Nas	1260	0.828	0.095	0.553	0.996
	His	1260	0.803	0.388	0.094	2.723
	Ln_Road	1260	-1.050	0.753	-3.812	0.542
	Open	1260	0.089	0.158	0.000	1.458
	Gs	1260	0.205	0.132	0.015	1.575

一、不同区域生产性服务业集聚的空间效应

将全国地级及以上城市样本分为东部、中部和西部三大地区后，位于东部与中部、中部与西部边界上城市的"邻居"数量明显减少，因此研究舍弃邻接距离权重，在逆距离权重下估计三大地区生产性服务业集聚经济增长效应的 SDM 模型。为节省篇幅，表 5-8 报告了 SDM 模型的检验结果和解释变量的直接效应、间接效应、总效应。Hausman 检验显示，东、中、西部地区城市样本均应选择固定效应模型，Wald（lag）和 Wald（error）检验表明选用 SDM 模型更为合理，R^2 和 Log-Likelihood 反映出模型的拟合效果较为理想。

表 5-8　　　　三大地区生产性服务业集聚空间效应的估计结果

变量	东部地区	中部地区	西部地区
直接效应			
Lqh	0.012 (0.57)	-0.022 (-1.01)	-0.005 (-0.18)
Lql	-0.011 (-0.53)	0.071*** (4.67)	0.003 (0.11)

续表

变量	东部地区	中部地区	西部地区
Ln_Kp	0.202*** (10.19)	0.191*** (8.85)	0.198*** (9.64)
Ln_Hum	-0.125 (-1.41)	-0.021 (-1.37)	0.122* (1.76)
Nas	2.740*** (9.23)	1.135*** (9.54)	0.765*** (4.36)
His	-0.125*** (-7.33)	-0.181*** (9.56)	-0.083*** (-3.83)
Ln_Road	-0.061 (-1.53)	-0.013 (-1.01)	0.018* (1.89)
Open	0.113*** (6.78)	-0.005 (0.12)	-0.018 (-0.35)
Gs	0.005 (0.09)	-1.166*** (-9.35)	-0.043 (-1.05)
间接效应			
Lqh	0.002 (0.02)	0.380*** (3.44)	0.083 (0.63)
Lql	-0.045* (-1.75)	0.140* (1.70)	-0.116* (-1.69)
Ln_Kp	0.085 (1.24)	-0.498*** (-5.62)	0.499*** (5.39)
Ln_Hum	0.054 (0.69)	0.176** (2.28)	0.200** (2.06)
Nas	1.062* (1.66)	0.706 (1.37)	0.107 (0.19)
His	0.102 (1.31)	0.059 (0.77)	0.346 (1.47)
Ln_Road	-0.022 (-0.38)	-0.106 (-1.33)	0.127*** (2.59)
Open	0.151** (2.44)	0.099 (0.37)	-0.544** (-2.29)
Gs	0.405 (1.33)	1.695 (1.03)	-0.257 (-1.12)
总效应			
Lqh	0.015 (0.15)	0.358*** (3.13)	0.078 (0.56)
Lql	-0.117 (-1.28)	0.211** (2.42)	-0.113 (-1.14)
Ln_Kp	0.288*** (3.76)	-0.307*** (-3.38)	0.697*** (7.51)
Ln_Hum	-0.071 (-0.84)	0.154* (1.94)	0.322*** (3.18)
Nas	3.803*** (5.10)	1.840*** (3.61)	0.872* (1.69)
His	-0.023 (-0.29)	-0.122 (-1.56)	-0.263*** (-2.68)
Ln_Road	-0.083 (-1.37)	0.119 (0.70)	0.140*** (2.93)
Open	0.264*** (3.98)	0.094 (0.33)	-0.562** (-2.20)
Gs	0.411 (1.24)	0.529 (0.93)	-0.300 (-1.27)
R^2	0.9034	0.7946	0.9516
Log-Likelihood	1313.84	1397.06	991.52
Wald (lag)	15.48**	43.83***	57.84***
Wald (error)	24.11***	74.81***	78.55***
Hausman	64.63***	81.62***	166.76***
Nobs	1515	1500	1260

注：*、**、***分别表示通过10%、5%、1%的显著性检验。

表 5-8 显示，东部地区高端生产性服务业集聚（Lqh）的直接和间接效应均不显著，低端生产性服务业集聚（Lql）的直接效应不显著而间接效应显著为负，这表明东部地区不同层级生产性服务业集聚均未能有效促进本地经济增长，且低端生产性服务业集聚阻碍了邻近城市的经济增长。中部地区高端生产性服务业集聚（Lqh）的直接效应不显著而间接效应显著为正，低端生产性服务业集聚（Lql）的直接和间接效应均显著为正，反映出中部地区高端集聚显著促进了邻近城市的经济增长，低端集聚对本地和邻近城市的经济增长均产生了积极推动作用。西部地区的估计结果与东部地区非常接近，高端生产性服务业集聚的直接和间接效应均不显著，低端生产性服务业集聚的直接效应不显著而间接效应显著为负。由此可见，研究期内我国生产性服务业集聚促进经济增长的积极影响主要产生于中部地区。东部地区生产性服务业集聚的积极影响未得到有效发挥，其主要原因是产业结构趋同、集聚阴影效应以及全球经济下行压力带来的不良影响；西部地区生产性服务业集聚的积极影响受到束缚，其可能的原因是基础设施落后和地方保护主义严重导致城市间缺乏协同发展机制。

控制变量的作用也存在一定的区域差异。从控制变量的直接效应来看，人力资本（Ln_Hum）和基础设施（Ln_Road）在东部和中部地区不显著，但在西部地区显著为正；对外开放（Open）在东部地区显著为正，在中部和西部地区不显著；政府规模（Gs）在东部和西部地区不显著，在中部地区显著为负。从控制变量的间接效应来看，人力资本（Ln_Hum）在东部地区不显著，在中部和西部地区显著为正；基础设施（Ln_Road）在东部和中部地区不显著，在西部地区显著为正；对外开放（Open）在东部地区显著为正，在西部地区显著为负，在中部地区不显著。控制变量直接效应和间接效应的区域差异提供了如下启示：第一，西部地区人才匮乏问题突出，加大西部地区的教育投入、加强人才培养有利于促进经济增长；第二，东部和中部地区已建成较发达的交通路网，未来应重点推进西部地区等级公路建设；第三，在扩大对外开放领域，东部地区应进一步提高开放水平，中西部地区则应将重心放在提高产品附加值和调整进出口结构上；第四，中部地区亟须重视政府职能转型问题。

二、不同区域生产性服务业集聚空间效应的阶段性特征

本章得出的生产性服务业集聚空间效应的区域差异与多数文献并不相符，这

可能是由研究的时间跨度不同所致，换言之，生产性服务业集聚的经济增长效应可能存在阶段性特征。为验证这一推测，本书按照 GDP 增速将研究期划分为经济高速增长期（2004~2007 年）和中高速增长期（2008~2018 年），并基于 SDM 模型分析逆距离权重下不同区域生产性服务业集聚空间效应的阶段性特征及其变化。

（一）东部地区生产性服务业集聚空间效应的阶段性特征

表 5-9 报告了东部地区不同阶段生产性服务业集聚空间效应的估计结果。在经济高速增长期，东部地区高端生产性服务业集聚（Lqh）的直接效应不显著但间接效应显著为正，与此同时，低端生产性服务业集聚（Lql）的直接和间接效应均不显著。表明这一时期东部地区的高端生产性服务业集聚产生了显著的正向空间溢出效应。究其原因，东部地区具有优越的地理区位、便利的交通条件和大量的高科技人才，科学研究、信息技术、金融保险等知识技术密集的生产性服务业实现了快速发展，进而相邻城市围绕高端生产性服务业形成了互补关系。在经济中高速增长期，东部地区高端生产性服务业集聚（Lqh）的直接和间接效应均不显著，而低端生产性服务业集聚（Lql）的直接和间接效应均显著为负。这一结果表明，进入中高速增长期后，高端生产性服务业集聚的正向溢出效应不复存在，低端生产性服务业集聚对本地和邻近城市经济增长的负向作用逐渐凸显，且对邻近城市的消极影响更为显著。东部地区集聚空间效应的变化揭示出，当前东部地区不同层级生产性服务业集聚均未对经济增长做出应有贡献，且低端生产性服务业集聚还成为经济增长的阻碍力量。出现这一变化的可能原因是：全球经济下行趋势导致出口需求大幅下降，从而使以出口为主导的东部城市出现制造业产品和生产性服务的相对过剩；与此同时，由于生产性服务业缺乏足够创新而未能创造出新的经济增长点。为此，东部地区亟须重视生产性服务业结构趋同和竞争激化问题，并推进产业结构调整和创新驱动战略。

表 5-9　东部地区不同阶段生产性服务业集聚空间效应的估计结果

变量	高速增长期的集聚经济效应		中高速增长期的集聚经济效应	
	系数	t 值	系数	t 值
直接效应				
Lqh	0.040	0.90	-0.006	-0.29

续表

变量	高速增长期的集聚经济效应		中高速增长期的集聚经济效应	
	系数	t值	系数	t值
Lql	-0.009	-0.22	-0.033*	-1.72
Ln_Kp	0.223***	5.79	0.215***	7.82
Ln_Hum	-0.147	-4.28	-0.096	-4.14
Nas	1.837***	8.82	3.888***	15.61
His	-0.081**	-2.29	-0.127***	-5.77
Ln_Road	-0.021	-1.09	-0.069**	-2.54
Open	0.302***	11.00	0.058**	1.99
Gs	-3.142***	-7.94	0.034	0.76
间接效应				
Lqh	0.315**	1.97	-0.139	-1.40
Lql	-0.059	-0.38	-0.159**	-1.94
Ln_Kp	-0.179*	-1.68	0.169*	1.91
Ln_Hum	-0.160	-1.55	0.231**	2.01
Nas	-1.568*	-1.69	5.420***	4.64
His	-0.159	-1.40	0.087	0.88
Ln_Road	-0.036	-0.66	-0.043	-0.32
Open	0.241***	2.81	0.209*	1.65
Gs	2.523*	1.65	0.239	1.01
总效应				
Lqh	0.355**	1.85	-0.146	-1.36
Lql	-0.068	-0.40	-0.192**	-2.17
Ln_Kp	0.044***	0.39	0.385***	3.95
Ln_Hum	-0.307***	-2.85	0.135	1.08
Nas	0.269	0.28	9.309***	7.60
His	-0.241**	-1.99	-0.041	-0.40
Ln_Road	-0.057	-1.03	-0.111	-0.79
Open	0.543***	5.66	0.267**	1.95
Gs	-0.619	-0.39	0.273	1.07
R^2	0.7803		0.9102	
Log-Likelihood	640.12		1066.05	
Wald (lag)	49.96***		21.23***	

续表

变量	高速增长期的集聚经济效应		中高速增长期的集聚经济效应	
	系数	t 值	系数	t 值
Wald（error）	46.37 ***		42.80 ***	
Hausman	64.93 ***		42.89 ***	
Nobs	404		1111	

注：*、**、***分别表示通过10%、5%、1%的显著性检验。

（二）中部地区生产性服务业集聚空间效应的阶段性特征

表5－10报告了中部地区不同阶段生产性服务业集聚空间效应的估计结果。在经济高速增长期，中部地区高端生产性服务业集聚（Lqh）的直接效应未通过显著性检验，其间接效应为正且通过10%的显著性检验；低端生产性服务业集聚（Lql）的直接和间接效应均为正且通过1%的显著性检验。可见，生产性服务业集聚是这一时期推动经济增长的重要动力，且低端生产性服务业集聚的积极影响非常显著。这说明中部地区在"中部崛起"战略的引领下，承接东部产业转移取得了显著成效，工业发展壮大促使生产性服务业的市场需求显著增加，因而生产性服务业集聚有效促进了本地与邻近城市的经济增长。进入经济中高速增长期后，中部地区高端生产性服务业集聚对邻近城市的正向溢出效应消失，而低端生产性服务业集聚对本地和邻近城市的经济增长仍具有显著促进作用。与经济高速增长期相比，低端生产性服务业集聚的直接影响和空间溢出系数均出现了明显下降。这一变化反映了中部地区高端生产性服务业集聚对邻近城市的正向溢出随经济增速的放缓而消失，与此同时，低端生产性服务业集聚对本地和邻近城市经济增长的促进作用趋于减弱。这揭示了中部地区虽然是我国生产性服务业集聚积极影响最为显著的区域，但受经济增速放缓的影响，不同层级生产性服务业集聚对本地与邻近城市经济增长的促进作用均有所减弱。因此，中部地区需要积极采取措施以维持生产性服务业集聚对经济增长的积极影响。

表5－10　中部地区不同阶段生产性服务业集聚空间效应的估计结果

变量	高速增长期的集聚经济效应		中高速增长期的集聚经济效应	
	系数	z 值	系数	t 值
直接效应				
Lqh	0.012	0.31	-0.017	-0.78

续表

变量	高速增长期的集聚经济效应		中高速增长期的集聚经济效应	
	系数	z 值	系数	t 值
Lql	0.121***	4.80	0.053***	3.23
Ln_Kp	0.103***	2.87	0.348***	6.26
Ln_Hum	-0.022	-1.03	-0.016	-0.90
Nas	2.084***	12.44	1.284***	7.61
His	-0.076***	-2.93	-0.227***	-9.22
Ln_Road	-0.001	-0.07	0.022	0.92
Open	0.248***	5.10	-0.064	-1.34
Gs	-2.624***	-11.02	-0.713***	-5.78
间接效应				
Lqh	0.343*	1.73	0.012	0.12
Lql	0.569***	2.84	0.089*	1.71
Ln_Kp	0.006	0.03	-0.122	-0.84
Ln_Hum	0.343**	2.17	0.094*	1.69
Nas	2.516**	2.22	-1.016*	-1.68
His	0.196	1.47	-0.055	-0.72
Ln_Road	-0.092	-1.06	-0.009	-0.15
Open	0.156	0.37	0.167	0.60
Gs	2.964	2.07	0.534	0.97
总效应				
Lqh	0.355	1.28	-0.004	-0.04
Lql	0.691***	3.31	0.141*	1.74
Ln_Kp	0.109	0.57	0.226*	1.71
Ln_Hum	0.320*	1.94	0.078	1.16
Nas	4.599***	3.99	0.268	0.46
His	0.120	0.86	-0.282***	-3.66
Ln_Road	-0.093	-1.00	0.013	0.25
Open	0.404	0.91	0.103	0.35
Gs	0.340	0.23	-0.178	-0.32
R^2	0.6007		0.8675	
Log-Likelihood	709.50		1117.85	
Wald（lag）	58.74***		22.96***	

续表

变量	高速增长期的集聚经济效应		中高速增长期的集聚经济效应	
	系数	z值	系数	t值
Wald（error）	36.42***		20.88**	
Hausman	37.59***		61.79***	
Nobs	400		1100	

注：*、**、***分别表示通过10%、5%、1%的显著性检验。

（三）西部地区生产性服务业集聚空间效应的阶段性特征

表5-11报告了西部地区不同阶段生产性服务业集聚空间效应的估计结果。在经济高速增长期，西部地区高端生产性服务业集聚（Lqh）的直接和间接效应均为负且通过5%的显著性检验；低端生产性服务业集聚（Lql）的直接和间接效应均不显著。表明这一时期高端生产性服务业集聚对本地和邻近城市经济增长具有负向影响，并且低端生产性服务业集聚的影响不显著。这是因为西部地区高科技人才较为缺乏、科研实力相对滞后且地方保护主义色彩浓厚，高端生产性服务业集聚不仅未能在本地形成规模效应，还在城市间形成了低水平竞争。在经济中高速增长期，西部地区高端生产性服务业集聚（Lqh）的直接效应不显著而间接效应显著为正，低端生产性服务业集聚（Lql）的直接和间接效应仍不显著。这一结果揭示了西部地区进入中高速增长期后，高端生产性服务业集聚对本地经济增长的阻碍作用逐渐消失，对邻近城市经济增长的影响由阻碍作用转变为促进作用；与此同时，低端生产性服务业集聚仍然未能有效促进经济增长。由此可见，进入中高速增长期后，西部地区高端生产性服务业集聚的正向溢出效应逐渐显现，而低端生产性服务业集聚的积极影响尚未有效发挥。这说明在"西部大开发"战略和一系列经济扶持计划的推动下，西部地区有效改善了基础设施条件和投资经营环境，提高了城市可达性，深化了城市分工协作。从当前来看，西部城市生产性服务业集聚的积极影响仍较为有限，因此应多举措激发生产性服务业集聚对经济增长的促进作用。

综上所述，我国由经济高速增长期进入中高速增长期后，三大地区生产性服务业集聚的空间效应呈现差异化的阶段性特征。东部地区高端生产性服务业集聚对经济增长的正向效应趋于消失，低端生产性服务业集聚的负向效应逐渐显现，不同层级生产性服务业集聚均未对经济增长做出应有贡献，因而亟须推进生产性服务业结构调整和布局优化；中部地区不同层级生产性服务业集聚对经济增长的促进作用均有所减弱，因而应采取措施以维持集聚的积极影响；西部地区高端生产性服务业集聚的空间溢出由负向效应转变为正向效应，低端生产性服务业集聚的作用并不显著，因而应多举措释放集聚的正向作用。

表 5-11　西部地区不同阶段生产性服务业集聚空间效应的估计结果

变量	高速增长期的集聚经济效应		中高速增长期的集聚经济效应	
	系数	z 值	系数	t 值
直接效应				
Lqh	-0.100**	-2.25	0.030	1.11
Lql	-0.006	-0.15	0.014	0.62
Ln_Kp	0.181***	3.70	0.186***	7.16
Ln_Hum	0.109***	3.13	0.029*	1.66
Nas	1.538***	5.31	1.334***	6.09
His	-0.048*	-1.71	-0.076***	-2.58
Ln_Road	0.029*	1.73	0.042**	2.36
Open	0.321***	3.30	-0.047*	1.83
Gs	-1.428***	-6.53	0.074***	2.36
间接效应				
Lqh	-0.370**	-2.11	0.244**	2.03
Lql	-0.190	-1.28	0.009	0.11
Ln_Kp	0.225*	1.67	0.344***	3.26
Ln_Hum	-0.102	-0.64	-0.139*	-1.72
Nas	1.670**	2.19	-0.571	-0.78
His	0.290	1.06	0.046	0.37
Ln_Road	0.010	0.18	0.099*	1.70
Open	-0.194	-0.58	-0.398*	-1.78
Gs	0.653	0.82	-0.002	-0.01
总效应				
Lqh	-0.470**	-2.55	0.274**	2.15
Lql	-0.196	-1.31	0.023	0.27
Ln_Kp	0.406***	2.61	0.530***	4.91
Ln_Hum	-0.211	-1.24	-0.169	-1.54
Nas	3.208***	4.27	0.764*	1.77

续表

变量	高速增长期的集聚经济效应		中高速增长期的集聚经济效应	
	系数	z 值	系数	t 值
His	0.241 ***	2.70	−0.029	−0.23
Ln_Road	0.039	0.75	0.057 *	1.78
Open	0.127	0.36	−0.351 *	−1.94
Gs	−0.776	−0.97	0.073	0.38
R^2	0.8655		0.9465	
Log-Likelihood	515.29		873.68	
Wald（lag）	20.99 **		17.95 **	
Wald（error）	21.37 **		21.09 **	
Hausman	38.59 ***		64.95 ***	
Nobs	336		924	

注：*、**、*** 分别表示通过 10%、5%、1% 的显著性检验。

第五节 小 结

本章首先通过理论分析提出生产性服务业集聚具有空间溢出效应，且这一效应存在行业和区域差异的假设。然后基于我国 285 个地级及以上城市的面板数据，实证分析了生产性服务业集聚对经济增长的空间效应。实证分析包括三个递进的层次：第一，测算生产性服务业集聚及经济增长的莫兰指数，分析集聚及经济增长的空间相关性；第二，构建和估计空间杜宾模型，探讨高端和低端生产性服务业集聚对本地经济增长的直接影响和对邻近城市的空间溢出；第三，基于空间杜宾模型对比生产性服务业集聚空间效应的区域差异。

本章分析得出了以下结论：第一，生产性服务业集聚及经济增长均具有一定的空间相关性，其中经济增长的"正空间相关性"非常显著，且高端生产性服务业集聚的空间相关性强于低端生产性服务业。第二，基于逆距离权重和邻接权重进行空间杜宾模型的估计结果表明，高端生产性服务业集聚未能有效促进本地经济增长，但对邻近城市产生了正向溢出效应；低端生产性服务业集聚显著促进了本地经济增长，但对邻近城市产生了负向溢出效应。第三，生产性服务业集聚的空间效应存在明显的区域分异，集聚对经济增长的积极影响主要产生于中部地区。第四，东、中、西部地区生产性服务业集聚的空间效应呈现阶段性特征。我国经济由高速增长期进入中高速增长期后，东部地区高端生产性服务业集聚的正向效应不复存在，低端集聚的负向影响开始凸显；中部地区高端和低端集聚的正向效应均有所减弱；西部地区高端集聚对经济增长的影响由负转正。

本章将空间因素纳入考虑范畴，通过理论和实证分析，全面揭示了不同层级生产性服务业集聚对本地和邻近城市经济增长的影响，并分析了集聚空间效应的区域分异及其变化特征，从而对第四章基于层级分工视角的研究形成重要补充。

第六章　生产性服务业集聚经济增长效应的调节因素

第四章和第五章的分析表明，不同层级生产性服务业集聚的经济增长效应在不同等级城市和地理区域存在显著差异。那么，除了城市等级和地理区域的特征外，是否还存在其他影响生产性服务业集聚经济增长效应的因素？本章拟重点讨论经济社会中其他因素对生产性服务业集聚经济增长效应的调节作用。实证分析中所涉及变量的基础数据主要来源于2004~2019年的《中国统计年鉴》《中国城市统计年鉴》《中国区域经济统计年鉴》。

第一节　基本假设与思路

一、关注的调节因素

基于生产性服务业主要集中于经济发达城市的现状，本书研究认为生产性服务业集聚的经济增长效应可能受到经济发展水平的影响。鉴于生产性服务业从制造业中剥离出来并实现迅速发展的事实，研究认为制造业规模和产业结构也是影响生产性服务业集聚经济效应的重要因素。考虑到生产性服务业知识技术密集的特征，研究还认为，人才储备是发挥生产性服务业集聚经济增长效应的重要前提。为此，本章将分别探讨经济发展水平、制造业规模、产业结构高级化和人才储备对生产性服务业集聚经济增长效应产生的影响。

由于各地在确定生产性服务业总体目标和重点行业时主要考虑其发展对本地经济的影响，本章忽略集聚的空间溢出效应，在层级分工视角下探讨经济发展水平、制造业规模、产业结构高级化和创新人才密度等因素对生产性服务业集聚经济增长效应所发挥的调节作用。

二、研究设计

想要检验经济发展水平、制造业规模、产业结构高级化和创新人才密度等因素在生产性服务业集聚的经济增长效应中所发挥的调节作用，就需要分别将这四个变量及其与生产性服务业集聚的交互项引入计量模型中。由于不同层级生产性服务业集聚的经济增长效应在不同等级城市间存在明显差异，本章的实证分析分别基于高端生产性服务业聚集的省会城市、高端生产性服务业聚集的非省会城市、低端生产性服务业聚集的省会城市和低端生产性服务业聚集的非省会城市四个研究样本进行。确定高端和低端生产性服务业聚集城市的依据是研究期内生产性服务业平均区位商是否大于1。各研究样本的动态面板模型估计均采用系统 GMM 方法。

三、变量的统计性描述

表6-1分别报告了四个研究样本中调节变量和交互项的描述统计量。

表6-1 　　　　　　调节变量及交互项的描述性统计

样本	变量	样本数	均值	标准差	最小值	最大值
高端生产性服务业聚集的省会城市样本	Ln_Laggdppc	392	10.655	0.516	8.933	11.456
	Mp	392	0.252	0.075	0.084	0.454
	His	392	1.217	0.644	0.371	4.292
	Dct	392	53	132	3	1209
	Lqh × Ln_Laggdppc	392	14.080	3.605	9.446	31.852
	Lqh × Mp	392	0.337	0.107	0.135	0.734
	Lqh × His	392	1.788	1.555	0.377	11.820
	Lqh × Dct	392	74	194	3	2073
低端生产性服务业聚集的省会城市样本	Ln_Laggdppc	336	10.327	0.511	8.933	11.456
	Mp	336	0.260	0.076	0.084	0.420
	His	336	1.215	0.662	0.460	4.292
	Dct	336	52	127	3	1210
	Lqh × Ln_Laggdppc	336	14.476	3.627	9.440	27.840
	Lqh × Mp	336	0.358	0.121	0.141	0.726
	Lqh × His	336	1.826	1.538	0.500	11.357
	Lqh × Dct	336	73	185	4	2407

续表

样本	变量	样本数	均值	标准差	最小值	最大值
高端生产性服务业聚集的非省会城市样本	Ln_Laggdppc	560	9.766	0.729	8.100	11.747
	Mp	560	0.225	0.117	0.019	0.813
	His	560	1.178	1.006	0.106	8.240
	Dct	560	12	28	0	264
	Lql × Ln_Laggdppc	560	11.460	2.118	8.374	19.517
	Lql × Mp	560	0.268	0.166	0.019	1.472
	Lql × His	560	1.368	1.174	0.183	11.175
	Lql × Dct	560	14	69	0	1287
低端生产性服务业聚集的非省会城市样本	Ln_Laggdppc	378	9.687	0.749	7.743	11.643
	Mp	378	0.240	0.114	0.026	0.565
	His	378	1.214	1.017	0.401	8.240
	Dct	378	11	32	0	402
	Lql × Ln_Laggdppc	378	11.515	2.128	8.333	19.324
	Lql × Mp	378	0.286	0.149	0.026	0.757
	Lql × His	378	1.440	1.174	0.419	8.244
	Lql × Dct	378	14	38	0	410

第二节 经济收入水平的影响

一、理论分析与假设

关于空间集聚与经济增长关系的讨论由来已久。1965 年，威廉姆森提出了著名的"威廉姆森假说"，认为集聚与增长之间存在倒"U"型关系。在经济发展的早期阶段，经济活动聚集于一定区域为生产带来了正的外部性，从而对集聚地区经济增长产生了积极影响。随着集聚区的经济发展水平提高，交通通信设施不断改善，资本流动机制逐步健全，集聚的积极影响会有所减弱，同时拥挤效应使集聚的消极影响放大，最终集聚会对经济增长带来不利影响。威廉姆森假说推动了集聚与经济增长的研究由关注两者的线性关系向非线性关系转变。多数研究认为中国经济集聚与制造业集聚均符合威廉姆森假说，即经济集聚对经济增长具有非线性影响，制造业集聚与经济增长也呈现倒"U"型关系。那么，生产性服务业集聚对经济增长的作用是否与经济集聚或制造业集聚一样呈现倒"U"型特征？当前学术界对于这一问题的探讨非常少见，与此相关的研究结论也不支持威廉姆森假说。针对生产性服务业集聚与经济增长方式的研究表明，生产性服务业集聚有助于转变经济增长方式，但这一正向影响并非简单的线性效应，而是存在先减弱后增强的"U"型曲线特征。针对不同层级生产性服务业集聚与经济绩效的实证分析显示，高端生产性服务业集聚对城市全要素生产率的促进作用随经济总量的扩大而增强；低端生产性服务业集聚对城市经济效率的影响总体不显著且随经济总量的扩大呈现先上升后下降的倒"U"型特征。

本章研究认为，生产性服务业集聚对经济增长的作用很大程度上取决于区域所处的发展阶段，当前中国生产性服务业集聚与经济增长的关系并不符合威廉姆森假说。钱纳里（Chenery，1989）通过对34个国家经济发展的实证研究提出，任何国家和地区的经济发展都会依次经历前工业化阶段、工业化初期、工业化中期、工业化后期、后工业化阶段和现代化社会六个阶段，并给出了各个发展阶段的判断标准，后来的学者对这一评价体系进行了补充与完善（见表6-2）。在前工业化阶段，收入水平低，产业结构以农业为主，绝大部分劳动力从事农业生产，制造业比重很低；进入工业化阶段后，收入水平显著提升，产业结构以工业为主，农业比重大幅下降，劳动力大量流向工业部门，工业特别是制造业比重明显上升，工业化阶段又可以进一步分为工业化初期、工业化中期和工业化后期；工业化阶段之后进入后工业化阶段，收入水平继续提升，产业结构以服务业为主，劳动力向服务业部门流动，服务业增长速度和在总产出中所占的比重超过工业。由不同社会发展阶段的指标可知，当国家或地区进入工业化中期并向更高阶段迈进时，服务业在国民经济中的地位日益提升。当前我国整体上正处于由工业化中期向工业化后期过渡的阶段，由于区域发展极不平衡，部分经济欠发达的城市还停留在工业化初期。与此同时，少数经济发达的城市已进入了工业化后期甚至是后工业化阶段。生产性服务业中间投入品的属性和知识技术密集的特征决定了生产性服务业通常聚集在处于工业化中期、后期和后工业化时期的城市。这些城市较高的经济发展水平为发挥生产性服务业集聚的经济增长效应提供了有利环境，从而生产性服务业成为城市经济增长的重要推动力量。经济发展水平的这一有利影响在高端和低端生产性服务业集聚的经济增长效应中同时存在。高端生产性服务业聚集在经济发展水平较高的城市更易于从知识溢出、产业关联度提升等环节获得收益;同时,经济发展水平较高的城市具有对低端生产性服务业的较大需求,需求拉动了供给,促使低端生产性服务业在经济发达城市中形成规模经济效应。

表6-2 工业化进程评价指标体系

基本指标	前工业化阶段	工业化初期	工业化中期	工业化后期	后工业化阶段
人均GDP					
1964年	100~200	200~400	400~800	800~1500	1500以上
1996年	620~1240	1240~2480	2480~4960	4960~9300	9300以上
2000年	663~1327	1327~2654	2654~5307	5307~9951	9951以上
2002年	688~1376	1376~2753	2753~5506	5506~10323	10323以上
2004年	719~1438	1438~2877	2877~5754	5754~10788	10788以上
2006年	769~1538	1538~3075	3075~6150	6150~11532	11532以上
2008年	800~1600	1600~3199	3199~6398	6398~11997	11997以上
2010年	818~1637	1637~3274	3274~6547	6547~12276	12276以上
2012年	849~1699	1699~3398	3398~6795	6795~12741	12741以上
2014年	880~1761	1761~3522	3522~7043	7043~13206	13206以上
2016年	894~1798	1798~3578	3578~7154	7154~13414	13414以上
2018年	937~1875	1875~3750	3750~7499	7499~14061	14061以上
三次产业产值结构 (产业结构)	A>I	A>20%, A<I	A<20%, I>S	A<10%, I>S	A<10%, I<S
制造业增加值占 总商品增加值比重 (工业结构)	20%以下	20%~40%	40%~50%	50%~60%	60%以上
人口城镇化率 (空间结构)	30%以下	30%~50%	50%~60%	60%~75%	75%以上
第一产业就业人员占比 (就业结构)	60%以上	45%~60%	30%~45%	10%~30%	10%以下

注:①人均GDP的单位是美元;1964年与1996年的美元换算因子为6.2,是由郭克莎(2004)推算出的,2000年及以后年份的美元换算因子由Current to real dollars Converter(using GDP deflator)得到,http://stats.areppim.com/calc/calc_usdlrxdeflator.php。
②产业结构中,A表示第一产业,I表示第二产业,S表示第三产业。
资料来源:作者根据钱纳里等(1989)、库兹涅茨(1999)、郭克莎(2000)、陈佳贵等(2006)的相关资料整理得到。

基于以上分析,形成本章的第一个假设。

假设6-1:威廉姆森假说在中国生产性服务业领域并不成立,生产性服务业集聚对经济增长的好处随着经济发展水平提升而增强。

二、模型设定

被解释变量对解释变量的偏效应有时取决于另一个或多个解释变量的大小。对于模型(6-1):

$$y = \alpha_0 + \beta_1 x_1 + \beta_2 x_1 * x_2 + \beta_3 x_2 + \cdots + \mu \quad (6-1)$$

其中,x_1为关键解释变量,x_2为调节变量。若β_2的系数显著,意味着x_1和x_2之间存在交互效应。具体来说,当$\beta_1 > 0$时,若$\beta_2 > 0$,表明随着x_2的增加,增加x_1对y的正向作用会增大;若$\beta_2 < 0$,则表示随着x_2的增大,增加x_1对y的正向作用会减小甚至可能变为负值。当x_1和x_2存在交互效应时,x_1对y的偏效应(保持其他变量不变时的作用)为:

$$\frac{\Delta y}{\Delta x_1} = \beta_1 + \beta_2 x_2 \quad (6-2)$$

在解释x_1对y的影响时,若x_1和x_2存在交互效应,则不仅要观察β_1和β_2的系数,还要在有意义的x_2数值处(通常是样本的均值或分位值)计算x_1的偏效应。

本节的研究重点是通过调节效应检验,探讨经济发展水平在生产性服务业集聚影响本地经济增长中发挥的作用。本节关注的调节变量是经济发展水平(Laggdppc),用滞后一期的实际人均GDP衡量。

借鉴孙浦阳等(2011)和刘修岩等(2012)的研究,确定的动态面板模型为:

$$Y_{i,t} = \rho Y_{i,t-1} + \beta_1 aps_{i,t} + \delta aps_{i,t} \times Laggdppc_{i,t} + \gamma_1 Laggdppc_{i,t} + \gamma_2 Kp_{i,t} + \gamma_3 Hum_{i,t} \\ + \gamma_4 Nas_{i,t} + \gamma_5 His_{i,t} + \gamma_6 Road_{i,t} + \gamma_7 Open_{i,t} + \gamma_8 Gs_{i,t} + u_i + v_t + \varepsilon_{i,t} \quad (6-3)$$

其中,$Y_{i,t}$为城市人均GDP增长率;$Y_{i,t-1}$是被解释变量的一阶滞后项,反映人均GDP增长率变化的延续性;$aps_{i,t}$为生产性服务业集聚水平,是本章重点关注的解释变量,用生产性服务业区位商度量;$aps_{i,t} \times Laggdppc_{i,t}$是生产性服务业区位商与经济发展水平的交互项;其他均为控制变量,包括滞后一期的人均GDP($Laggdppc_{i,t}$)、人均资本存量(Kp)、人力资本水平(Hum)、非农产业产值比重

(Nas)、产业结构高级化（His）、基础设施（Road）、对外开放（Open）和政府规模（Gs），控制变量的度量方法同第四章。

通过生产性服务业集聚与经济发展水平交互项（$aps_{i,t} \times Laggdppc_{i,t}$）估计系数（$\delta$）的显著性水平可以判断经济发展水平的调节作用。若 δ 显著，表明经济发展水平对生产性服务业集聚的经济增长效应存在显著的调节作用，反之则调节作用不显著。通过交互项估计系数（δ）的符号可以判断调节作用的方向。若 δ 显著为正，表明经济发展水平在生产性服务业集聚对经济增长的作用中发挥着正向调节作用；若 δ 显著为负，则表明经济发展水平在生产性服务业集聚对经济增长的影响中发挥着负向调节作用。为防止大数据带来的波动，滞后一期的人均GDP、人均资本存量和人力资本均以对数形式进入方程。

三、实证结果与分析

将经济发展水平作为调节变量引入模型，可以验证生产性服务业集聚领域是否存在威廉姆森假说。研究检验了经济发展水平在不同等级城市不同层级生产性服务业集聚经济增长效应中发挥的调节作用。表6-3中，模型（1）和模型（2）分别检验经济发展水平在省会城市高端和低端生产性服务业集聚经济增长效应中的调节作用，模型（3）和模型（4）依次检验经济发展水平在非省会城市高端和低端生产性服务业集聚经济效应中的调节作用。从序列相关检验结果可以看出，模型（1）和模型（2）的一阶序列和二阶序列均不相关，模型（3）和模型（4）存在一阶序列相关和二阶序列不相关，说明模型（1）~模型（4）均符合二阶序列不相关的要求。Sargan 检验表明工具变量的使用合理，不存在过度识别问题。系统 GMM 估计还对年度虚拟变量的显著性进行了检验，结果拒绝了"无时间效应"的原假设，表明模型中包含时间效应。

表6-3　　　　　　　以经济发展水平为调节变量的估计结果

变量	(1)	(2)	(3)	(4)
L.y	-0.039 (-0.78)	-0.151* (-1.71)	-0.059*** (-4.08)	-0.084** (-2.34)
Ln_Laggdppc	-1.025*** (-19.64)	-1.279*** (-10.49)	-0.845*** (-47.99)	-0.802*** (-16.02)

续表

变量	(1)	(2)	(3)	(4)
Ln_Kp	0.132*** (3.13)	0.115*** (3.87)	0.027** (2.53)	0.086*** (3.99)
Ln_Hum	-0.074 (-1.28)	-0.053 (-0.92)	-0.100 (-1.42)	0.050 (1.57)
Nas	0.007 (1.02)	0.007 (0.65)	0.008*** (4.42)	0.010*** (5.07)
His	-0.020 (-1.00)	-0.151 (-1.57)	-0.007* (-1.64)	-0.021* (-1.73)
Road	0.009 (0.41)	-0.033 (-1.11)	0.004* (1.71)	-0.001 (-0.04)
Open	0.071 (1.58)	0.137* (1.64)	0.031* (1.67)	0.040* (1.71)
Gs	-1.158* (-1.83)	-1.485* (-1.72)	-0.320*** (-4.72)	-0.900*** (-4.05)
Lqh	-6.601*** (-7.45)	—	-4.946*** (-20.93)	—
Lqh×Ln_Laggdppc	0.623*** (7.40)	—	0.488*** (21.99)	—
Lql	—	-6.442*** (-4.88)	—	-3.992*** (-6.12)
Lql×Ln_Laggdppc	—	0.631*** (5.32)	—	0.406*** (6.25)
Cons_	9.179*** (8.72)	11.937*** (5.82)	8.120*** (35.38)	5.802*** (10.10)
年度虚拟变量	是	是	是	是
Obs	392	336	560	378
AR(1)	0.1701	0.1110	0.0887	0.0674
AR(2)	0.7939	0.4409	0.1842	0.1652
Sargan	1.0000	1.0000	0.9954	0.9994

注：①括号中数值为解释变量或控制变量对应的 z 值；② * 代表10%的显著性水平， ** 代表5%的显著性水平， *** 代表1%的显著性水平；③AR（1）、AR（2）的原假设分别为差分后的残差项不存在一阶序列相关和二阶序列相关，GMM 估计允许存在一阶序列相关但不允许存在二阶序列相关；④Sargan 检验的原假设为工具变量设定合理。

表 6-3 中，模型（1）对高端生产性服务业聚集的省会城市的估计结果显示，Lqh×Ln_Laggdppc 系数为 0.623，且通过 1% 的显著性检验，说明经济发展水平与高端生产性服务业集聚存在交互效应，且经济发展水平的调节效应为正。在包含交互项时，原变量的参数解释需要慎重对待。此时 Lqh 的系数为 -6.601 且在 1% 的统计性水平上显著，但这个估计系数仅表示实际人均 GDP 的自然对数为零时 Lqh 对经济增长的影响，这种影响显然不具有实际意义，只有把有意义的 Ln_Laggdppc 值（通常是均值或中位数）代入 Lqh 偏效应的计算公式才能得到有意义的系数，本章采用代入调节变量均值的方法。高端生产性服务业聚集的省会城市中 Ln_Laggdppc 的均值为 10.6，根据式（6-2）可知，引入 Lqh×Ln_Laggdppc 交互项后，Lqh 对人均 GDP 增长率（Y）的偏效应系数为 0.037，表明省会城市高端生产性服务业集聚对经济增长的作用显著为正，这与第四章的估计结果是一致的。Lqh 偏效应系数与 Lqh×Ln_Laggdppc 系数均显著为正的估计结果表明，省会城市高端生产性服务业集聚对经济增长的正向作用随着经济发展水平的提高而增强。模型（2）是对低端生产性服务业聚集的省会城市的估计结果。Lql×Ln_Laggdppc 的系数为 0.631，且在 1% 的统计性水平上显著为正，表明经济发展水平对省会城市低端生产性服务业集聚的经济增长效应具有正向调节作用。样本中 Ln_Laggdppc 的均值为 10.3，引入 Lql×Ln_Laggdppc 交互项后，Lql 的偏效应系数为 0.074，反映出省会城市低端生产性服务业集聚对经济增长的作用显著为正。Lql 偏效应系数与 Lql×Ln_Laggdppc 系数均显著为正的估计结果表明，省会城市低端生产性服务业集聚对经济增长的正向作用也随着经济发展水平的提高而增强。

表 6-3 中，模型（3）对高端生产性服务业聚集的非省会城市的估计结果显示，Lqh×Ln_Laggdppc 系数为 0.488 且在 1% 的统计性水平上显著，表明经济发展水平在非省会城市高端生产性服务业集聚的经济增长效应中发挥着正向调节作用。引入 Lqh×Ln_Laggdppc 交互项后，通过代入该样本中 Ln_Laggdppc 的均值计算出 Lqh 对 Y 的偏效应系数为 -0.180，表明引入交互项后，非省会城市高端生产性服务业集聚对经济增长的作用仍显著为负。Lqh 的偏效应系数显著为负和 Lqh×Ln_Laggdppc 系数显著为正的估计结果说明了，非省会城市高端生产性服务业集聚对经济增长的负向作用随经济水平的提高而减弱。模型（4）是对低端生

产性服务业聚集的非省会城市的估计结果，Lql×Ln_Laggdppc 的系数为 0.406 且在 1% 的统计性水平上显著，表明经济发展水平对于非省会城市低端生产性服务业集聚的经济增长效应也具有正向的调节效应。样本中 Ln_Laggdppc 的均值为 9.7，引入 Lql×Ln_Laggdppc 交互项后，Lql 的偏效应系数为 0.059，反映了非省会城市低端生产性服务业集聚对经济增长的作用显著为正。Lqh 偏效应系数和 Lqh×Ln_Laggdppc 系数均显著为正的估计结果说明了，非省会城市低端生产性服务业集聚对经济增长的正向作用随经济水平的提高而增强。

其他控制变量估计系数的经济意义如下。Ln_Kp 显著为正而 Ln_Hum 不显著，表明我国生产性服务业聚集的城市多属于投资拉动型经济。Nas 的估计系数在生产性服务业聚集的非省会城市中显著为正，在生产性服务业聚集的省会城市不显著，表明提高非农产业比重可以促进非省会城市的经济增长，但不会对省会城市的经济增长产生显著影响。His 的系数在生产性服务业聚集的非省会城市显著为负，在生产性服务业聚集的省会城市不显著，表明产业结构高级化对非省会城市经济增长产生了不利影响。综合 Nas 和 His 的估计系数可知，非省会城市应重点加快制造业发展并适当控制生产性服务业规模。Gs 的系数显著为负，说明政府规模过大会对资源有效配置产生负面影响。Road 在高端和低端生产性服务业聚集的省会城市以及低端生产性服务业聚集的非省会城市不显著，而在高端生产性服务业聚集的非省会城市显著为正，表明高端生产性服务业聚集的非省会城市中等级公路建设有待加强。Open 在生产性服务业聚集的省会城市不显著，但在生产性服务业聚集的非省会城市显著为正，表明扩大生产性服务业聚集的非省会城市的对外开放程度有利于促进经济增长。总体而言，控制变量的估计系数与第四章不加入交互项时的估计结果基本一致。

本节的实证分析结果表明，经济发展水平对不同等级城市不同层级生产性服务业集聚的经济增长效应均发挥着正向调节作用，经济发展水平越高，生产性服务业集聚对经济增长的促进作用越显著。换言之，当前中国生产性服务业集聚对经济增长的好处并未因为经济发展水平提高而减弱，这既可能是因为在生产性服务业集聚中不存在威廉姆森假说的拐点，也可能是因为城市的经济发展水平尚未达到该拐点。无论是何种情况，中国当前的经济实践都证明了本章的第一个假设。

我们可以这样来理解经济发展水平的正向调节作用。一方面，经济较发达的城市通常具有雄厚的资金基础和充足的人才储备，从而形成了有利于创新活动开展的环境，进而能够提供高质量、多样化的高端生产性服务并向其他城市输出，外地市场需求扩大又反过来强化了高端生产性服务业的集聚趋势和对本地经济增长的贡献。另一方面，经济较发达的城市对低端生产性服务业的需求较大，本地市场需求促使低端生产性服务业形成规模经济，从而提高了低端生产性服务业的质量和效率，进一步强化了低端生产性服务业的竞争优势和集聚经济效应。

第三节 制造业规模的影响

一、理论分析与假设

生产性服务业内生于制造业发展之中。随着社会分工深化，生产性服务业逐渐从制造业中剥离出来并实现了迅速发展，其发展又反过来提高了制造业的效率。虽然钱纳里的工业化阶段理论指出，服务业在国民经济中所占的比重将随着区域向更高阶段发展而增大，但这并不意味着制造业和生产性服务业是此消彼长的关系。制造业与生产性服务业部门表现为相互依赖、相互促进、共同发展的互补关系，而且两者之间的依赖程度会随经济发展水平的不断提高进一步加深。自20世纪80年代以来，制造业对以金融、物流、信息为主的生产性服务业的依赖持续增强，生产性服务业逐渐从价值链的各个环节渗透到制造业生产领域，从而实现了两者的融合发展。虽然部门间经济联系持续增强促使生产性服务业下游产业不断拓展，但制造业仍然是生产性服务业最为重要的下游产业。弗兰克和卡姆巴赫（Franke and Kalmbach，2005）通过对德国的实证研究指出，生产性服务业实现迅速发展的主要原因在于制造业对其需求的增加，制造业部门使用的生产性服务不仅比重最大而且增幅最高。由于中国大多数城市处于工业化中期，生产性服务业的需求主要来自以制造业为主的第二产业，因此推进中国生产性服务业发展应以制造业为基础并实现生产性服务业与制造业的充分互动。

经济集聚主要包括制造业集聚与生产性服务业集聚。为了接近需求市场并获得规模经济效应，生产性服务业倾向于聚集在制造业密集的区域，从而形成二三产业共同集聚的格局。然而，生产性服务业与制造业集中于同一区域并不是发挥产业关联效应的充分条件。一方面，生产性服务业与制造业相互促进和共同发展必须以生产性服务业供给与制造业需求有效对接为前提，而只有经济较发达的城市才能满足这一条件。另一方面，任何城市的经济集聚都会受到城市空间范围和市场需求的限制，且中小城市受空间和市场的约束更强，这就使得同一区域的制造业集聚与生产性服务业集聚可能出现拥挤效应。因而，某一城市生产性服务业集聚与制造业集聚之间既可能产生互补效应，也可能产生拥挤效应，生产性服务业与制造业集聚的互动效果最终取决于两种效应的综合作用结果。由此，研究认为，制造业集聚是生产性服务业集聚经济增长效应的重要调节因素。

随着城市分工的进一步深化，中国制造业与生产性服务业呈现出由共同集聚向逐渐分离转变的趋势。在这一背景下，一些城市发展成为制造业聚集中心，另一些城市则成为生产性服务业聚集中心。从当前来看，制造业多聚集于经济较发达的次中心城市，生产性服务业则主要集中于全国或区域的中心城市。因此，在不同等级城市中，生产性服务业集聚与制造业集聚的互补效应和拥挤效应必然存在差异。另外，不同层级生产性服务业集聚与制造业集聚的互动效果也可能存在差别。制造业的当前结构和水平决定了对低端生产性服务业的需求。低端生产性服务业的供给多采用规范的流程、成熟的技术或统一的标准，因而低端生产性服务业提供的服务通常能够满足制造业的需求，从而易于实现低端生产性服务业的供求平衡。制造业转型升级的需要构成了对高端生产性服务业的需求。高端生产性服务业需要提供创新性、多样化和个性化的服务，这类服务对资金、人才、技术以及环境的要求都相对较高，从而较难实现高端生产性服务集聚与制造业集聚的良性互动。

基于以上分析，形成本章的第二个假设。

假设6-2：生产性服务业集聚对经济增长的影响受到制造业集聚的调节作用，且这一作用在不同等级城市和不同层级生产性服务业集聚经济效应中存在差异。

二、模型设定

本节的研究重点是通过调节效应检验,探讨制造业规模在生产性服务业集聚影响本地经济增长中发挥的作用。本节关注的调节变量是制造业规模（Mp）,用制造业就业人数占总就业人数的比重衡量,表示制造业的集聚水平。

设定的动态面板模型为：

$$Y_{i,t} = \rho Y_{i,t-1} + \beta_1 aps_{i,t} + \delta aps_{i,t} \times Mp_{i,t} + \gamma_1 Laggdppc_{i,t} + \gamma_2 Kp_{i,t} + \gamma_3 Hum_{i,t} + \gamma_4 Nas_{i,t} \\ + \gamma_5 His_{i,t} + \gamma_6 Road_{i,t} + \gamma_7 Open_{i,t} + \gamma_8 Gs_{i,t} + u_i + v_t + \varepsilon_{i,t} \quad (6-4)$$

其中,$Y_{i,t}$为城市人均 GDP 增长率；$Y_{i,t-1}$是被解释变量的一阶滞后项,反映人均 GDP 增长率变化的延续性；$aps_{i,t}$为生产性服务业集聚水平,用生产性服务业区位商度量；$aps_{i,t} \times Mp_{i,t}$是生产性服务业区位商与制造业规模的交互项；其他均为控制变量,包括滞后一期的人均 GDP（$Laggdppc_{i,t}$）、人均资本存量（Kp）、人力资本水平（Hum）、非农产业产值比重（Nas）、产业结构高级化（His）、基础设施（Road）、对外开放（Open）和政府规模（Gs）。

通过生产性服务业集聚与制造业规模交互项（$aps_{i,t} \times Laggdppc_{i,t}$）的估计系数（$\delta$）,可以判断制造业规模是否存在调节作用以及调节作用的方向。为防止大数据带来的波动,制造业规模、滞后一期的人均 GDP、人均资本存量和人力资本均以对数形式进入方程。

三、实证结果与分析

将制造业规模作为调节变量引入模型,检验制造业规模在不同等级城市不同层级生产性服务业集聚经济增长效应中发挥的调节作用。表 6-4 中,模型（1）和模型（2）分别检验制造业规模在省会城市高端和低端生产性服务业集聚经济增长效应中的调节作用,模型（3）和模型（4）依次检验制造业规模在非省会城市高端和低端生产性服务业集聚经济效应中的调节作用。从序列相关检验结果来看,模型（1）~模型（3）存在一阶序列相关和二阶序列不相关,模型（4）存在一阶序列和二阶序列均不相关。Sargan 过度识别检验结果表明回归中不存在过度识别的问题。估计结果拒绝了"无时间效应"的假设,计量模型中包含了年度虚拟变量。

表 6-4　　以制造业规模为调节变量的估计结果

变量	(1)	(2)	(3)	(4)
L.y	-0.215*** (-3.16)	-0.207** (-2.38)	-0.123*** (-8.30)	-0.185*** (-4.19)
Ln_Laggdppc	-0.608*** (-16.50)	-0.661*** (-11.23)	-0.552*** (-34.93)	-0.550*** (-11.36)
Ln_Kp	0.102** (2.60)	0.093*** (4.08)	0.079*** (2.79)	0.124*** (2.99)
Ln_Hum	-0.037 (-0.89)	-0.100 (-1.07)	0.001 (0.04)	0.011 (0.25)
Nas	0.023*** (2.77)	0.041*** (3.79)	0.015*** (5.34)	0.013*** (5.03)
His	-0.005 (-0.18)	-0.047 (-0.98)	-0.090*** (-3.47)	-0.026* (-1.73)
Road	0.037 (0.69)	0.029 (0.61)	0.060** (2.44)	-0.024 (-0.78)
Open	0.102 (1.23)	0.116* (1.84)	0.072** (2.40)	0.046** (2.21)
Gs	-0.435** (-2.44)	-3.257** (-2.41)	-0.672*** (-5.87)	-1.601*** (-7.30)
Lqh	0.054* (1.68)	—	-0.047** (-2.59)	—
Lqh×Mp	-0.003 (-0.66)	—	-0.033** (-2.59)	—
Lql	—	1.289* (-1.68)	—	0.040* (1.68)
Lql×Mp	—	-0.009 (-0.90)	—	0.222*** (3.14)
Cons_	4.123*** (11.22)	2.298*** (10.28)	3.345*** (15.78)	-.550*** (-11.36)
年度虚拟变量	是	是	是	是
Obs	392	336	560	378
AR (1)	0.0606	0.0768	0.0558	0.3055
AR (2)	0.1862	0.1218	0.2740	0.1790
Sargan	0.9908	1.0000	0.9806	0.9998

注：①括号中数值为解释变量或控制变量对应的 z 值；② * 代表 10% 的显著性水平，** 代表 5% 的显著性水平，*** 代表 1% 的显著性水平；③AR（1）、AR（2）的原假设分别为差分后的残差项不存在一阶序列相关和二阶序列相关，GMM 估计允许存在一阶序列相关但不允许存在二阶序列相关；④Sargan 检验的原假设为工具变量设定合理。

表 6-4 中，模型（1）对高端生产性服务业聚集的省会城市的估计结果显示，Lqh×Mp 的系数在统计上并不显著，表明省会城市制造业规模与高端生产性服务业集聚不存在交互效应。模型（2）对低端生产性服务业聚集的省会城市的估计结果显示，Lql×Mp 的系数也不显著，表明省会城市制造业规模与低端生产性服务业集聚也不存在交互效应。可见，虽然生产性服务业是从制造业中剥离出来的，但随着城市分工的细化，制造业与生产性服务业共同集聚的趋势有所减弱，在次中心城市发展成为制造业中心的同时，省会城市发展成为生产性服务业的中心。省会城市提供的生产性服务不仅面向本地市场还辐射其他区域，而且省会城市的辐射范围越大，生产性服务业市场需求中本地市场的份额就越小。因此，省会城市高端和低端生产性服务业发展均与当地制造业发展基本分离，换言之，省会城市生产性服务业集聚经济效应不再受制于当地的制造业规模。

表 6-4 中，模型（3）对高端生产性服务业聚集的非省会城市的估计结果显示，Lqh×Mp 系数为 -0.033 且在 5% 的统计性水平上显著，表明制造业规模在非省会城市高端生产性服务业集聚的经济增长效应中发挥着负向调节作用。该样本中 Mp 的均值为 0.225，引入 Lqh×Mp 交互项后，Lqh 的偏效应系数为 -0.054，表明非省会城市高端生产性服务业集聚对经济增长的作用显著为负。Lqh 偏效应和 Lqh×Mp 系数均显著为负的估计结果表明，非省会城市高端生产性服务业集聚对经济增长的负向作用随制造业规模的扩大而增强。这说明在高端生产性服务业聚集的非省会城市中，制造业集聚与高端生产性服务业集聚的拥挤效应大于互补效应，因而综合效应也表现为拥挤效应。这一结论可以从两方面进行解释。一方面，制造业发达的城市通常并不是高端生产性服务业发达的城市。对于制造业发达的城市，由于制造业能够推动经济较快增长，政府就不会对高端生产性服务业进行大力投资，从而制造业集聚对高端生产性服务业集聚产生了拥挤效应。另一方面，我国多数城市中传统制造业居于主导地位，现代制造业所占比重较小，这些城市对高端生产性服务业的需求也相应较小。加之高端生产性服务业供给与制造业需求的匹配程度较低，因而高端生产性服务业集聚推动制造业转型升级的效果不够显著。模型（4）对低端生产性服务业聚集的非省会城市的估计结果显示，Lql×Mp 系数为 0.222 且在 1% 的统计性水平上显著，表明制造业规模在低端生产性服务业集聚的经济增长效应中发挥着正向的调节作用。研究样

本中 Mp 的均值为 0.240，加入 Lql×Mp 交互项后，Lql 的偏效应系数为 0.093，表明低端生产性服务业集聚对经济增长的作用显著为正。Lql 偏效应和 Lql×Mp 系数均显著为正的结果表明，非省会城市低端生产性服务业集聚对经济增长的促进作用随制造业规模的上升而增强。这说明在低端生产性服务业聚集的非省会城市中，制造业集聚与低端生产性服务业集聚的互补效应大于拥挤效应，因而综合效应也表现为互补效应。这也可以从两方面进行解释：一是制造业发达的城市往往商品交易规模大，因而对"交通运输、仓储和邮政业""批发与零售业""租赁和商务服务业"等配套服务的需求也较大，进而低端生产性服务业供给与制造业需求的匹配度较高。二是低端生产性服务业的技术和人才门槛相对较低，经济较发达的非省会城市也可以提供高质量的低端生产性服务并向外输出。控制变量估计系数的含义不再赘述。

由此可见，制造业规模对于不同等级城市生产性服务业集聚经济增长效应的调节作用存在显著差异。对于省会城市，制造业规模对不同层级生产性服务业集聚经济效应均不产生显著影响；对于非省会城市，制造业规模对高端生产性服务业集聚经济效应的调节作用为负，而对低端生产性服务业集聚经济效应的调节作用为正。换言之，省会城市制造业集聚与生产性服务业集聚不存在显著的交互作用；非省会城市制造业集聚与高端生产性服务业集聚表现为拥挤效应，与低端生产性服务业集聚表现为互补效应。这就证明了本章的第二个假设。

第四节　产业结构高级化的影响

一、理论分析与假设

配第、克拉克、钱纳里、库茨涅茨等众多著名经济学家均揭示出产业结构向高级化演变的一般规律。对于产业升级与经济增长的关系，学术界存在两种相反的观点，以库兹涅茨为代表的学者认为，经济增长是一个总量过程，总量增大引起部门结构变化和产业结构向高级化演变；而以罗斯托为代表的学者则认为，经济增长是一个部门的过程，产业结构变动推动经济总量的增长。改革开放 40 多年来，中国产业结构升级与经济增长相伴相生。当前我国经济社会已经完成由农业经济向工业经济的转变,并处于由工业经济向服务经济过渡的阶段。对此,学者们均认可由农业经济向工业经济过渡的产业升级过程显著推动了经济增长。那么,是否可以据此认为,继续推动产业结构高级化,促进工业经济尽快向服务经济转变也会为经济增长带来正向影响?结论未必如此简单。因为工业化是一个漫长的过程,对于大多数城市而言,充分实现工业化是大力发展服务业的前提。产业结构合理化对中国经济增长的贡献明显大于产业结构高级化,"一味追求产业结构高级化"的做法是不可取的。进一步的研究指出,产业结构高级化对于正处于工业化阶段的城市并不适合,整体而言,产业结构的反向高级化更能促进城市劳动生产率的提高。

产业结构高级化水平不仅是经济增长的直接影响因素,而且还能与集聚变量产生交互作用进而间接影响经济增长。生产性服务业集聚对经济增长的影响面临着产业结构高级化带来的双向作用。有利的方面表现为:推进产业结构高级化强化了经济体系对知识要素和科学技术的依赖,并为生产性服务业发挥竞争机制和实现知识溢出创造了良好环境。不利的方面表现在:过度推进产业结构高级化会导致生产性服务业供给过剩和制造业发展不足的问题。事实上,我国部分地区盲目强调发展生产性服务业,已经造成了生产性服务业与制造业各自为政的局面。对于不同等级的城市,产业结构高级化对生产性服务业集聚经济增长效应产生的影响存在差异。省会城市是全国或省域的政治、经济、文化中心,推进省会城市产业结构向高级化发展符合城市职能分工,能够强化生产性服务业集聚对经济增长的促进作用;非省会城市市场辐射范围相对较小,生产性服务业主要满足当地经济社会发展的需要,过度推动产业结构升级可能引发生产性服务业供给过剩,进而削弱生产性服务业集聚对经济增长的促进作用。相对而言,产业结构高级化易于对省会城市生产性服务业集聚的经济增长效应产生积极影响,但可能对非省会城市生产性服务业集聚经济效应产生消极影响。

基于以上分析,形成本章的第三个假设。

假设6-3:生产性服务业集聚对经济增长的影响受到产业结构高级化的调节作用,这一作用在不同等级城市间存在差异。

二、模型设定

本节的研究重点是通过调节效应检验,探讨产业结构高级化在生产性服务业集聚影响本地经济增长中发挥的作用。本节关注的调节变量是产业结构高级化（His），用生产性服务业就业人数与制造业就业人数之比衡量。

设定的动态面板模型为：

$$Y_{i,t} = \rho Y_{i,t-1} + \beta_1 aps_{i,t} + \delta aps_{i,t} \times His_{i,t} + \gamma_1 Laggdppc_{i,t} + \gamma_2 Kp_{i,t} + \gamma_3 Hum_{i,t}$$
$$+ \gamma_4 Nas_{i,t} + \gamma_5 His_{i,t} + \gamma_6 Road_{i,t} + \gamma_7 Open_{i,t} + \gamma_8 Gs_{i,t} + u_i + v_t + \varepsilon_{i,t} \quad (6-5)$$

其中，$Y_{i,t}$为城市人均GDP增长率；$Y_{i,t-1}$是被解释变量的一阶滞后项，反映人均GDP增长率变化的延续性；$aps_{i,t}$为生产性服务业集聚水平，用生产性服务业区位商度量；$aps_{i,t} \times His_{i,t}$是生产性服务业区位商与产业结构高级化的交互项；其他均为控制变量，包括滞后一期的人均GDP（$Laggdppc_{i,t}$）、人均资本存量（Kp）、人力资本水平（Hum）、非农产业产值比重（Nas）、产业结构高级化（His）、基础设施（Road）、对外开放（Open）和政府规模（Gs）。

通过生产性服务业集聚与产业结构高级化交互项（$aps_{i,t} \times His_{i,t}$）的估计系数，可以判断产业结构高级化是否存在调节作用以及调节作用的方向。为防止大数据带来的波动，滞后一期的人均GDP、人均资本存量和人力资本均以对数形式进入方程。

三、实证结果与分析

将产业结构高级化作为调节变量引入模型，检验产业结构高级化在不同等级城市不同层级生产性服务业集聚经济增长效应中发挥的调节作用。表6-5中，模型（1）和模型（2）分别检验产业结构高级化在省会城市高端和低端生产性服务业集聚经济增长效应中的调节作用，模型（3）和模型（4）依次检验产业结构高级化在非省会城市高端和低端生产性服务业集聚经济效应中的调节作用。系列相关检验结果显示，模型（1）和模型（4）均不存在一阶序列相关和二阶序列相关，模型（2）和模型（3）虽然存在一阶序列相关，但不存在二阶序列相关。Sargan过度识别检验结果表明模型使用了有效的工具变量。时间效应检验结果显示模型中包含年度虚拟变量。

表6-5中，模型（1）对高端生产性服务业聚集的省会城市的估计结果显示，Lqh×His的系数在统计上不显著，表明产业结构高级化与高端生产性服务业集聚不存在交互效应。模型（2）对低端生产性服务业聚集的省会城市的估计

结果表明，Lql×His 的系数也不显著，表明产业结构高级化与低端生产性服务业集聚也不存在交互效应。模型（1）和模型（2）的估计结果说明，产业结构高级化进程未对省会城市生产性服务业集聚的经济增长效应产生显著影响。因此，尽管在理论上，省会城市更容易获取产业结构升级对生产性服务业集聚经济增长效应的积极作用，但未能得到本研究的实证支持。这或许也是因为当前省会城市的产业结构高级化已达到一个适宜水平。

表 6-5　以产业结构高级化为调节变量的估计结果

变量	(1)	(2)	(3)	(4)
L.y	-0.335*** (-3.26)	-0.247** (-2.28)	-0.127*** (-6.75)	-0.215*** (-4.30)
Ln_Laggdppc	-0.688*** (-6.52)	-0.861*** (-7.23)	-0.542*** (-25.92)	-0.516*** (-10.82)
Ln_Kp	0.112* (1.80)	0.393*** (4.08)	0.095*** (3.96)	0.144*** (3.09)
Ln_Hum	-0.037 (-0.89)	-0.100 (-1.07)	-0.019 (-0.97)	-0.003 (-0.06)
Nas	0.033*** (2.77)	0.041*** (3.79)	0.015*** (5.24)	0.012*** (5.54)
His	-0.005 (-0.18)	0.047 (0.98)	-0.075*** (-2.89)	-0.010* (-1.65)
Road	-0.027 (-0.69)	0.019 (0.40)	0.065*** (2.70)	0.035 (1.60)
Open	0.108 (1.23)	0.146* (1.84)	0.039* (1.64)	0.011* (1.69)
Gs	-1.435** (-2.44)	-4.257** (-2.41)	-0.577*** (-5.57)	-1.565*** (-4.58)
Lqh	0.034 (1.12)	—	-0.016** (-1.98)	—
Lqh×His	-0.005 (-0.36)	—	-0.010*** (-2.94)	—
Lql	—	1.389* (-1.64)	—	0.151*** (3.96)
Lql×His	—	-0.019 (-0.90)	—	-0.028*** (-3.35)

续表

变量	(1)	(2)	(3)	(4)
Cons_	2.865*** (2.98)	2.521** (2.13)	3.146*** (13.43)	2.505*** (6.70)
年度虚拟变量	是	是	是	是
Obs	392	336	560	378
AR (1)	0.1723	0.0264	0.0070	0.3353
AR (2)	0.1186	0.3426	0.1447	0.1276
Sargan	1.0000	1.0000	0.9916	0.9995

注：①括号中数值为解释变量或控制变量对应的 z 值；② * 代表 10% 的显著性水平，** 代表 5% 的显著性水平，*** 代表 1% 的显著性水平；③AR（1）、AR（2）的原假设分别为差分后的残差项不存在一阶序列相关和二阶序列相关，GMM 估计允许存在一阶序列相关但不允许存在二阶序列相关；④Sargan 检验的原假设为工具变量设定合理。

表 6 - 5 中，模型（3）对高端生产性服务业聚集的非省会城市的估计结果显示，Lqh × His 系数为 - 0.010 且在 1% 的统计性水平上显著，表明产业结构高级化在高端生产性服务业集聚经济效应中发挥着负向的调节作用；研究样本中 His 的均值为 1.178，引入 Lqh × His 交互项后，Lqh 的偏效应系数为 - 0.027，表明高端生产性服务业集聚对经济增长的作用显著为负。Lqh 偏效应与 Lqh × His 系数均显著为负的估计结果共同表明非省会城市高端生产性服务业集聚对经济增长的负向作用随产业结构向高级化发展进一步加剧。模型（4）对低端生产性服务业聚集的非省会城市的估计结果显示，Lql × His 的系数为 - 0.028 且在 1% 的统计性水平上显著，表明产业结构高级化在低端生产性服务业集聚经济效应中也发挥着负向的调节作用；研究样本中 His 的均值为 1.213，引入 Lql × His 交互项后，Lql 的偏效应系数为 0.117，表明低端生产性服务业集聚对经济增长的作用显著为正。Lql 偏效应系数显著为正而 Lql × His 系数显著为负的估计结果反映了非省会城市低端生产性服务业集聚对经济增长的促进作用随产业结构向高级化发展而逐渐减弱。可见，产业结构高级化在非省会城市不同层级生产性服务业集聚的经济增长效应中均发挥着负向调节作用。这可能存在两个原因。一方面，非省会城市产业结构向高级化发展，意味着制造业比重不断下降，生产性服务业通过提高制造业效率推动经济增长的作用被弱化。另一方面，非省会城市中生产性服务业的发展规模超过了经济社会的需求。

上述分析显示，产业结构高级化对不同等级城市生产性服务业集聚经济增长效应的影响存在差异。产业结构高级化对省会城市不同层级生产性服务业集聚经济增长效应均不产生显著影响,而对非省会城市不同层级生产性服务业集聚经济效应均发挥负向调节作用。这证明了本章的第三个假设。这一结论还进一步说明非省会城市生产性服务业发展应与制造业保持一定的合理比例,脱离制造业基础追求产业结构高级化将为非省会城市生产性服务业集聚经济效应带来负面影响。

第五节 创新人才的影响

一、理论分析与假设

知识溢出效应是集聚经济的重要来源,内生增长理论特别强调知识溢出对经济增长的促进作用。罗默(1986)构建了知识溢出模型,认为基于区域的知识存量、知识吸收能力以及人力资本存量的空间知识溢出是经济增长的动力源泉。城市的地理邻近性使得劳动力在产业内和产业间的交流极为频繁且无须支付报酬,因此知识溢出效应对城市经济增长的作用更为显著。生产性服务业主要聚集在城市地区,作为知识、技术密集型行业的集合,生产性服务业更容易突破行业和地理范围的限制发挥知识溢出效应,获得规模经济和范围经济。

实现生产性服务业产业内和产业间的知识溢出需要一个有利于知识创新和信息传播的环境。正如基布尔和威尔金森(2000)所认为的,与"创新环境"有关的"集体学习过程"对于知识型集群非常重要。相对于制造业而言,生产性服务业更应当从"创新环境"与"集聚学习"中获取集聚的好处。而"创新环境"和"集体学习过程"都需要发挥创新人才的主体性作用。只有创新人才的优势和潜能得到释放,新知识、新技术、新工艺和新流程才能产生,创新成果也才能在产业内部和产业之间广泛传播与应用。可见,高层次创新人才是形成生产性服务业集聚经济增长效应的重要条件。

长期以来,我国科研机构主要分布在省会城市,从而省会城市集中了大量的高层次创新人才。与此同时,省会与非省会城市在基础设施、公共服务和收入水平方面的显著差距又进一步强化了人才集聚的趋势和高层次创新人才非均衡分布的特征。这使得很多非省会城市面临着人才匮乏的瓶颈,并成为生产性服务业集聚经济效应难以充分发挥的重要原因。可见，创新人才对生产性服务业集聚经济增长效应的影响在省会和非省会城市存在显著差异。此外，生产性服务业细分行业对创新人才的需求存在差别。知识技术含量较高的生产性服务行业对创新人才的需求相对较大，而知识技术含量较低的行业对创新人才的需求相对较小，这可能导致创新人才对不同层级生产性服务业集聚经济增长效应的影响也存在差别。

假设6-4：创新人才有利于生产性服务业集聚经济增长效应的发挥，但这种有利影响在不同等级城市和不同层级生产性服务业的集聚经济效应中存在差异。

二、模型设定

本节的研究重点是通过调节效应检验，探讨创新人才在生产性服务业集聚影响本地经济增长中发挥的作用。本节关注的调节变量是创新人才密度（Dct），用每万人中高校教师数衡量，创新人才密度越大越有利于实现知识溢出。

设定的动态面板模型为：

$$Y_{i,t} = \rho Y_{i,t-1} + \beta_1 aps_{i,t} + \delta aps_{i,t} \times Dct_{i,t} + \gamma_1 Laggdppc_{i,t} + \gamma_2 Kp_{i,t} + \gamma_3 Hum_{i,t} + \gamma_4 Nas_{i,t} + \gamma_5 His_{i,t} + \gamma_6 Road_{i,t} + \gamma_7 Open_{i,t} + \gamma_8 Gs_{i,t} + u_i + v_t + \varepsilon_{i,t} \quad (6-6)$$

其中，$Y_{i,t}$为城市人均GDP增长率；$Y_{i,t-1}$是被解释变量的一阶滞后项，反映人均GDP增长率变化的延续性；$aps_{i,t}$为生产性服务业集聚水平，用生产性服务业区位商度量；$aps_{i,t} \times Dct_{i,t}$是生产性服务业区位商与创新人才密度的交互项；其他均为控制变量，包括滞后一期的人均GDP（$Laggdppc_{i,t}$）、人均资本存量（Kp），人力资本水平（Hum）、非农产业产值比重（Nas）、产业结构高级化（His）、基础设施（Road）、对外开放（Open）和政府规模（Gs）。

通过生产性服务业集聚与创新人才密度交互项（$aps_{i,t} \times Laggdppc_{i,t}$）的估计系数，可以判断创新人才是否存在调节作用以及调节作用的方向。为防止大数据带来的波动，创新人才密度、滞后一期的人均GDP、人均资本存量和人力资本均以对数形式进入方程。

三、实证结果分析

将创新人才密度作为调节变量引入模型，可以考察创新人才对生产性服务业集聚经济增长效应产生的影响。本节研究检验了创新人才密度在不同等级城市不同层级生产性服务业集聚的经济增长效应中发挥的调节作用。表6-6中,模型(1)和模型(2)分别检验创新人才密度在省会城市高端和低端生产性服务业集聚经济增长效应中的调节作用,模型(3)和模型(4)依次检验创新人才密度在非省会城市高端和低端生产性服务业集聚经济效应中的调节作用。序列相关检验结果显示,模型(4)符合一阶序列和二阶序列均不相关的假设,模型(1)~模型(3)存在一阶序列相关和二阶序列不相关,说明模型设定是合理的。Sargan过度识别检验结果显示工具变量是有效的。估计结果拒绝了"无时间效应"的假设,计量模型中均包含年度虚拟变量。

表6-6 以创新人才密度为调节变量的估计结果

变量	(1)	(2)	(3)	(4)
L.y	-0.177** (-2.55)	-0.137* (-1.93)	-0.130*** (-8.18)	-0.233*** (-5.77)
Ln_Laggdppc	-0.893*** (-8.10)	-0.874*** (-7.91)	-0.543*** (-29.59)	-0.491*** (-8.92)
Ln_Kp	0.534*** (3.85)	0.376*** (4.17)	0.098*** (4.00)	0.116*** (2.67)
Ln_Hum	-0.112 (-0.85)	-0.054 (-1.45)	-0.017 (-0.77)	0.013 (0.39)
Nas	0.032*** (2.63)	0.024* (1.73)	0.014*** (5.05)	0.010*** (3.79)
His	-0.053 (-1.52)	-0.082 (-1.54)	-0.091*** (-3.32)	-0.035* (-1.93)
Road	-0.053 (-1.29)	-0.065 (-1.40)	0.056** (2.33)	-0.007 (-0.23)
Open	0.006 (0.07)	0.031 (1.32)	0.050** (2.00)	0.055** (2.45)
Gs	-3.767*** (-2.94)	-0.566** (-2.28)	-0.619*** (-5.28)	-1.780*** (-5.05)
Lqh	0.075*** (2.86)	—	-0.042*** (-2.67)	—
Lqh × Dct	0.00003 (1.04)	—	0.0002* (1.63)	—

续表

变量	(1)	(2)	(3)	(4)
Lql	—	1.406** (2.03)	—	0.075** (2.45)
Lql × Dct	—	2.84e−06 (0.21)	—	0.00002*** (4.51)
Cons_	1.269 (1.155)	1.755 (1.59)	3.228*** (14.12)	—
年度虚拟变量	是	是	是	是
Obs	392	336	560	378
AR (1)	0.0631	0.0096	0.0079	0.3558
AR (2)	0.7850	0.7937	0.1275	0.1181
Sargan	1.0000	1.0000	0.9834	0.9999

注：①括号中数值为解释变量或控制变量对应的 z 值；②* 代表10%的显著性水平，** 代表5%的显著性水平，*** 代表1%的显著性水平；③AR（1）、AR（2）的原假设分别为差分后的残差项不存在一阶序列相关和二阶序列相关，GMM 估计允许存在一阶序列相关但不允许存在二阶序列相关；④Sargan 检验的原假设为工具变量设定合理。

表 6 – 6 中，模型（1）的估计结果显示，Lqh × Dct 的系数在统计上不显著。与此同时，模型（2）的结果也显示，Lql × Dct 的系数也不显著。这表明创新人才密度与省会城市不同层级生产性服务业集聚均不存在交互作用，说明创新人才对省会城市高端和低端生产性服务业集聚的经济增长效应不产生显著的调节作用。这可能是因为省会城市是高校和科研院所的云集之地，人才储备充足且已充分实现了人力资源优势对生产性服务业集聚经济增长效应的积极作用，继续增大创新人才密度不会提升生产性服务业集聚的经济增长效应。

模型（3）对高端生产性服务业聚集的非省会城市的估计结果显示，Lqh × Dct 的系数为 0.0002 且在10%的统计性水平上显著，表明创新人才密度在高端生产性服务业集聚经济效应中发挥着正向的调节作用；研究样本中 Dct 的均值为11.0，引入 Lqh × Dct 交互项后，Lqh 的偏效应系数为 − 0.039，表明高端生产性服务业集聚对经济增长的作用显著为负。Lqh 偏效应系数显著为负而 Lqh × Dct 系数显著为正的估计结果表明，非省会城市高端生产性服务业集聚对经济增长的负向作用随着创新人才密度的增大逐渐减弱。模型（4）对低端生产性服务业聚集的非省会城市的估计结果显示，Lql × Dct 的系数为 0.00002 且在1%的统计性水平上显著，表明创新人才密度在低端生产性服务业集聚经济效应中发挥着正向调节作用；研究样本中 Dct 的均值为 11.0，引入 Lql×Dct 交互项后，Lql 的偏效应系数为 0.077，表明低端生产性服务业集聚对经济增长的作用显著为正。Lql 偏效应和 Lql×Dct 系数均显著为正的估计结果揭示出非省会城市低端生产性服务业集聚对经济增长的正向作用随着创新人才密度的增大而增强。可见，创新人才密度在非省会城市不同层级生产性服务业集聚经济增长效应中均发挥着正向调节作用。这是因为，长期以来我国形成了科研资源集中在省会城市的格局，非省会城市中高层次创新人才较少，并制约着生产性服务业集聚经济效应的发挥，因而创新人才增加会对非省会城市生产性服务业集聚经济效应产生积极影响。

由此可见，创新人才密度对省会城市不同层级生产性服务业集聚的经济增长效应均未发挥显著的调节作用，表明创新人才不是制约省会城市生产性服务业集聚经济效应的因素。与此同时，创新人才密度在非省会城市不同层级生产性服务业集聚的经济增长效应中均发挥着正向调节作用，说明非省会城市吸引创新人才有利于发挥生产性服务业集聚的经济增长效应。这证明了本章的第四个假设。

第六节 小 结

本章首先通过理论分析提出经济发展水平、制造业规模、产业结构高级化和创新人才密度是生产性服务业集聚经济增长效应重要调节因素的假设，然后利用 2004~2018 年地级城市面板数据检验了上述因素在生产性服务业集聚的经济增长效应中发挥的调节作用。遵循第四章的实证分析过程，本章确定了高端生产性服务业聚集的省会城市、低端生产性服务业聚集的省会城市、高端生产性服务业聚集的非省会城市和低端生产性服务业聚集的非省会城市四个研究样本。计量方法采用能够克服内生性问题且在小样本情形下具有优势的系统 GMM 估计法。

实证结果依次证明了本章提出的四个假设。首先，对经济发展水平调节作用的检验得出了与威廉姆森假设相反的结论。经济发展水平对不同等级城市不同层级生产性服务业集聚经济增长效应均发挥着显著的正向调节作用，表明伴随着城市经济水平的提高，生产性服务业集聚对经济增长的积极影响逐渐增强。其次，对制造业规模调节作用的检验结果显示，制造业规模对不同等级城市不同层级生产性服务业集聚经济增长效应的调节作用存在显著差异。由于省会城市生产性服务业的供给要同时满足自身及其经济腹地的发展需求，因而生产性服务业集聚对经济增长的作用不再受到当地制造业规模的制约。但非省会城市的生产性服务业供给主要为地方经济发展服务，仍然受到当地制造业规模的显著影响。具体而言，非省会城市制造业与高端生产性服务业集聚主要表现为拥挤效应，而与低端生产性服务业集聚主要表现为互补效应。再其次，对产业结构高级化调节作用的检验结果表明，产业结构高级化对省会城市不同层级生产性服务业集聚的经济增长效应均不产生显著影响，而对非省会城市不同层级生产性服务业集聚的经济增长效应均发挥负向调节作用。这是因为省会城市较早进入以服务业为主导的发展阶段，产业结构向高级化发展不会削弱生产性服务业集聚对经济增长的积极作用。与此同时，非省会城市大多处于工业化阶段，过度推进产业结构高级化会使其成为生产性服务业集聚经济增长效应的制约因素，可见，非省会城市应尤为重视生产性服务业与制造业的互动与匹配。最后，对创新人才密度调节作用的检验结果表明，创新人才密度对省会城市不同层级生产性服务业集聚的经济增长效应均不产生显著影响，但对非省会城市不同层级生产性服务业集聚经济效应均发挥正向调节作用，说明生产性服务业适宜集中在教育科研资源充裕的城市。实证分析结果显示，每一个研究样本引入交互项后，集聚变量偏效应估计系数的符号都与第四章未引入交互项时的符号相一致，说明模型估计结果稳健。

概括而言，在本章重点关注的四个调节因素中，经济发展水平对不同等级城市不同层级生产性服务业集聚的经济增长效应均发挥着正向调节作用，而制造业规模、产业结构高级化和创新人才密度仅对非省会城市生产性服务业集聚的经济增长效应产生显著的调节作用。这反映了省会城市生产性服务业集聚经济增长效应的制约因素较少，而非省会城市生产性服务业集聚经济增长效应的约束条件相对较多。

第七章 结论建议与展望

第一节 主要结论

本书梳理了国内外学者有关生产性服务业集聚及其经济效应的主要文献，揭示了我国生产性服务业的发展现状和集聚特征，论述了生产性服务业集聚影响核心区和外围区经济增长的机理。在此基础上，利用我国 285 个地级及以上城市 2004~2018 年的面板数据，基于层级分工视角探讨了生产性服务业集聚对经济增长的影响，基于空间交互视角分析了集聚对经济增长的空间效应，并进一步探讨了经济发展水平、制造业规模、产业结构高级化和创新人才密度对生产性服务业集聚经济效应的调节作用。通过理论和实证分析，本书得出了如下主要结论。

一、生产性服务业集聚是影响经济增长的重要因素

本书通过评析生产性服务业集聚与经济增长关系的相关文献，明确了两者间存在着密切关联。基于本地溢出效应模型，系统论述了生产性服务业集聚影响核心区和外围区经济增长的机理。研究认为，生产性服务业集聚会对核心区带来正向规模效应和负向拥挤效应，其最终影响取决于规模效应和拥挤效应的作用结果。与此同时，生产性服务业集聚将对外围区产生正向涓滴效应和负向极化效应，其空间溢出效应取决于涓滴效应和极化效应的相对强弱。因此，生产性服务业集聚既有可能促进本地和邻近区域的经济增长，也可能对其产生负向阻碍作用。

二、生产性服务业集聚在不同等级城市和地理区域存在显著差距

综合区位基尼系数、产业集中度指数和区位商的测算结果可知,我国高端和低端生产性服务业集聚均呈现增强趋向。高端生产性服务业集聚水平相对较低但持续增强,低端生产性服务业集聚水平较高但波动明显;高端生产性服务业集中在首都的趋势明显,低端生产性服务业集中在前四位和前十位城市的特征显著。对不同等级城市的对比分析显示,省会城市高端和低端生产性服务业集聚水平远高于非省会城市。对不同区域的对比分析表明,东部地区不同层级生产性服务业集聚水平均高于中部和西部地区。这揭示出我国生产性服务业主要分布在省会城市和东部地区的空间特征。

三、高端和低端生产性服务业集聚对城市经济增长具有差异化影响

本书针对不同层级生产性服务业集聚与经济增长的关系进行了面板格兰杰因果检验,并对其经济增长效应进行了动态面板回归分析。面板格兰杰因果检验表明,高端和低端生产性服务业集聚均是经济增长的"格兰杰因",表明不同层级生产性服务业集聚的滞后项有助于预测经济增长。引入控制变量后,差分 GMM 估计和稳健性检验的结果表明,低端生产性服务业集聚显著促进了经济增长,高端生产性服务业集聚对经济增长没有显著影响。高端生产性服务业集聚的积极影响未得到有效发挥,一方面是因为高端生产性服务业发展需要大量的初始投入且投资周期较长,另一方面则是因为多数城市中高端生产性服务业供给未能有效满足下游产业的发展需求。

四、合理的层级分工是发挥生产性服务业集聚规模效应的重要前提

本书将地级及以上城市划分为省会和非省会城市两大等级。对不同等级城市进行动态面板模型估计的结果显示,高端生产性服务业集聚显著促进了省会城市的经济增长,但对非省会城市经济增长的影响并不显著;同时,低端生产性服务业集聚显著促进了省会和非省会城市的经济增长,且这一作用在省会城市更加突

出。这表明在布局生产性服务业时应重视层级分工,省会城市适宜发展不同层级的生产性服务业,非省会城市则适宜重点发展低端生产性服务业。

五、高端和低端生产性服务业集聚对经济增长的空间效应具有差异

在考虑集聚及经济增长空间相关性的条件下,分别基于逆距离权重和邻接权重进行空间杜宾模型的估计结果表明,高端生产性服务业集聚未能有效促进本地经济增长但对邻近城市产生了正向溢出;低端生产性服务业集聚虽然显著促进了本地经济增长却对邻近城市形成了负向溢出。这是因为高端生产性服务业知识技术密集、市场辐射范围大,其集聚能促进城市间广泛开展知识技术交流和产业合作,进而产生了正向空间溢出;与之相反的是,低端生产性服务业发展的资本和知识技术门槛较低,且辐射范围较小,其集聚导致相邻城市围绕要素和市场形成竞争,进而产生了负向空间溢出。

六、生产性服务业集聚对经济增长的空间效应存在区域分异

对东、中、西部地区的分组估计显示,中部地区生产性服务业集聚对经济增长的积极影响最为显著。中部地区高端生产性服务业集聚对邻近城市经济增长具有正向溢出效应,低端集聚对本地与邻近城市的增长均具有促进作用;东部和西部地区生产性服务业集聚对经济增长的积极影响并不显著。进一步对不同区域生产性服务业集聚空间效应的分阶段探讨表明,在我国经济由高速增长期进入中高速增长期后,东部和中部地区集聚的积极影响趋于减弱,西部地区集聚的积极影响趋于增强。

七、生产性服务业集聚的经济增长效应受到社会经济因素的调节作用

在实证分析中引入生产性服务业集聚与潜在调节因素的交互项,检验结果表明,不同等级城市生产性服务业集聚经济增长效应所受的制约有所差异。经济发展水平对所有城市生产性服务业集聚的经济增长效应均发挥了显著的调节作用,而制造业规模、产业结构高级化和创新人才密度仅对非省会城市集聚的经济增长

效应产生明显的调节作用。对经济发展水平调节效应的检验得出了与威廉姆森假设相反的结论，即随着经济发展水平的提高，不同等级城市不同层级生产性服务业集聚对经济增长的积极作用均明显增强。对制造业规模调节效应的检验发现，非省会城市制造业与高端生产性服务业集聚主要表现为拥挤效应，而与低端生产性服务业集聚主要表现为互补效应，反映出制造业与高端生产性服务业的互动不足。对产业结构高级化调节效应的检验结果表明，当产业结构向高级化发展时，会加剧高端生产性服务业集聚对经济增长的阻碍作用，而弱化低端生产性服务业集聚对经济增长的促进作用。对创新人才密度调节效应的检验结果显示，非省会城市中创新人才密度越大，越有利于发挥高端和低端生产性服务业集聚的经济增长效应。

第二节 政策建议

本书得出的结论对于优化生产性服务业布局、促进行业结构调整、发挥生产性服务业集聚的积极影响具有重要的政策启示。新常态下，我国生产性服务业集聚发展应遵循强化积极影响、弱化消极影响的原则，采取切实有效的政策措施，摆脱"高集聚、低专业、强政区、弱市场"的传统道路，充分发挥不同层级生产性服务业集聚对经济增长的积极影响。

一、营造生产性服务业发展的有利环境

良好的外部环境是生产性服务业发展壮大的前提，也是充分释放生产性服务业集聚积极影响的基础。为此，中央和地方政府应健全政策体系，消除制约因素，着力改善生产性服务业发展的外部环境，充分发挥市场机制在生产性服务业资源配置中的基础性作用。

（一）健全生产性服务业发展的政策体系

政府应善于应用政策之手引导生产性服务业发展。首先，将生产性服务业纳入产业扶持范畴，从财税、金融、土地等方面给予支持。完善生产性服务业的税种设置，废除不合理的收费项目，重点扶持具有竞争优势的知识技术密集型行

业；完善金融支撑体系，放宽对民营资本的限制，促进生产性服务业投资主体多元化，并通过设立创业基金、简化贷款手续方便企业融资；充分考虑生产性服务业的用地需求，优先安排用地项目。其次，建立公开透明、高效规范的市场监管机制，发挥好政府和行业协会的作用。一方面，在避免政府垄断经营的前提下，加强市场监管，严厉打击违法、违规和失信行为，营造诚实守信的市场环境。另一方面，积极引导生产性服务业协会发展，充分发挥行业协会对市场主体的监督、管理和服务职能，保障行业内市场主体的合法权益。最后，加大知识产权保护力度，鼓励企业自主创新。完善法律法规，健全知识产权保护的法律依据；加快制度创新，促使知识产权所有者与地方政府结成利益联盟，增强地方政府实施知识产权保护的积极性和执行力；细化高技术产业的知识产权保护方案，释放企业自主创新的动力。

（二）破解生产性服务业发展的制约瓶颈

我国不同区域生产性服务业发展均面临着一定的瓶颈。当前，东部地区主要面临着集聚阴影效应和产业结构趋同的困境，中部地区存在承接产业转移层次不高的突出问题，西部地区则受到交通通信设施落后和城市联系不足的制约。为有效促进生产性服务业发展，各区域应有的放矢重点解决突出问题。东部地区应重点消除集聚阴影效应并降低产业结构趋同度。集聚阴影形成的主要原因是部分中小城市不具备承接产业转移和技术溢出的能力。想要削弱集聚阴影效应，既需要中心城市优化集聚与扩散机制，更需要中小城市积极探索摆脱阴影的路径。集聚区内的城市应积极改善承接产业转移的经济技术环境，构建吸引外来资本的政策环境，将与中心城市邻近的区位优势转化为发展的竞争优势。产业结构趋同问题应主要通过实施创新驱动战略予以解决。应加大高层次人才的培养和引进力度，加快科技创新和组织创新，促进生产性服务业向高端化、多样化发展，培育各具特色的生产性服务业格局。中部地区应重点加快承接产业转移和促进服务外包。当前中部地区承接产业转移成效显著，未来应重点提升承接产业转移的层次，促进工业体系优化升级，从而增加对高端生产性服务业的需求。与此同时，中部地区还应加快制造业服务外包进程，形成生产性服务业的需求增长点。西部地区则应重点推进基础设施建设和城市联动发展。一方面，应积极加快以等级公路、高速铁路为主的交通网络建设和通信设施建设，努力提高城市的空间可达性和信息化水平,克服自然地理障碍,扩大生产性服务业集聚的溢出范围;另一方面,应着力打破地方保护主义,建设开放型区域市场,扩大城市交流与合作,构建城市间协同发展机制。

二、优化生产性服务业空间布局

我国生产性服务业空间布局应以推进区域一体化进程、构建区域协同发展机制为原则。从国家层面来看,应以《全国城镇体系规划纲要(2005－2020年)》提出的网络化、开放型城镇空间结构为基础,在开放的视域下优化生产性服务业布局,在竞争与合作中促进区域协调发展。从城市层面来看,各地在制定生产性服务业发展战略时,应同时考虑本地和临近区域的产业构成及竞争优势,充分发挥生产性服务业集聚的涓滴效应。

(一)促进区域联动发展,避免生产性服务业低水平重复建设

地方经济"跟风式"发展是制约我国产业结构调整和空间布局优化的重要因素。自中央提出大力发展服务业的战略后,各地在竞相发展生产性服务业的过程中出现了非理性攀比,导致出现生产性服务业盲目发展和重复建设现象,这加剧了省域及城市间本就长期存在的行政壁垒和地方保护主义。各级城市政府不应只局限于自身的产业基础条件和要素禀赋状况,而应从更宽阔的视野出发,灵活调整生产性服务业集聚模式。在区域经济一体化的背景下,以城市群的视域布局生产性服务业显得非常迫切。中央政府应以《全国城镇体系规划纲要(2005－2020年)》提出的重点发展地区和城市①为中心优化生产性服务业布局,加快区域一体化进程,消除因行政区划产生的条块分割,避免行政壁垒导致的恶性竞争。在具体实施中,中央政府应以都市区或城镇带为单位,建立跨区域协调机制,促进生产性服务业要素和产品自由流动,在分工协作中实现生产性服务业集聚发展。地方政府应根据城市分工和资源禀赋制定生产性服务业发展战略,中心城市应加快生产性服务业集聚并发挥其对临近城市的辐射作用,逐渐成为经济腹

---

① 《全国城镇体系规划纲要(2005－2020年)》提出的重点发展地区和城市包括京津冀、长江三角洲、珠江三角洲等大都市连绵区,以及"一带六轴"(东部城镇带,京广发展轴、长江发展轴、陇海兰新发展轴、京—呼—银—兰—成—昆—北部湾发展轴、哈大发展轴、上海—南昌—长沙—贵阳—昆明发展轴)。

地的"技术池"和市场区；中小城市应紧抓中心城市产业扩散的机遇，深化垂直分工和产业链延伸，在城市群内形成错位分工、优势互补、区域联动的生产性服务业发展格局。各地在编制生产性服务业发展规划时，应与城市总体规划及城市交通规划、环境规划等部门规划保持协调，实现"多规合一"，形成区域规划"一张图"。

（二）推动生产性服务业集群式发展

产业集群是提升区域产出效率和综合竞争力的有效模式，产业集群演进规律表明，生产性服务业具有比制造业更显著的集聚特征。改革开放以来，中国制造业采取工业园区集群模式形成了显著的规模经济效应。但近年来，部分制造业高度集聚的城市已表现出拥挤效应。在"退二进三"的政策背景下，应借鉴制造业发展模式推进生产性服务业梯度集聚与集群发展，以激发生产性服务业集群的综合优势。一是在北京、上海、广州、天津等全球职能城市建设具有国际影响力的生产性服务业综合改革试验区。支持它们发展成为世界性的服务业集聚中心，重点促进高端生产性服务业发展，并适度分散不能带来集聚规模效应的低端行业。二是以京津冀、长江三角洲、珠江三角洲等大都市连绵区和省会城市为核心阵地，布局一批发展潜力充沛、配套设施完善的生产性服务业园区和基地。实施产业优化升级战略，推动产业结构向高级化、高新化发展，发挥生产性服务业集聚对本地及周边区域经济增长的促进作用。三是在"一带六轴"上具有较高经济发展水平的非省会城市重点建设一批低端生产性服务业集聚区，在少数具有良好产业基础和充裕人力资源的非省会城市建设高端生产性服务业集聚区。四是在处于工业化初期或中期的中小城市，以服务工业发展为导向，依据"人无我有，人有我专"的思路重点发展少数几种生产性服务行业。

三、因地制宜选择生产性服务业集聚策略

地方政府应在充分认识生产性服务业集聚的基础上制定集聚策略。加快生产性服务业发展并不等同于推进生产性服务业集聚。生产性服务业发展可以在所有城市同时实现，而其集聚只能形成于少数城市之中。基于生产性服务业层级分工的客观性，地方政府应依据城市职能分工、战略定位、经济基础和产业结构制定生产性服务业集聚策略，以将集聚水平维持在适度范围，充分发挥集聚的规模

效应。

（一）生产性服务业集聚应与城市职能分工相一致

城市职能很大程度上决定了其资源总量和市场范围。省会城市是资金、技术和人才的重要集聚地，其雄厚的物质资本和人力资源能够支撑高端生产性服务业发展，与此同时，省会城市作为全国或省域的中心，具有较大的辐射半径和市场需求。因而，省会城市生产性服务业供给不仅要满足本地经济社会发展的需要，还要满足全国或省域内其他城市的发展需求。与之相反的是，非省会城市高端生产性服务业发展面临着诸多困难。在供给方面，高层次人才缺乏和创新环境缺失导致非省会城市难以提供创新性服务；在需求方面，经济腹地狭小增加了其向外输出的困难。因此，不同等级城市应制定差异化的发展战略以实现分工协作与优势互补。省会城市应确立高端生产性服务业为主、不同层级生产性服务业协调发展的战略；与之相对的是，非省会城市应确立"低端为主、高端为辅"的战略，重点发展批发与零售业、交通运输、商务服务等资本和科技含量较低的生产性服务业。简而言之，对于不同等级的城市应实施"高等级城市布局不同层级生产性服务业，低等级城市布局低端生产性服务业"的基本策略。

（二）非省会城市应以服务地方经济为宗旨

经济腹地狭小决定了非省会城市生产性服务业集聚应以服务地方经济为宗旨。非省会城市在确定生产性服务业主导产业和重点行业时，应根据本地经济社会需要，重点发展地方经济亟须的行业，实现生产性服务业供给与经济社会需要相适应。对于少数拥有广阔经济腹地且具备生产性服务业突出优势的非省会城市，应推动生产性服务业全面发展，将其打造成为地方经济增长的引擎；对于经济较发达的制造业城市，应基于制造业基础重点发展与轻纺工业或机械、电子制造业配套的生产性服务业；对于经济较发达的资源型城市，应优先发展资源加工业所需的生产性服务业配套；对于经济基础薄弱、产业优势不明显的城市，则应在加快工业发展的基础上，建立与本地工农业发展需求相适应的生产性服务业体系。

四、促进生产性服务业与下游产业互动融合

生产性服务业是为工业、农业及其他服务业提供中间投入的行业，下游产业

的发展会为生产性服务业创造大量需求。因此，应促进制造业及其他下游产业转变"自给自足""自我服务"的传统理念，增大生产性服务业市场需求，深化上下游产业的分工合作，发挥生产性服务业集聚在产业链延伸、价值链攀升以及社会生产率提升方面的积极作用。

（一）加强生产性服务业与制造业的互动

生产性服务业是在专业化分工背景下从制造业中剥离出来的，制造业与生产性服务业存在相互促进、共同发展的关系。当前，制造业仍然是我国生产性服务业市场需求的最重要来源，而生产性服务业又是制造业产业链延伸和价值链攀升的重要支撑。但现实中，部分城市存在生产性服务业和制造业发展各自为政的状况。因此，应从生产性服务业的供求两端深化产业分工协作、强化产业互动融合。从需求方面来看，制造业的"自我服务功能"是抑制生产性服务业市场需求扩大的重要因素，因而制造业应加快产业链延伸并推进服务外包进程。为改变制造业企业效率偏低、资源配置不当的现状，应鼓励制造企业利用核心优势整合企业资源，逐步将核心竞争力从价值链中游环节向上游和下游环节转移，重点在研发设计、品牌运作、市场营销、售后服务等环节探寻利润空间，并将非核心的服务环节让渡给市场化的生产性服务业企业，促进生产性服务业形成规模经济效应。从供给方面来看，生产性服务业供给不能有效满足制造业需求是两者缺乏有效互动的重要原因，因而生产性服务业应围绕制造业转型升级的需要不断优化供给结构。由产业互动的原理可以推断，科技进步和管理创新是引领制造业向现代化发展的重要力量，而高端生产性服务业是制造业转型升级的有力支撑。因此，具备高端生产性服务业竞争优势的城市应重点提升科技创新水平，发挥高端生产性服务业对制造业发展的引领作用；不具备高端生产性服务业竞争优势的城市则应积极调整行业结构，使生产性服务业结构与制造业规模与技术相匹配。此外，还应优化产业空间布局，引导生产性服务业进一步向中心城市集中，鼓励制造业向中小城市转移，建立中心城市与中小城市的"服务—生产"分工体系。

（二）增进生产性服务业与其他下游产业的融合

随着社会分工深化，生产性服务业的下游产业逐渐由制造业扩展到国民经济各部门。因此，促进生产性服务业与下游产业的有机互动，不仅应加强生产性服务业与制造业的互动，还应增进生产性服务业与其他相关产业的融合，提高工业、农业及其他服务业中间投入品的比例。首先，应发掘生产性服务业推进农业现代化的积极作用。长久以来，我国农业生产沿袭着专业化、社会化和商品化程度均较低的小农生产方式，在农业资源日趋紧张、环境压力日益增大的形势下，这种传统的农业生产方式亟待转变。推动传统农业走向现代农业，应围绕农业生产的各个环节，加快构建以科技推广、信贷支持、产品营销和物流运输为主体的农村生产服务体系。其次，应强化生产性服务业促进战略性新兴产业发展的积极作用。战略性新兴产业具有知识技术含量高、物质资源消耗少、成长潜力大、综合效益好的突出优势。当前，我国战略性新兴产业整体处于成长初期。建立健全战略性新兴产业所需的生产性服务业配套，有利于促进其充分发展。与此同时，战略性新兴产业的成长又会反过来推动生产性服务业走向专业化和高端化。最后，应发挥服务业的"自增强"机制。产业融合不断深化促使消费性服务业对生产性服务业的需求日益增长，并且生产性服务业细分行业间的需求也逐渐增多。因此，应充分发挥生产性服务业在服务供给中的辅助作用，增强服务业内部的产业关联，并通过体制创新和政策创新促进服务业繁荣发展和有序竞争，从而为生产性服务业发展创造广阔的市场空间。

五、有序推进产业结构向高级化发展

产业结构高级化是产业结构演变的一般规律，适度推进产业结构高级化能够为经济增长注入新的活力，但过度强调高级化则可能造成"产业空心化"并对经济增长产生阻碍作用。因此，应充分认识产业结构高级化对城市经济增长的差异化作用，在适度性的原则下推进产业结构向高级化发展。

（一）客观认识产业结构高级化和产业结构合理化的作用

产业结构调整促进经济增长的根本原因在于要素从生产率水平较低或生产率增长较慢的部门流向生产率水平较高或生产率增长较快的部门带来的"结构红利"。产业结构优化升级的目标包括产业结构合理化和产业结构高级化两个方面，产业结构合理化重点强调产业协调和资源有效配置的程度，产业结构高级化则主要强调非农产业特别是服务业的发达程度。产业结构合理化显著推动了经济增长，而产业结构高级化对经济增长的作用具有较大的不确定性，既可能促进经济增长，也可能抑制经济增长，而且产业结构高级化虽然有利于服务业生产率的提

升,却不利于工业结构的调整与升级。因此,对于我国大多数城市而言,产业结构合理化的意义比产业结构高级化更为重要。地方政府在制定产业政策和调整产业结构时应在实现产业结构合理化的基础上,推进产业结构向高级化发展。

(二) 因地制宜制定产业结构优化升级的政策

当前我国正处在由工业经济向服务经济过渡的时期,加快生产性服务业发展有助于改善部分城市商品附加值偏低的问题,然而,这并不意味着所有城市均已进入到适宜大力发展生产性服务业的阶段。欠发达城市依靠行政力量追求产业结构高端化和行业结构完整性,将脱离当地经济发展实际,进而导致产业结构失衡和资源配置不当。因此,地方政府应依据自身经济发展阶段和产业结构特点科学确定产业结构调整和优化的重点,发挥产业结构高级化对经济增长的有利影响并避免其可能产生的消极作用。对于已进入工业化后期或后工业化时期的大城市或特大城市,应加快生产性服务业发展和集聚,充分利用产业结构高级化对当地经济增长的推动力量和对周边地区的辐射作用,并避免产业升级中可能出现的"产业结构空心化"现象;对于经济较发达但仍以制造业为主导产业的城市,应积极培育高附加值的制造业,并重视发展高附加值制造业所需的生产性服务业配套,实现产业结构高级化和产业结构合理化的协调统一;对于经济欠发达的中小城市则应重点推进工业化进程,避免不切实际地推动产业结构向高级化发展。

六、拓宽生产性服务业知识溢出渠道

通畅的知识溢出渠道是形成学习效应和协同效应,并发挥生产性服务业集聚规模效应和溢出效应的重要前提。为此,应重视加强人力资源建设,深化企业与高校、科研院所的交流合作,创建通畅的知识溢出渠道。

(一) 重视生产性服务业人才培养和开发

生产性服务业从业人员的知识储备和专业化程度是决定行业发展水平的重要因素。我国生产性服务业发展总体缺乏研发创意人才和专门技术人才,并且非省会城市的人才短缺问题尤为突出。为突破人才匮乏的瓶颈,应建立多层次的人力资源开发体系,促使生产性服务业人才队伍结构与行业发展需要相适应。首先,应强化高等教育为地方经济发展服务的职能。应使高等院校学科专业设置符合本地的服务经济进程和科技创新需要。普通高等院校和高等职业院校应在充分开展市场调研的基础上，增设与生产性服务业相关的紧缺专业，培养生产性服务业专门人才。其次，应完善社会化人才培养机制。社会化人才培养机制主要包括培训和职业资格认证。生产性服务业领域的新技术和新模式日新月异，企业应根据实际工作需要，积极组织开展岗前培训和在职培训，形成制度化的人员培训体系，使从业人员掌握并不断更新从业知识和技能。同时，还应从职业资格标准、考试内容、管理制度等方面健全职业资格认证制度，发挥职业资格认证对提升从业人员素质的积极作用。最后，应健全生产性服务业高层次人才流动机制。高层次人才是先进知识技术的创造者和传播者，企业应根据发展需要引进国内外高层次科技管理人才，鼓励员工外出交流学习，通过"引起来"和"走出去"的双向战略增强人才储备。

（二）完善生产性服务业协同创新平台

充分发挥生产性服务业集聚的知识溢出效应，需要从知识创新源头和信息流通渠道两方面构建协同创新平台，走"产学研联盟"之路，形成高效创新的供给机制与合作共赢的利益机制。首先，应鼓励生产性服务业企业自主创新。自主创新是企业发展的不竭动力和利润的重要来源。生产率较高的企业应重视加大研发投入，增大自主创新力度，提升技术创新水平和管理创新效率。其次，应加强企业交流与合作。通过构建科技创新平台，集中科技资源，促进上下游产业分工协作，加快高新技术、先进理念在行业内和行业间扩散传播。生产率较低的企业应重点提升学习和模仿能力，通过模仿、吸收和应用先进企业的知识创新成果发挥后发优势、提高经营管理效率。最后，应加快科技成果转化为经济效益的速度。为改善我国科技研发与生产活动脱离的局面，应推进产学研一体化进程。依托科技中介服务机构，深化生产性服务企业与高等院校、科研院所的合作，建立以企业为主体、高等院校和科研机构为支撑、科技中介服务机构为纽带的协同创新与技术交流体系，加快科技成果向现实生产力转化。

第三节 研究展望

本书还存在一些值得深入挖掘的问题，未来作者将在以下方面开展更深入的研究。

第一，本书探讨了高端和低端生产性服务业集聚的经济增长效应，但未揭示生产性服务业细分行业集聚对经济增长的差异化影响。后续研究应深入分析生产性服务业细分行业集聚的效应，及其在不同等级城市和地理区域的差异。

第二，本书基于理论分析方法阐述了生产性服务业集聚对本地和邻近区域经济增长的作用路径，后续研究应强化集聚对经济增长作用路径的实证分析，并比较其在不同等级城市和地理区域的差异。

第三，本书基于理论分析方法讨论了生产性服务业集聚规模效应和涓滴效应的制约因素，后续研究应依托经验数据和实证分析，对集聚规模效应和涓滴效应的制约因素做更具说服力的探讨。

参考文献

[1] 安虎森. 增长极理论评述 [J]. 南开经济研究, 1997 (1): 31-37.

[2] 安虎森等. 新经济地理学原理（第二版）[M]. 北京: 经济科学出版社, 2009.

[3] Batisse C. 专门化、多样化和中国地区工业产业增长的关 [J]. 世界经济文汇, 2002 (4): 49-62.

[4] 蔡翼飞. 我国服务行业集聚特征分析 [J]. 发展研究, 2010 (3): 35-40.

[5] 曹聪丽, 陈宪. 服务业集聚与城市技术进步 [J]. 科学学研究, 2017 (2): 230-239.

[6] 曹聪丽, 陈宪. 生产性服务业集聚、城市规模与经济绩效提升——基于空间计量的实证研究 [J]. 中国经济问题, 2018 (2): 34-45.

[7] 陈得文. 要素集聚与区域经济增长效应研究 [D]. 南京: 南京航空航天大学, 2012.

[8] 陈国亮. 新经济地理学视角下的生产性服务业集聚研究 [D]. 杭州: 浙江大学, 2010.

[9] 陈佳贵, 黄群慧, 钟宏武. 中国地区工业化进程的综合评价和特征分析 [J]. 经济研究, 2006 (6): 4-15.

[10] 陈健, 史修松. 产业关联、行业异质性与生产性服务业发展 [J]. 产业经济研究, 2008 (6): 16-22.

[11] 陈建军, 陈国亮, 黄洁. 新经济地理学视角下的生产性服务业集聚及其影响因素研究——来自中国222个城市的经验证据 [J]. 管理世界, 2009 (4): 83-95.

[12] 陈强. 高级计量经济学与Stata应用（第二版）[M]. 北京: 高等教育

出版社，2014.

[13] 陈曦. 中国城市生产性服务业地域分工的演化特征与效应——基于空间面板杜宾模型 [J]. 城市发展研究，2017（3）：102-109.

[14] 陈晓峰. 长三角生产性服务业空间集聚与城市经济增长 [J]. 南通大学学报（社会科学版），2015，31（6）：6-12.

[15] 程大中. 中国生产者服务业的增长、结构变化及其影响——基于投入—产出法的分析 [J]. 财贸经济，2006（10）：45-52.

[16] 程大中. 中国生产性服务业的水平、结构及影响——基于投入—产出法的国际比较研究 [J]. 经济研究，2008（1）：76-88.

[17] 程大中，陈福炯. 中国服务业相对密集度及对其劳动生产率的影响 [J]. 管理世界，2005（2）：77-84.

[18] 程中华，张立柱. 产业集聚与城市全要素生产率 [J]. 中国科技论坛，2015（3）：112-118.

[19] 崔远淼. FDI、本土企业集聚及经济增长效应——基于浙江县域面板数据的实证检验 [J]. 国际贸易问题，2009（3）：52-60.

[20] 邓桂枝. 生产性服务业区域集聚测度及其适宜性研究——基于我国22个省市面板数据的分析 [J]. 经济问题，2012（7）：46-50.

[21] 范剑勇. 产业集聚与地区间劳动生产率差异 [J]. 经济研究，2006（11）：72-81.

[22] 冯路. 论建设现代物流中心对发展区域经济的作用 [J]. 山东经济，2004（3）：95-97.

[23] 樊文静. 中国生产性服务业发展悖论及其形成机理 [D]. 杭州：浙江大学，2013.

[24] 干春晖，郑若谷，余典范. 中国产业结构变迁对经济增长和波动的影响 [J]. 经济研究，2011（5）：4-16，31.

[25] 高丽娜，蒋伏心. 创新要素集聚与扩散的经济增长效应分析——以江苏宁镇扬地区为例 [J]. 南京社会科学，2011（10）：30-36.

[26] 高新才，杨芳. 丝绸之路经济带城市经济联系的时空变化分析——基于城市流强度的视角 [J]. 兰州大学学报（社会科学版），2015（1）：9-18.

[27] 顾朝林等. 中国城市地理 [M]. 北京：商务印书馆，1999.

[28] 顾朝林. 城市社会学（第2版）[M]. 北京：清华大学出版社，2013.

[29] 顾乃华，毕斗斗，任旺兵. 中国转型期生产性服务业发展与制造业竞争力关系研究——基于面板数据的实证分析 [J]. 中国工业经济，2006（9）：14-21.

[30] 郭克莎. 中国工业化的进程、问题与出路 [J]. 中国社会科学，2000（3）：60-71，204.

[31] 郭岚，农卫东，张祥建. 现代生产性服务业的集群化发展模式与形成机理——基于伦敦和纽约的比较 [J]. 经济理论与经济管理，2010（10）：60-66.

[32] 韩峰，王琢卓，赖明勇. 中国城市生产性服务业集聚效应测度 [J]. 城市问题，2015（9）：57-67.

[33] 韩峰，王琢卓，阳立高. 生产性服务业集聚、空间技术溢出效应与经济增长 [J]. 产业经济研究，2014，69（2）：1-10.

[34] 韩纪江，郭熙保. 扩散—回波效应的研究脉络及其新进展 [J]. 经济学动态，2014（2）：117-125.

[35] 韩增林，杨文毅，郭建科. 供给侧视角下中国生产性服务业集聚对城市全要素生产率的影响 [J]. 首都经济贸易大学学报，2018（2）：72-82.

[36] 贺小丹. 京津冀高端生产性服务业集聚形成及效应分析 [J]. 首都经济贸易大学学报，2017（3）：64-70.

[37] 侯淑霞，王雪瑞. 生产性服务业集聚与内生经济增长——基于空间联立模型的经验研究 [J]. 财经论丛，2014（5）：3-8.

[38] 胡蓓，朱朴义. 产业集群人才集聚拥挤研究 [J]. 科技进步与对策，2013（19）：130-134.

[39] 黄繁华，程佳，王晶晶. 长三角地区生产性服务业集聚实证研究 [J]. 南京邮电大学学报（社会科学版），2011（4）：9-15.

[40] 黄枫，吴纯杰. 中国省会城市工资溢价研究——基于分位数回归的空间计量分析 [J]. 财经研究，2008，34（9）：71-80.

[41] 吉亚辉，甘丽娟. 生产性服务业集聚与经济增长的空间计量分析

[J]. 工业技术经济, 2015 (7): 46-53.

[42] 吉亚辉, 杨应德. 中国生产性服务业集聚的空间统计分析 [J]. 地域研究与开发, 2012 (1): 1-5.

[43] 蒋荷新. 交通基础设施对生产性服务业发展的溢出效应——基于省际的空间计量模型分析 [J]. 中南财经政法大学学报, 2017 (3): 46-57+88+159-160.

[44] 江曼琪, 席强敏. 生产性服务业与制造业的产业关联与协同集聚 [J]. 南开学报 (哲学社会科学版), 2014 (1): 153-160.

[45] 蒋三庚. 现代服务业集聚若干理论问题研究 [J]. 北京工商大学学报 (社会科学版), 2008 (1): 42-45.

[46] 柯善咨, 向娟. 1996~2009年中国城市固定资本存量估算 [J]. 统计研究, 2012 (7): 19-24.

[47] 柯善咨, 赵曜. 产业结构、城市规模与中国城市生产率 [J]. 经济研究, 2014 (4): 76-88, 115.

[48] 李斌, 杨冉. 生产性服务业集聚与城市经济绩效 [J]. 产业经济研究, 2020 (1): 128-142.

[49] 李芳芳, 张晓涛, 李晓璐等. 生产性服务业空间集聚适度性评价——基于北京市主要城区对比研究 [J]. 城市发展研究, 2013, 20 (11): 119-124.

[50] 李红, 王彦晓. 金融集聚、空间溢出与城市经济增长——基于中国286个城市空间面板杜宾模型的经验研究 [J]. 国际金融研究, 2014 (2): 89-96.

[51] 李静, 马丽娟. 金融集聚的区域经济增长效应分析 [J]. 社会科学战线, 2016 (10): 249-253.

[52] 李江帆, 毕斗斗. 国外生产服务业研究述评 [J]. 外国经济与管理, 2004 (11): 16-19.

[53] 李林, 丁艺, 刘志华. 金融集聚对区域经济增长溢出作用的空间计量分析 [J]. 金融研究, 2011 (5): 113-123.

[54] 李子叶, 韩先锋, 冯根福. 我国生产性服务业集聚对经济增长方式转变的影响——异质门槛效应视角 [J]. 经济管理, 2015 (12): 21-30.

[55] 梁琦. 内生经济增长理论的研究动态 [J]. 经济学动态, 1999 (5): 47-49.

[56] 梁琦. 产业集聚论 [M]. 北京: 商务印书馆, 2004: 206.

[57] 梁琦. 中国制造业分工、地方专业化及其国际比较 [J]. 世界经济, 2004 (12): 32-40.

[58] 蔺栋花, 侯效敏. 黄河三角洲高效生态经济区发展高端生产性服务业问题研究 [J]. 生态经济, 2016 (12): 87-91.

[59] 刘纯彬, 李筱乐. 生产性服务业发展与经济增长的非线性关系 [J]. 上海经济研究, 2013 (9): 58-65.

[60] 刘淑华. 欠发达地区生产性服务业发展战略构想 [J]. 河北学刊, 2011 (5): 139-142.

[61] 刘书瀚, 于化龙. 生产性服务业集聚与区域经济增长的空间相关性分析——基于中国285个地级城市的实证研究 [J]. 现代财经 (天津财经大学学报), 2018 (3): 67-81.

[62] 刘修岩, 邵军, 薛玉立. 集聚与地区经济增长: 基于中国地级城市数据的再检验 [J]. 南开经济研究, 2012 (3): 52-64.

[63] 刘志彪. 生产者服务业及其集聚: 攀升全球价值链的关键要素与实现机制 [J]. 中国经济问题, 2008 (1): 3-12.

[64] 罗良忠, 史占中. 硅谷与128公路——美国高科技园区发展模式借鉴与启示 [J]. 研究与发展管理, 2003 (6): 49-54.

[65] 罗文章. 产业集群竞争优势形成机理的经济学分析 [J]. 求索, 2004 (8): 8-10.

[66] 吕政, 刘勇, 王钦. 中国生产性服务业发展的战略选择——基于产业互动的研究视角 [J]. 中国工业经济, 2006 (8): 5-12

[67] 马龙龙. 生产性服务业与地区经济增长——基于调节效应的影响因素及其有效性研究 [J]. 经济理论与经济管理, 2011 (4): 55-63.

[68] 马晓琨. 经济学研究主题与研究方法的演化——从古典经济增长理论到新经济增长理论 [J]. 西北大学学报 (哲学社会科学版), 2014 (4): 51-57.

[69] 潘文卿, 刘庆. 中国制造业产业集聚与地区经济增长——基于中国工

业企业数据的研究 [J]. 清华大学学报（哲学社会科学版），2012（1）：137 - 147，161.

[70] 钱纳里等. 工业化和经济增长的比较研究 [M]. 上海：上海三联书店、上海人民出版社，1989.

[71] 覃一冬. 空间集聚与中国省际经济增长的实证分析：1991~2010 年 [J]. 金融研究，2013（8）：123 - 135.

[72] 邱灵，方创琳. 北京市生产性服务业空间集聚综合测度 [J]. 地理研究，2013（1）：99 - 110.

[73] 沈能，赵增耀，周晶晶. 生产要素拥挤与最优集聚度识别——行业异质性的视角 [J]. 中国工业经济，2014（5）：83 - 95.

[74] 盛龙，陆根尧. 中国生产性服务业集聚及其影响因素研究——基于行业和地区层面的分析 [J]. 南开经济研究，2013（5）：115 - 129.

[75] 时省，赵定涛，魏玖长. 中国省会城市极化与扩散效应研究 [J]. 中国科技论坛，2012（4）：95 - 99.

[76] 石涛，鞠晓伟. 要素禀赋、市场分割对区域产业结构趋同的影响研究 [J]. 工业技术经济，2008（4）：124 - 127.

[77] 孙斌栋，丁嵩. 大城市有利于小城市的经济增长吗？——来自长三角城市群的证据 [J]. 地理研究，2016，35（9）：1615 - 1625.

[78] 孙浦阳，武力超，张伯伟. 空间集聚是否总能促进经济增长：不同假定条件下的思考 [J]. 世界经济，2011（10）：3 - 20.

[79] 孙祥栋，张亮亮，赵峥. 城市集聚经济的来源：专业化还是多样化——基于中国城市面板数据的实证分析 [J]. 财经科学，2016（2）：113 - 122.

[80] 孙晓华，郭玉娇. 产业集聚提高了城市生产率吗？——城市规模视角下的门限回归分析 [J]. 财经研究，2013（2）：103 - 112.

[81] 唐松. 区域产业集聚的金融外部性与品牌扩散效应研究 [J]. 广东金融学院学报，2008（4）：105 - 110.

[82] 王春宇，仲深. 流通业对城市经济发展促进作用的实证分析——基于 2001~2006 年省会城市面板数据 [J]. 财贸经济，2009（1）：109 - 113.

[83] 王国顺，张凡，郑准. 我国知识密集型服务业的空间集聚水平及影响因

素——基于 288 个城市数据的实证研究 [J]. 经济地理, 2016 (4): 107-112.

[84] 王琢卓. 生产性服务业集聚与经济增长 [D]. 长沙: 湖南大学, 2013.

[85] 王琢卓. 生产性服务业空间集聚、溢出效应与经济增长 [J]. 湖南社会科学, 2013 (6): 152-155.

[86] 魏后凯. 改革开放 30 年中国区域经济的变迁——从不平衡发展到相对均衡发展 [J]. 经济学动态, 2008 (5): 9-16.

[87] 魏后凯等. 中国产业集聚与集群发展战略 [M]. 北京: 经济管理出版社, 2008.

[88] 魏后凯. 现代区域经济学 [M]. 北京: 经济管理出版社, 2011.

[89] 韦森. 入世的政治——经济学家阿尔伯特·赫希曼的思想之旅 [J]. 复旦学报（社会科学版）, 2015 (6): 117-129.

[90] 魏玮, 马松昌. 基于动态面板 GMM 分析的产业集聚与经济增长实证研究——以山东半岛城市群为例 [J]. 上海经济研究, 2013 (6): 23-32.

[91] 文丰安. 生产性服务业集聚、空间溢出与质量型经济增长——基于中国 285 个城市的实证研究 [J]. 产业经济研究, 2018 (6): 36-49.

[92] 吴敬琏. 中国增长模式抉择 [M]. 上海: 上海远东出版社, 2008.

[93] 肖建清. 对外开放、产业集聚与区域经济增长：理论模型与实证研究 [D]. 广州: 暨南大学, 2009.

[94] 徐雪琪, 程开明. 创新扩散与城市体系的空间关联机理及实证 [J]. 科研管理, 2008 (5): 9-15.

[95] 徐盈之, 彭欢欢, 刘修岩. 威廉姆森假说：空间集聚与区域经济增长——基于中国省域数据门槛回归的实证研究 [J]. 经济理论与经济管理, 2011 (4): 95-102.

[96] 宣烨, 宣思源. 论城市服务业集聚与效率提升的空间溢出效应 [J]. 山西大学学报（哲学社会科学版）, 2013 (2): 146-150.

[97] 宣烨, 余泳泽. 生产性服务业层级分工对制造业效率提升的影响——基于长三角地区 38 城市的经验分析 [J]. 产业经济研究, 2014 (3): 1-10.

[98] 闫奕荣, 姚芳, 黄梓衍. 生产性服务业集聚与地方经济发展——基于中国省级数据的实证研究 [J]. 西南民族大学学报（人文社科版）, 2018 (7):

123-130.

[99] 杨继国. 马克思的增长理论与现代增长理论比较研究 [J]. 南开经济研究, 2001 (4): 64-69.

[100] 杨瑾. 产业集群环境下生产性服务业集成创新模式分析 [J]. 科学学与科学技术管理, 2008 (10): 93-98.

[101] 杨扬, 余壮雄, 舒元. 经济集聚与城市经济增长——来自中国城市的经验证据 [J]. 当代经济科学, 2010 (5): 113-118, 128.

[102] 杨玉英. 我国生产性服务业影响因素与效应研究: 理论分析与经验证据 [D]. 长春: 吉林大学, 2010.

[103] 叶宏庆, 邓靖. 山东半岛制造业集聚与区域经济增长关系研究 [J]. 华东经济管理, 2013 (9): 13-17.

[104] 于斌斌, 金刚. 城市集聚经济与产业结构变迁的空间溢出效应 [J]. 产业经济评论, 2014 (4): 95-129.

[105] 于斌斌. 中国城市群产业集聚与经济效率差异的门槛效应研究 [J]. 经济理论与经济管理, 2015 (3): 60-73.

[106] 于斌斌. 中国城市生产性服务业集聚模式选择的经济增长效应——基于行业、地区与城市规模异质性的空间杜宾模型分析 [J]. 经济理论与经济管理, 2016 (1): 98-112.

[107] 于刃刚. 配第—克拉克定理评述 [J]. 经济学动态, 1996 (8): 63-65.

[108] 袁丹. 产业集聚视角下生产性服务业效率的差异性分析 [D]. 西安: 陕西师范大学, 2015.

[109] 袁丹, 雷宏振. 我国生产性服务业集聚的空间溢出效应及其影响因素分析 [J]. 西安财经学院学报, 2016 (5): 35-40.

[110] 曾艺, 韩峰, 刘俊峰. 生产性服务业集聚提升城市经济增长质量了吗? [J]. 数量经济技术经济研究, 2019 (5): 83-100.

[111] 曾亿武, 郭红东, 邱东茂. 产业集聚效应、要素拥挤与效率改善——基于浙江省农产品加工业集群的实证分析 [J]. 农林经济管理学报, 2015 (3): 218-225.

[112] 詹浩勇, 袁中华. 生产性服务业集聚模式变迁研究——基于集群式价值链网络演进的视角 [J]. 技术经济与管理研究, 2017 (6): 95-100.

[113] 张斌. 我国知识产权保护的发展历程及展望 [J]. 财经研究, 2012 (4): 61-64.

[114] 张公嵬. 我国产业集聚的变迁与产业转移的可行性研究 [J]. 经济地理, 2010 (10): 1670-1674.

[115] 张浩然. 生产性服务业集聚与城市经济绩效——基于行业和地区异质性视角的分析 [J]. 财经研究, 2015 (5): 67-77.

[116] 张京祥, 庄林德. 大都市阴影区演化机理及对策研究 [J]. 南京大学学报 (自然科学版), 2000 (6): 687-692.

[117] 张庆滨. 区域创新系统技术创新扩散效应分析 [J]. 学术交流, 2008 (10): 56-58.

[118] 张世晴. 现代西方经济学主要学派 [M]. 天津: 南开大学出版社, 2003.

[119] 张旺, 申玉铭, 柳坤. 京津冀都市圈主要服务业集聚的空间特征 [J]. 地域研究与开发, 2012 (3): 6-12.

[120] 张旺, 申玉铭, 周跃云. 长株潭城市群生产性服务业集聚的空间特征 [J]. 热带地理, 2011 (4): 422-427, 438.

[121] 张艳, 刘亮. 经济集聚与经济增长——基于中国城市数据的实证分析 [J]. 世界经济文汇, 2007 (1): 48-56.

[122] 张妍云. 我国的工业集聚及其效应分析——基于各省工业数据的实证研究 [J]. 技术经济与管理研究, 2005 (4): 23-24.

[123] 章元, 刘修岩. 聚集经济与经济增长: 来自中国的经验证据 [J]. 世界经济, 2008 (3): 60-70.

[124] 赵东霞, 赵彪, 周成. 东北地区生产性服务业集聚的空间差异研究 [J]. 生产力研究, 2015 (7): 69-74.

[125] 赵果庆. 中国西部地区优势产业发展与促进政策 [M]. 北京: 经济管理出版社, 2014.

[126] 赵西君, 何燕, 吴殿廷等. 东部"阴影"城市成因及应对方略——

以日照市为例［J］．城市问题，2008（1）：8－13．

［127］郑吉昌，夏晴．生产性服务业的产业集群问题［J］．改革，2010（5）：145－148．

［128］钟韵，阎小培．我国生产性服务业与经济发展关系研究［J］．人文地理，2003（5）：46－51．

［129］周海鹏，李媛媛，李瑞晶．金融产业集聚对区域经济增长的空间效应研究［J］．现代财经（天津财经大学学报），2016（2）：63－76．

［130］周圣强，朱卫平．产业集聚一定能带来经济效率吗：规模效应与拥挤效应［J］．产业经济研究，2013，64（3）：12－22．

［131］周师迅．专业化分工对生产性服务业发展的驱动效应［J］．上海经济研究，2013（6）：94－101．

［132］周一星．城市地理学［M］．北京：商务印书馆，1999．

［133］左连村，贾宁．珠三角生产性服务业集聚发展分析［J］．产经评论，2012（6）：12－27．

［134］〔英〕阿弗里德·马歇尔．经济学原理［M］．廉运杰，译．北京：华夏出版社，2013．

［135］〔德〕阿尔弗雷德·韦伯．工业区位论［M］．李刚剑，译．北京：商务印书馆，2010．

［136］〔美〕艾伯特·赫希曼．经济发展战略［M］．曹征海，等译．北京：经济科学出版社，1991．

［137］〔美〕埃德加·M．胡佛．区域经济学导论［M］．王翼龙，译．北京：商务印书馆，1990．

［138］〔意〕埃内斯托·费利，福里奥·C．罗萨蒂，乔瓦尼·特里亚．服务业——生产率与增长［M］．李蕊，译．上海：格致出版社，2011．

［139］〔法〕奥利维尔·布兰查德．宏观经济学［M］．楼永，孔爱国，译．北京：机械工业出版社，2019．

［140］〔荷〕J·保罗·埃尔霍斯特．空间计量经济学——从横截面数据到空间面板［M］．肖光恩，等译．北京：中国人民大学出版社，2015．

［141］〔加〕赫伯特·G．格鲁伯，迈克尔·A．沃克．服务业的增长：原因

与影响 [M]. 陈彪如, 译. 上海：上海三联书店, 1993.

[142]〔法〕J. 戈特曼. 大城市连绵区：美国东北海岸的城市化 [J]. 李浩, 陈晓燕, 译. 国际城市规划, 2009（S1）: 46–53, 59.

[143]〔美〕杰弗里·M. 伍德里奇. 计量经济学导论现代观点（第五版）[M]. 北京：中国人民大学出版社, 2016.

[144]〔美〕迈克尔·波特. 国家竞争优势 [M]. 李明轩, 邱如美, 译. 北京：华夏出版社, 2002.

[145]〔法〕皮埃尔·菲利普·库姆斯, 蒂里·迈耶, 雅克·弗朗索瓦·蒂斯. 经济经理学——区域和国家一体化 [M]. 安虎森, 等译. 北京：中国人民大学出版社, 2011.

[146]〔法〕让-克洛德·德劳内, 让·盖雷. 服务经济思想史——三个世纪的争论 [M]. 江小娟, 译. 上海：格致出版社, 上海人民出版社, 2011.

[147]〔美〕西蒙·库茨涅茨. 各国的经济增长 [M]. 常勋, 等译. 北京：商务印书馆, 1999.

[148]〔美〕詹姆斯·勒沙杰, R. 凯利·佩斯. 空间计量经济学导论 [M]. 肖光恩, 等译. 北京：北京大学出版社, 2013.

[149] Alejandro D. B. Agglomeration economies, economic growth and the new economic geography in Mexico [R]. Econ WPA in its Series Urban/Regional, 2005, NO. 0508001: 28–32.

[150] Ashton D J, Sternal B K. Business services and New England's export base [R]. Boston: Federal Reserve Bank of Boston Research Department, 1978.

[151] Beaudry C, Schiffauerova A. Who's right, Marshall or Jacobs? The localization versus urbanization debate [J]. Research policy, 2009, 38 (2): 318–337.

[152] Beeson, P. Total factor productivity growth and agglomeration economies in manufacturing, 1959–73 [J]. Journal of Regional Science, 1987, 27: 183–199.

[153] Bell D. The coming of Post-Industrial Society: A Venture in Social Forecasting [M]. New York: Basic Books, 1973.

[154] Braunerhjelm P, Borgman B. Geographical concentration, entrepreneurship and regional growth: Evidence from regional data in Sweden, 1975–1999 [J].

Regional Studies, 2004, 38 (8): 929 – 947.

[155] Browning C, Singelman J. The emergence of a service society: Demographic and sociological aspects of the sectoral transformation of the labor force in the U. S. A. [M]. Springfield: National Technical Information Service, 1975.

[156] Browning H L, Singelmann J. The transformation of the US labor force: the interaction of industry and occupation [J]. Politics & Society, 1978, 8: 481 – 509.

[157] Brülhart M, Mathys N. A. Sectoral agglomeration effects in a panel of European regions [EB/OL]. Regional Science and Urban Economics, 2008, 38 (4): 348 – 362.

https://www.sciencedirect.com/science/article/pii/S0166046208000264

[158] Brülhart M, Sbergami F. Agglomeration and growth: Cross-country evidence [J]. Journal of Urban Economics, 2009, 65 (1): 48 – 63.

[159] Bryson J, Keeble D, Wood P. The creation, location and growth of small business service firms in the United Kingdom [J]. Service Industries Journal, 1993, 13 (2): 118 – 131.

[160] Ciccone, A, Hall R E. Productivity and the density of economic activity [J]. American Economic Review, 1993, 86 (86): 54 – 70.

[161] Ciccone, A. Agglomeration effects in Europe [J]. European Economic Review, 2002, 46 (2): 213 – 227.

[162] Cingano, F and Schivardi, F. Identifying the sources of local productivity growth [J]. Journal of the European Economic Association, 2004, 2 (4): 720 – 742.

[163] Coffey W J. The geographies of producer services [J]. Urban Gegraphy, 2000, 21 (2): 170 – 183.

[164] Combes P. Economic structure and local growth: France, 1984 – 1993 [J]. Journal of urban economics, 2000, 47 (3): 329 – 355.

[165] Crozet M, Koenig P. The cohesion vs growth tradeoff-evidence from EU regions (1980 – 2000) [C/OL]. ERSA conference papers. European Regional Science Association, 2005.

https://xueshu.baidu.com/usercenter/paper/show?paperid=36e18138ddeaa57cd676467b3472d44a&site=xueshu_se.

［166］Czamanski and L A de Q Ablas. Identification of Industrial Clusters and Complexes: A Comparison of Methods and Findings ［J］. Urban Studies, 1979, 16 (1): 61 - 80.

［167］Daniels P W. The locational geography of advanced producer services firms in the United Kingdom ［J］. Progress in planning, 1995, 43 (2 - 3): 123 - 138.

［168］Dekle R, Eaton J. Agglomeration and land rents: evidence from the prefectures ［J］. Journal of Urban Economics, 1999, 46 (2): 200 - 214.

［169］Duranton G, Puga D. Nursery cities: urban diversity, process innovation, and the life cycle of products ［J］. American Economic Review, 2001, 91 (5): 1454 - 1477.

［170］Franke R, Kalmbach P. Structural change in the manufacturing sector and its impact on business-related services: an input-output study for Germany ［J］. Structural Change and Economic Dynamics, 2005, 16 (4): 467 - 488.

［171］Fuchs V R. The Service Economy ［M］. New York: Columbia University Press, 1968.

［172］Fujita M, Thisse J F. Does geographical agglomeration foster economic growth? And who gains and loses from it? ［J］. The Japanese Economic Review, 2003, 54 (2): 121 - 145.

［173］Greenhalgh C, Gregory M. Structural change and the emergence of the new service economy ［J］. Oxford Bulletin of Economics and Statistics, 2001, 63 (s1): 629 - 646.

［174］Greenfield, H L. Manpower and the growth of producer services ［M］. New York: Columbia University Press, 1966.

［175］Harrington J W. Producer services research in US regional studies ［J］. The professional geographer, 1995, 47 (1): 87 - 96.

［176］Henderson V. The urbanization process and economic growth: The so-what question ［J］. Journal of Economic growth, 2003, 8 (1): 47 - 71.

[177] Hirschman A O. The Strategy of Economic Development [M]. New Haven: Yale University Press, 1958.

[178] Hoover, E M. The measurement of Industrial Localization [J]. Review of Economics and Statistic, 1936, 18: 162 – 171.

[179] Howells J, Green A E. Location, technology and industrial organisation in UK services [J]. Progress in Planning, 1986, 26: 83 – 183.

[180] Illeris S Sjoholt P. The Nordic countries: high quality service in a low density environment [J]. Progress in planning, 1995, 43 (2 – 3): 205 – 221.

[181] Jacobs J. The economy of cities [M/OL]. Vintage, 1970. https://book.douban.com/subject/1766807/.

[182] Jaffe A B, Trajtenberg M, Henderson R. Geographic localization of knowledge spillovers as evidenced by patent citations [J]. The Quarterly Journal of Economics, 1993, 108 (3): 577 – 598.

[183] John R Bryson. Business service firms, service space and the management of change [J]. Entrepreneurship & Regional Development, 1997, 9 (2): 93 – 112.

[184] Keeble D, Bryson J, Wood P. Small firms, business services growth and regional development in the United Kingdom: some empirical findings [J]. Regional Studies, 1991, 25 (5): 439 – 457.

[185] Keeble D, Nachum L. Why do business service firms cluster? small consultancies, clustering and decentralization in London and Southern England [J]. Transactions of the Institute of British Geographers, 2001, 27 (1): 67 – 90.

[186] Keeble D, Wilkinson F. High-technology clusters, networking and collective learning in Europe [M]. Ashgate Publishing, 2000.

[187] Krugman P. Increasing returns and economic geography [J]. Journal of Political Economy, 1991, 99 (3): 483 – 499.

[188] Lesage J P, Pace R K. Introduction to spatial econometrics [M]. London: CRC Press, 2009.

[189] Lucas R E. On the mechanics of economic development [J]. Journal of Monetary Economics, 1988, 22 (1): 3 – 42.

[190] Machilup, F. The production and distribution of knowledge in the united states [M]. New Jersey: Princeton University Press, 1962.

[191] Marshall, A. Principles of Economics: An Introductory Volume [M]. London: Macmillan Publishers, 1890.

[192] McFadden D. Cost, revenue and profit functions [M] //FUSS M, MCFADDEN D. Production Economics: A Dual Approach to Theory and Applications. Hamilton: McMaster University Archive Publishing, 1978.

[193] Mody A, Wang F Y. Explaining industrial growth in coastal China: economic reforms and what else? [J]. The World Bank Economic Review, 1997, 11 (2): 293 - 325.

[194] Moulaert F, Gallouj C. The locational geography of advanced producer services firms: the limits of economies of agglomeration [J]. Service Industries Journal, 1993, 13 (2): 91 - 106.

[195] Myrdal G. Economic Theory and Underdeveloped Regions [M]. London: Duckworth. 1957: 71.

[196] Nakamura R. Agglomeration economies in urban manufacturing industries: a case of Japanese cities [J]. Journal of Urban economics, 1985, 17 (1): 108 - 124.

[197] Ottaviano G I P, Pinelli D. Market potential and productivity: evidence from Finnish regions [J]. Regional Science and Urban Economics, 2006, 36 (5): 636 - 657.

[198] Pandit N R, Cook G. The benefits of industrial clustering: Insights from the British financial services industry at three locations [J]. Journal of Financial Services Marketing, 2003, 7 (3): 230 - 245.

[199] Park S H. Intersectoral relationships between manufacturing and services: new evidence from selected pacific basin countries [J]. Asean Economic Bulletin, 1994, 10 (3): 245 - 263.

[200] Park S H, Chan K S. A cross-country input-output analysis of intersectoral relationships between manufacturing and service and their employment implications [J]. World Development, 1989, 17 (2): 199 - 212.

[201] Peneder, M. Structural change and aggregate growth [J]. Structural Change and Economic Dynamics, 2003, 14 (4): 427 - 448.

[202] Porter M, E. Clusters and the new economics of competition [J]. Harvard Business Review, 1998, 76 (6): 77.

[203] Richard Baidwin, etal. Economic Geography and Public Policy [M]. Princeton: Princeton University Press, 2003.

[204] Rivera Batiz F L. Increasing returns, monopolistic competition, and agglomeration economies in consumption and production [J]. Regional Science and Urban Economics, 1988, 18 (1): 125 - 153.

[205] Romer P M. Increasing returns and long-run growth [J]. Journal of Political Economy, 1986, 94 (5): 1002 - 1037.

[206] Romer P M. Endogenous technological change [J]. Journal of Political Economy, 1990, 98: 71 - 102.

[207] Senn L. Service activities' urban hierarchy and cumulative growth [J]. Service Industries Journal, 1993, 13 (2): 11 - 22.

[208] Solow R M. A contribution to the theory of economic growth [J]. The quarterly Journal of Economics, 1956, 70 (1): 65 - 94.

[209] Swan T. W. Economic growth and capital accumulation [J]. Economic Record, 1956, 32 (2): 334 - 361.

[210] Tichy G. Clusters: less dispensable and more risky than ever, Clusters and regional specialization [M]. London: Poin Limited, 1998: 211 - 25.

[211] Tobler W. A computer movie simulating urban growth in the Detroit region [J]. Economic Geography. 1970, 46 (2): 234 - 240.

[212] Weber. Alfred Weber's Theory of the Location of Industries [M]. Chicago: University of Chicago Press, 1929.

[213] Williamson J G. Regional inequality and the process of national development: a description of the patterns [J]. Economic Development and Cultural Change, 1965, 13: 1 - 84.